編者的話

　　「指定科目考試」是進入大學的主要管道，各大學會依照科系的需求，指定三到六科的成績，作爲招生入學的標準，因此「指考」每一年度的考題，對考生而言都非常重要，都具有參考及練習的價值。

　　爲了提供同學珍貴的資料，我們特別蒐集了 101 年度指考各科試題，做成「**101 年指定科目考試各科試題詳解**」，書後並附有大考中心所公佈的各科選擇題參考答案，及各科成績一覽表，同學在做完題目之後，不妨參考那些統計表，就可以知道有哪些科目需要加強。

　　這本書的完成，要感謝各科老師協助解題：

英文 / 謝靜芳老師・蔡琇瑩老師・蔡世偉老師
　　　李孟熹老師・林工富老師・李冠勳老師
　　　廖吟倫老師・劉　毅老師
　　　美籍老師 Laura E. Stewart
　　　美籍老師 Christian A. Brieske

數學 / 李卓澔老師　　　歷史 / 李　曄老師
地理 / 王念平老師　　　公民與社會 / 李　易老師
物理 / 林清華老師　　　化學 / 邱炳華老師
生物 / 游　夏老師　　　國文 / 李　奐老師

　　另外，也要感謝白雪嬌小姐設計封面，黃淑貞小姐、蘇淑玲小姐負責打字及排版，李冠勳老師協助校稿。本書編校製作過程嚴謹，但仍恐有缺失之處，尚祈各界先進不吝指正。

劉　毅

目 錄

101 年大學入學指定科目考試試題 英文考科

第壹部分：選擇題 (占 72 分)

一、詞彙 (占 10 分)

說明： 第 1 題至第 10 題，每題 4 個選項，其中只有一個是正確或最適當的選項，請畫記在答案卡之「選擇題答案區」。各題答對者，得 1 分；答錯、未作答或畫記多於一個選項者，該題以零分計算。

1. Since it hasn't rained for months, there is a water _____ in many parts of the country.
   (A) resource　　(B) deposit　　(C) shortage　　(D) formula

2. The problem with Larry is that he doesn't know his limitations; he just _____ he can do everything.
   (A) convinces　　(B) disguises　　(C) assumes　　(D) evaluates

3. Agnes seems to have a _____ personality. Almost everyone is immediately attracted to her when they first see her.
   (A) clumsy　　(B) durable　　(C) furious　　(D) magnetic

4. Jason always _____ in finishing a task no matter how difficult it may be. He hates to quit halfway in anything he does.
   (A) persists　　(B) motivates　　(C) fascinates　　(D) sacrifices

5. Poor _____ has caused millions of deaths in developing countries where there is only a limited amount of food.
   (A) reputation　　(B) nutrition　　(C) construction　(D) stimulation

6. The helicopters _____ over the sea, looking for the divers who had been missing for more than 30 hours.
   (A) tackled　　(B) rustled　　(C) strolled　　(D) hovered

7. One of the tourist attractions in Japan is its hot spring _____, where guests can enjoy relaxing baths and beautiful views.
   (A) resorts　　　(B) hermits　　　(C) galleries　　　(D) faculties

8. When a young child goes out and commits a crime, it is usually the parents who should be held _____ for the child's conduct.
   (A) eligible　　　(B) dispensable　　　(C) credible　　　(D) accountable

9. Since you have not decided on the topic of your composition, it's still _____ to talk about how to write your conclusion.
   (A) preventive　　(B) premature　　(C) productive　　(D) progressive

10. Human rights are fundamental rights to which a person is _____ entitled, that is, rights that she or he is born with.
   (A) inherently　　(B) imperatively　　(C) authentically　　(D) alternatively

二、綜合測驗（占 10 分）

說明： 第 11 題至第 20 題，每題一個空格，請依文意選出最適當的一個選項，請畫記在答案卡之「選擇題答案區」。各題答對者，得 1 分；答錯、未作答或畫記多於一個選項者，該題以零分計算。

第 11 至 15 題為題組

　　The Nobel Peace Center is located in an old train station building close to the Oslo City Hall and overlooking the harbor. It was officially opened on June 11, 2005 as part of the celebrations to ___11___ Norway's centenary as an independent country. It is a center where you can experience and learn about the various Nobel Peace Prize Laureates and their activities ___12___ the remarkable history of Alfred Nobel, the founder of the Nobel Prize. In addition, it serves as a meeting place where exhibits, discussions, and reflections ___13___ to war, peace, and conflict resolution are in focus. The Center combines exhibits and films with digital communication and interactive installations and has already received attention for its use of state-of-the-art technology. Visitors are welcome to experience the Center ___14___ or join a guided tour. Since its opening, the Nobel Peace Center has been educating, inspiring and entertaining its visitors ___15___ exhibitions, activities, lectures, and cultural events.　The Center is financed by private and public institutions.

11. (A) help   (B) solve   (C) take   (D) mark
12. (A) so much as   (B) as well as   (C) in spite of   (D) on behalf of
13. (A) related   (B) limited   (C) addicted   (D) contributed
14. (A) in this regard   (B) one on one
    (C) on their own   (D) by and large
15. (A) among   (B) regarding   (C) including   (D) through

第 16 至 20 題為題組

In 1985, a riot at a Brussels soccer match occurred, in which many fans lost their lives.　The ___16___ began 45 minutes before the start of the European Cup final.　The British team was scheduled to ___17___ the Italian team in the game.　Noisy British fans, after setting off some rockets and fireworks to cheer for ___18___ team, broke through a thin wire fence and started to attack the Italian fans.　The Italians, in panic, ___19___ the main exit in their section when a six-foot concrete wall collapsed.

By the end of the night, 38 soccer fans had died and 437 were injured.　The majority of the deaths resulted from people ___20___ trampled underfoot or crushed against barriers in the stadium.　As a result of this 1985 soccer incident, security measures have since been tightened at major sports competitions to prevent similar events from happening.

16. (A) circumstance   (B) sequence
    (C) tragedy   (D) phenomenon
17. (A) oppose to   (B) fight over
    (C) battle for   (D) compete against
18. (A) a   (B) that   (C) each   (D) their
19. (A) headed for   (B) backed up   (C) called out   (D) passed on
20. (A) be   (B) been   (C) being   (D) to be

三、文意選填（占 10 分）

說明： 第 21 題至第 30 題，每題一個空格，請依文意在文章後所提供的 (A) 到
　　　 (L) 選項中分別選出最適當者，並將其英文字母代號畫記在答案卡之
　　　 「選擇題答案區」。各題答對者，得 1 分；答錯、未作答或畫記多於
　　　 一個選項者，該題以零分計算。

第 21 至 30 題為題組

　　The Taiwanese puppet show ("Budaixi") is a distinguished form of
performing arts in Taiwan. Although basically hand puppets, the ___21___
appear as complete forms, with hands and feet, on an elaborately
decorated stage.

　　The puppet performance is typically ___22___ by a small orchestra.
The backstage music is directed by the drum player. The drummer needs
to pay attention to what is going on in the plot and follow the rhythm of
the characters. He also uses the drum to ___23___ the other musicians.
There are generally around four to five musicians who perform the
backstage music. The form of music used is often associated with
various performance ___24___, including acrobatics and skills like
window-jumping, stage movement, and fighting. Sometimes unusual
animal puppets also appear on stage for extra ___25___, especially for
children in the audience.

　　In general, a show needs two performers. The main performer is
generally the chief or ___26___ of the troupe. He is the one in charge of
the whole show, manipulating the main puppets, singing, and narrating.
The ___27___ performer manipulates the puppets to coordinate with the
main performer. He also changes the costumes of the puppets, and takes
care of the stage. The relationship between the main performer and his
partner is one of master and apprentice. Frequently, the master trains
his sons to eventually ___28___ him as puppet masters.

　　Budaixi troupes are often hired to perform at processions and
festivals held in honor of local gods, and on happy ___29___ such as

weddings, births, and promotions. The main purpose of Budaixi is to
___30___ and offer thanks to the deities. The shows also serve as a popular
means of folk entertainment.

(A) attracted   (B) appeal   (C) accompanied   (D) conduct
(E) director   (F) figures   (G) occasions   (H) succeed
(I) transparent   (J) supporting   (K) techniques   (L) worship

四、篇章結構（占 10 分）

說明：　第 31 題至第 35 題，每題一個空格。請依文意在文章後所提供的 (A) 到
　　　　(F) 選項中分別選出最適當者，填入空格中，使篇章結構清晰有條理，
　　　　並將其英文字母代號畫記在答案卡之「選擇題答案區」。每題答對者，
　　　　得 2 分；答錯、未作答或畫記多於一個選項者，該題以零分計算。

第 31 至 35 題為題組

　　All advertising includes an attempt to persuade. ___31___ Even if
an advertisement claims to be purely informational, it still has persuasion
at its core. The ad informs the consumers with one purpose: to get the
consumer to like the brand and, on that basis, to eventually buy the brand.
Without this persuasive intent, communication about a product might be
news, but it would not be advertising.

　　Advertising can be persuasive communication not only about a
product but also an idea or a person. ___32___ Although political ads
are supposed to be concerned with the public welfare, they are paid for
and they all have a persuasive intent. ___33___ A Bush campaign ad, for
instance, did not ask anyone to buy anything, yet it attempted to persuade
American citizens to view George Bush favorably. ___34___ Critics of
President Clinton's health care plan used advertising to influence
lawmakers and defeat the government's plan.

　　___35___ For instance, the international organization Greenpeace
uses advertising to get their message out. In the ads, they warn people
about serious pollution problems and the urgency of protecting the
environment. They, too, are selling something and trying to make a point.

(A) Political advertising is one example.

(B) To put it another way, ads are communication designed to get someone to do something.

(C) Advertising can be the most important source of income for the media through which it is conducted.

(D) They differ from commercial ads in that political ads "sell" candidates rather than commercial goods.

(E) Aside from campaign advertising, political advertising is also used to persuade people to support or oppose proposals.

(F) In addition to political parties, environmental groups and human rights organizations also buy advertising to persuade people to accept their way of thinking.

五、閱讀測驗（占 32 分）

說明：　第 36 題至第 51 題，每題請分別根據各篇文章之文意選出最適當的一個選項，請畫記在答案卡之「選擇題答案區」。各題答對者，得 2 分；答錯、未作答或畫記多於一個選項者，該題以零分計算。

第 36 至 39 題為題組

A sense of humor is something highly valued. A person who has a great sense of humor is often considered to be happy and socially confident. However, humor is a double-edged sword. It can forge better relationships and help you cope with life, but sometimes it can also damage self-esteem and antagonize others.

People who use bonding humor tell jokes and generally lighten the mood. They're perceived as being good at reducing the tension in uncomfortable situations. They often make fun of their common experiences, and sometimes they may even laugh off their own misfortunes. The basic message they deliver is: We're all alike, we find the same things funny, and we're all in this together.

　　Put-down humor, on the other hand, is an aggressive type of humor used to criticize and manipulate others through teasing. When it's aimed against politicians, as it often is, it's hilarious and mostly harmless. But in the real world, it may have a harmful impact. An example of such humor is telling friends an embarrassing story about another friend. When challenged about their teasing, the put-down jokers might claim that they are "just kidding," thus allowing themselves to avoid responsibility. This type of humor, though considered by some people to be socially acceptable, may hurt the feelings of the one being teased and thus take a toll on personal relationships.

　　Finally, in hate-me humor, the joker is the target of the joke for the amusement of others. This type of humor was used by comedians John Belushi and Chris Farley—both of whom suffered for their success in show business. A small dose of such humor is charming, but routinely offering oneself up to be humiliated erodes one's self-respect, and fosters depression and anxiety.

　　So it seems that being funny isn't necessarily an indicator of good social skills and well-being. In certain cases, it may actually have a negative impact on interpersonal relationships.

36. According to the passage, which group is among the common targets of put-down humor?
    (A) Comedians.　　　　　　　(B) People who tell jokes.
    (C) Politicians.　　　　　　　(D) People who are friendly to others.

37. How can people create a relaxing atmosphere through bonding humor?
    (A) By laughing at other people's misfortunes.
    (B) By joking about experiences that they all have.
    (C) By revealing their own personal relationships.
    (D) By making fun of unique experiences of their friends.

38. According to the passage, which of the following is true about John Belushi and Chris Farley?
   (A) They suffered from over-dosage of anxiety pills.
   (B) They often humiliated other people on the stage.
   (C) They were successful in their careers as comedians.
   (D) They managed to rebuild their self-respect from their shows.

39. What is the message that the author is trying to convey?
   (A) Humor deserves to be studied carefully.
   (B) Humor has both its bright side and dark side.
   (C) Humor is a highly valued personality trait.
   (D) Humor can be learned in many different ways.

第 40 至 43 題為題組

On June 23, 2010, a Sunny Airlines captain with 32 years of experience stopped his flight from departing. He was deeply concerned about a balky power component that might eliminate all electrical power on his trans-Pacific flight. Despite his valid concerns, Sunny Airlines' management pressured him to fly the airplane, over the ocean, at night. When he refused to jeopardize the safety of his passengers, Sunny Airlines' security escorted him out of the airport, and threatened to arrest his crew if they did not cooperate.

Besides that, five more Sunny Airlines pilots also refused to fly the aircraft, citing their own concerns about the safety of the plane. It turned out the pilots were right: the power component was faulty and the plane was removed from service and, finally, fixed. Eventually a third crew operated the flight, hours later. In this whole process, Sunny Airlines pressured their highly experienced pilots to ignore their safety concerns and fly passengers over the Pacific Ocean at night in a plane that needed maintenance. Fortunately for all of us, these pilots stood strong and would not be intimidated.

Don't just take our word that this happened. Please research this yourself and learn the facts. Here's a starting point: www.SunnyAirline Pilot.org. Once you review this shocking information, please keep in mind that while their use of Corporate Security to remove a pilot from the airport is a new procedure, the intimidation of flight crews is becoming commonplace at Sunny Airlines, with documented events occurring on a weekly basis.

The flying public deserves the highest levels of safety. No airlines should maximize their revenues by pushing their employees to move their airplanes regardless of the potential human cost. Sunny Airlines' pilots are committed to resisting any practices that compromise your safety for economic gain. We've been trying to fix these problems behind the scenes for quite some time; now we need your help. Go to www.SunnyAirlinePilot.org to get more information and find out what you can do.

40. According to the passage, what happened to the captain after he refused to fly the aircraft?
  (A) He was asked to find another pilot to replace his position.
  (B) He was forced to leave the airport by security staff of Sunny Airlines.
  (C) He was made to help the Airlines find out what was wrong with the plane.
  (D) He was fired for refusing to fly the plane and abandoning the passengers.

41. What is the main purpose of the passage?
  (A) To maximize Sunny Airlines' revenues.
  (B) To introduce Sunny Airlines' pilot training programs.
  (C) To review plans for improving Sunny Airlines' service.
  (D) To expose problems with Sunny Airlines' security practices.

42. What happened to the aircraft after the pilots refused to operate the flight?
    (A) It was found to be too old for any more flight service.
    (B) Its mechanical problem was detected and finally repaired.
    (C) It was removed from the airport for a week-long checkup.
    (D) Its power component problem remained and no crew would operate the flight.

43. By whom was the passage most likely written?
    (A) Sunny Airlines security guards.
    (B) Sunny Airlines personnel manager.
    (C) Members of Sunny Airlines pilot organization.
    (D) One of the passengers of the Sunny Airlines flight.

第 44 至 47 題為題組

Angry Birds is a video game developed by Finnish computer game developer Rovio Mobile. Inspired primarily by a sketch of stylized wingless birds, the game was first released for Apple's mobile operating system in December 2009. Since then, over 12 million copies of the game have been purchased from Apple's App Store.

With its fast-growing popularity worldwide, the game and its characters—angry birds and their enemy pigs—have been referenced in television programs throughout the world. The Israeli comedy *A Wonderful Country*, one of the nation's most popular TV programs, satirized recent failed Israeli-Palestinian peace attempts by featuring the Angry Birds in peace negotiations with the pigs. Clips of the segment went **viral**, getting viewers from all around the world. American television hosts Conan O'Brien, Jon Stewart, and Daniel Tosh have referenced the game in comedy sketches on their respective series, *Conan*, *The Daily Show*, and *Tosh.0*. Some of the game's more notable fans include Prime Minister David Cameron of the United Kingdom, who plays the iPad version of the game, and author Salman Rushdie, who is believed to be "something of a master at *Angry Birds.*"

Angry Birds and its characters have also been featured in advertisements in different forms. In March 2011, the characters began appearing in a series of advertisements for Microsoft's Bing search engine. In the same year, Nokia projected an advertisement in Austin, Texas that included the game's characters on a downtown building for its new handset. Later, a T-Mobile advertisement filmed in Spain included a real-life mock-up of the game in a city plaza. Nokia also used the game in Malaysia to promote an attempt to set a world record for the largest number of people playing a single mobile game.

Angry Birds has even inspired works of philosophical analogy. A five-part essay entitled "Angry Birds Yoga—How to Eliminate the Green Pigs in Your Life" was written by Giridhari Dasar in Brazil, utilizing the characters and gameplay mechanics to interpret various concepts of yoga philosophy. The piece attracted much media attention for its unique method of philosophical presentation.

44. What is the purpose of the passage?
   (A) To explain how the video game *Angry Birds* was devised.
   (B) To investigate why *Angry Birds* has quickly become well-liked.
   (C) To introduce *Angry Birds* characters in TV programs and advertisements.
   (D) To report on the spread of *Angry Birds* in different media around the world.

45. Which of the following is closest in meaning to the word "**viral**" in the second paragraph?
   (A) Apparent.   (B) Sarcastic.
   (C) Exciting.   (D) Popular.

46. According to the passage, which of the following people is good at playing *Angry Birds*?
   (A) Giridhari Dasar.　　　　　(B) Conan O'Brien.
   (C) Salman Rushdie.　　　　　(D) Daniel Tosh.

47. Which of the following is true about the use of *Angry Birds*, according to the passage?
   (A) It has been cited by UK Prime Minister to illustrate political issues.
   (B) Its characters are used in advertisements mainly for Apple's products.
   (C) Its real-life mock-up has appeared in an advertisement for mobile phones.
   (D) It has been developed into a film about the life of a Brazilian yoga master.

第 48 至 51 題為題組

　　Demolition is the tearing-down of buildings and other structures. You can level a five-story building easily with excavators and wrecking balls, but when you need to bring down a 20-story skyscraper, explosive demolition is the preferred method for safely demolishing the huge structure.

　　In order to demolish a building safely, blasters must map out a careful plan ahead of time. The first step is to examine architectural blueprints of the building to determine how the building is put together. Next, the blaster crew tours the building, jotting down notes about the support structure on each floor. Once they have gathered all the data they need, the blasters devise a plan of attack. They decide what explosives to use, where to position them in the building, and how to time their explosions.

Generally speaking, blasters will explode the major support columns on the lower floors first and then on a few upper stories. In a 20-story building, the blasters might blow the columns on the first and second floor, as well as the 12th and 15th floors. In most cases, blowing the support structures on the lower floors is sufficient for collapsing the building, but loading explosives on upper floors helps break the building material into smaller pieces as it falls. This makes for easier cleanup following the blast. The main challenge in bringing a building down is controlling the direction in which it falls. To topple the building towards the north, the blasters set off explosives on the north side of the building first. By controlling the way it collapses, a blasting crew will be able to tumble the building over on one side, into a parking lot or other open area. This sort of blast is the easiest to execute, and it is generally the safest way to go.

48. What do the blasters need to do in preparing for the demolition of a building, according to the passage?
   (A) Study the structure of the building.
   (B) Hire an experienced tour guide.
   (C) Make a miniature of the building.
   (D) Consult the original architect.

49. In most cases, where does the explosion start in the building during its destruction?
   (A) The topmost layer.   (B) The upper floors.
   (C) The lower levels.   (D) The basement.

50. According to the following diagram, which part of the target building should the demolition team explode first to safely bring it down?
   (A) The east side.
   (B) The west side.
   (C) The south side.
   (D) The north side.

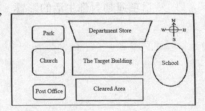

51. What is the passage mainly about?
    (A) How to execute demolition at the right time.
    (B) How to collapse a building with explosives.
    (C) How to use explosives for different purposes.
    (D) How to destroy a building with minimum manpower

第貳部份：非選擇題（占 28 分）

說明： 本部分共有二題，請依各題指示作答，答案必須寫在「答案卷」上，
並標明大題號（一、二）。作答務必使用筆尖較粗之黑色墨水的筆書
寫，且不得使用鉛筆。

一、中譯英（占 8 分）

說明： 1. 請將以下中文句子譯成正確、通順、達意的英文，並將答案寫在「答
案卷」上。
2. 請依序作答，並標明子題號（1、2）。每題 4 分，共 8 分。

1. 有些我們認為安全的包裝食品可能含有對人體有害的成分。
2. 為了我們自身的健康，在購買食物前我們應仔細閱讀包裝上的說明。

二、英文作文（占 20 分）

說明： 1. 依提示在「答案卷」上寫一篇英文作文。
2. 文長至少 120 個單詞（words）。

提示： 請以運動為主題，寫一篇至少 120 個單詞的文章，說明你最常從事的運
動是什麼。文分兩段，第一段描述這項運動如何進行（如地點、活動方
式、及可能需要的相關用品等），第二段說明你從事這項運動的原因及
這項運動對你生活的影響。

101年度指定科目考試英文科試題詳解

第壹部分：選擇題

一、詞彙：

1. (**C**) Since it hasn't rained for months, there is a water <u>shortage</u> in many parts of the country.
   因為好幾個月沒下雨了，這個國家很多地方都<u>缺</u>水。
   (A) resource〔rɪ'sors〕*n.* 資源
   (B) deposit〔dɪ'pɑzɪt〕*n.* 存款；沉澱物
   (C) **shortage**〔'ʃɔrtɪdʒ〕*n.* 短缺
   (D) formula〔'fɔrmjələ〕*n.* 公式

2. (**C**) The problem with Larry is that he doesn't know his limitations; he just <u>assumes</u> he can do everything.　賴瑞的問題在於他不知道他的極限在哪，他就是<u>以為</u>任何事他都辦得到。
   (A) convince〔kən'vɪns〕*v.* 說服
   (B) disguise〔dɪs'gaɪz〕*v.* 僞裝
   (C) **assume**〔ə'sum〕*v.* 認定；以為
   (D) evaluate〔ɪ'væljuˌet〕*v.* 評估
   ＊limitation〔ˌlɪmə'teʃən〕*n.* 極限；限制

3. (**D**) Agnes seems to have a <u>magnetic</u> personality.　Almost everyone is immediately attracted to her when they first see her.　阿格妮個性很有<u>魅力</u>，幾乎每個人第一次看到她，就會馬上被她吸引。
   (A) clumsy〔'klʌmzɪ〕*adj.* 笨拙的
   (B) durable〔'durəbḷ〕*adj.* 耐用的；持久的
   (C) furious〔'fjurɪəs〕*adj.* 憤怒的
   (D) **magnetic**〔mæg'nɛtɪk〕*adj.* 有磁性的；有魅力的
   ＊personality〔ˌpɜsṇ'nælətɪ〕*n.* 個性　　attract〔ə'trækt〕*v.* 吸引

4. (**A**) Jason always persists in finishing a task no matter how difficult it may be.　He hates to quit halfway in anything he does.　無論多難，傑森都<u>堅持</u>把工作做完，他討厭做事半途而廢。

(A) **persist**〔pɚ'zɪst〕v. 堅持 < in >

(B) motivate〔'motə,vet〕v. 刺激；引起

(C) fascinate〔'fæsn̩,et〕v. 使著迷

(D) sacrifice〔'sækrə,faɪs〕v. 犧牲

* task〔tæsk〕n. 工作；任務　　quit〔kwɪt〕v. 放棄
halfway〔'hæf'we〕adv. 中途

5. (**B**) Poor <u>nutrition</u> has caused millions of deaths in developing countries where there is only a limited amount of food. 營養不良導致開發中國家好幾百萬人死亡，因為那裡的食物有限。

(A) reputation〔,rɛpjə'teʃən〕n. 名聲；名譽

(B) **nutrition**〔nu'trɪʃən〕n. 營養

(C) construction〔kən'strʌkʃən〕n. 建造

(D) stimulation〔,stɪmjə'leʃən〕n. 刺激

* **developing country** 開發中國家　　limited〔'lɪmɪtɪd〕adj. 有限的

6. (**D**) The helicopters <u>hovered</u> over the sea, looking for the divers who had been missing for more than 30 hours.
直昇機在海上盤旋，尋找失蹤超過三十個小時的潛水者。

(A) tackle〔'tækl̩〕v. 處理；應付

(B) rustle〔'rʌsl̩〕v.（紙、樹葉）沙沙作響

(C) stroll〔strol〕v. 漫步　　(D) **hover**〔'hʌvɚ〕v. 盤旋

* helicopter〔'hɛlɪ,kaptɚ〕n. 直昇機　　**look for** 尋找
diver〔'daɪvɚ〕n. 潛水者　　missing〔'mɪsɪŋ〕adj. 失蹤的

7. (**A**) One of the tourist attractions in Japan is its hot spring <u>resorts</u>, where guests can enjoy relaxing baths and beautiful views.
日本的旅遊吸引人的景點之一是溫泉勝地，在那裡遊客可以享受輕鬆泡澡和美景。

(A) **resort**〔rɪ'zɔrt〕n. 休閒勝地；遊樂勝地

(B) hermit〔'hɜmɪt〕n. 隱士

(C) gallery〔'gælərɪ〕n. 畫廊；走廊

(D) faculty〔'fækl̩tɪ〕n. 能力

* tourist〔'turɪst〕adj. 觀光的；旅遊的
attraction〔ə'trækʃən〕n. 吸引人的事物　　**hot spring** 溫泉
relaxing〔rɪ'læksɪŋ〕adj. 令人放鬆的　　view〔vju〕n. 風景

8. (**D**) When a young child goes out and commits a crime, it is usually the parents who should be held <u>accountable</u> for the child's conduct.

當一個年幼的孩子在外犯了罪，通常是父母被認爲要爲孩子的行爲<u>負責</u>。

(A) eligible〔ˈɛlɪdʒəbḷ〕*adj.* 適任的；合格的

(B) dispensable〔dɪˈspɛnsəbḷ〕*adj.* 可省的；可有可無的

(C) credible〔ˈkrɛdəbḷ〕*adj.* 可信的

(D) ***accountable***〔əˈkaʊntəbḷ〕*adj.* 有責任的（= *responsible*）

* commit〔kəˈmɪt〕*v.* 犯（罪）　　crime〔kraɪm〕*n.*（法律上的）罪
commit a crime 犯罪　　hold〔hold〕*v.* 認爲
be held accountable for 被認爲應對…負責

9. (**B**) Since you have not decided on the topic of your composition, it's still <u>premature</u> to talk about how to write your conclusion.

既然你都還沒決定你作文的題目，談論要如何寫結論還<u>太早</u>了。

(A) preventive〔prɪˈvɛntɪv〕*adj.* 預防的

(B) ***premature***〔ˌpriməˈtʃʊr〕*adj.* 過早的；草率的

(C) productive〔prəˈdʌktɪv〕*adj.* 有生產力的；多產的

(D) progressive〔prəˈgrɛsɪv〕*adj.* 進步的

* ***decide on*** 決定（某事）　　topic〔ˈtɑpɪk〕*n.* 題目
composition〔ˌkɑmpəˈzɪʃən〕*n.* 作文
conclusion〔kənˈkluʒən〕*n.* 結論

10. (**A**) Human rights are fundamental rights to which a person is <u>inherently</u> entitled, that is, rights she or he is born with.

人權是一個人<u>天生</u>就有資格得到的基本權力，也就是她或他與生俱來的權力。

(A) ***inherently***〔ɪnˈhɪrəntlɪ〕*adv.* 天生地

(B) imperatively〔ɪmˈpɛrətɪvlɪ〕*adv.* 命令式地

(C) authentically〔ɔˈθɛntɪklɪ〕*adv.* 眞正地；確實地

(D) alternatively〔ɔlˈtɜnətɪvlɪ〕*adv.* 二擇一地；或者

* ***human rights*** 人權　　fundamental〔ˌfʌndəˈmɛntḷ〕*adj.* 基本的
entitle〔ɪnˈtaɪtḷ〕*v.* 給予資格　　***be entitled to N*** 有資格得到…
be born with 與生俱有…

二、綜合測驗：

第 11 至 15 題爲題組

The Nobel Peace Center is located in an old train station building close to the Oslo City Hall and overlooking the harbor. It was officially opened on June 11, 2005 as part of the celebrations to <u>mark</u> Norway's centenary as an
11
independent country. It is a center where you can experience and learn about the various Nobel Peace Prize Laureates and their activities <u>as well as</u> the
12
remarkable history of Alfred Nobel, the founder of the Nobel Prize. In addition, it serves as a meeting place where exhibits, discussions, and reflections <u>related</u> to war, peace, and conflict resolution are in focus.
13

諾貝爾和平中心位於接近奧斯陸市政廳的一棟舊火車站建築，能俯瞰整個海港，它在2005年六月十一日正式開放，作爲慶祝挪威獨立百週年的一部分。在這個中心，你可以體驗並認識許多諾貝爾和平獎得主，以及他們的活動和諾貝爾獎創立者阿爾佛雷德・諾貝爾的卓越歷史。此外，它也可以作爲會場，以與戰爭、和平和解決衝突相關的展覽，討論與省思爲焦點。

Nobel Peace Center 諾貝爾和平中心　　**be located in** 位於
close to 接近　　　Oslo（'aslo）n. 奧斯陸（挪威首都）
City Hall 市政廳；市政府　　overlook（,ovɚ'luk）v. 俯瞰
harbor（'harbɚ）n. 海港　　officially（ə'fɪʃəlɪ）adv. 正式地
celebration（,sɛlə'breʃən）n. 慶祝
centenary（'sɛntə,nɛrɪ）n. 百年紀念
independent（,ɪndɪ'pɛndənt）adj. 獨立的
experience（ɪk'spɪrɪəns）v. 體驗　　various（'vɛrɪəs）adj. 各種的
Nobel Peace Prize 諾貝爾和平獎
laureate（'lɔrɪɪt）n. 得獎者；桂冠詩人
remarkable（rɪ'markəbḷ）adj. 卓越的
Alfred Nobel 阿爾佛雷德・諾貝爾　　founder（'faʊndɚ）n. 創立者
in addition 此外　　**serve as** 作爲；充當
exhibit（ɪg'zɪbɪt）n. 展覽；展示品
reflection（rɪ'flɛkʃən）n. 反映；深思　　conflict（'kanflɪkt）n. 衝突
resolution（,rɛzə'luʃən）n. 解決　　**in focus** 焦點對準的；是焦點所在

11. (**D**) 依據文意，應選 (D) *mark*，表示「慶祝」的意思。

12. (**B**) (A) so much as 和～一樣多　　(B) *as well as* 以及；連同
　　(C) in spite of 儘管　　　　　　(D) on behalf of 代表

13. (**A**) 依據文意，應選 (A) *related* 與空格後的 to 形成 *related to*「與…有關」的意思。
　　(B) be limited to 受限於　　(C) be addicted to 對…上癮；沈溺於
　　(D) be contributed to 被捐給～

The Center combines exhibits and films with digital communication and interactive installations and has already received attention for its use of state-of-the-art technology. Visitors are welcome to experience the Center on their own or join a guided tour. Since its opening, the Nobel Peace
　　　　14
Center has been educating, inspiring and entertaining its visitors through
　　　　　　　　　　　　　　　　　　　　　　　　　　　　15
exhibitions, activities, lectures, and cultural events. The Center is financed by private and public institutions.

這個中心用數位通訊與互動裝置將展示品與影片結合，而且因為使用先進的科技已備受矚目。參觀者可自行參觀或加入導覽的團體。從開幕以來，諾貝爾和平中心已透過展覽、活動、演講、和文化相關活動來教育、激勵並娛樂參觀者。這個中心是由私人及公眾的機構所贊助。

combine〔kəmˋbaɪn〕v. 結合　　film〔fɪlm〕n. 電影
digital〔ˋdɪdʒɪtḷ〕adj. 數位的
communication〔kə͵mjunəˋkeʃən〕n. 通訊
interactive〔͵ɪntɚˋæktɪv〕adj. 互動的
installation〔͵ɪnstəˋleʃən〕n. 裝置　　attention〔əˋtɛnʃən〕n. 注意
state-of-the-art〔ˋstet əv ðɪ ˋɑrt〕adj. 先進的
technology〔tɛkˋnɑlədʒɪ〕n. 科技　　*guided tour* 有導遊的導覽
educate〔ˋɛdʒə͵ket〕v. 教育　　inspire〔ɪnˋspaɪr〕v. 激勵
entertain〔͵ɛntɚˋten〕v. 娛樂　　exhibition〔͵ɛksəˋbɪʃən〕n. 展覽會
lecture〔ˋlɛktʃɚ〕n. 演講　　cultural〔ˋkʌltʃərəl〕adj. 文化的
event〔ɪˋvɛnt〕n. 活動；事件
finance〔faɪˋnæns〕v. 贊助；提供資金
private〔ˋpraɪvɪt〕adj. 私人的　　public〔ˋpʌblɪk〕adj. 大眾的；公眾的
institution〔͵ɪnstəˋtjuʃən〕n. 機構

14. (**C**) 依據文意，應選 (C)。

    (A) in this regard 就這點而言   (B) one on one 一對一

    (C) *on one's own* 獨力地；靠自己   (D) by and large 總體而言

15. (**D**) 依據文意，應選 (D) *through*，表示「藉由…」，與空格的名詞搭配，形成副詞片語，用以修飾 educating, inspiring 與 entertaining 三個動詞。若選 (B) regarding 表示「關於…」或 (C) including 表示「包括…」則與空格後的名詞搭配，形成分詞片語，用以修飾 visitor，則不符文意。

第 16 至 20 題為題組

    In 1985, a riot at a Brussels soccer match occurred, in which many fans lost their lives. The <u>tragedy</u> began 45 minutes before the start of the
          16
European Cup final. The British team was scheduled to <u>compete against</u> the
          17
Italian team in the game. Noisy British fans, after setting off some rockets and fireworks to cheer for <u>their</u> team, broke through a thin wire fence and
          18
started to attack the Italian fans. The Italians, in panic, <u>headed for</u> the main
          19
exit in their section when a six-foot concrete wall collapsed.

    1985 年，在布魯塞爾的足球賽發生一場暴動，當中許多球迷失去了性命。這場悲劇開始於歐洲盃決賽開賽前四十五分鐘，賽中預定由英國隊對抗義大利隊。喧鬧的英國隊球迷在燃放煙火為他們的隊伍歡呼之後，突破了細細的鐵絲圍籬，並開始攻擊義大利球迷。義大利球迷驚慌地朝往他們區域的主要出口跑去，而就在當時，一堵六英呎高的水泥牆應聲倒塌。

riot〔ˋraɪət〕*n.* 暴動	Brussels〔ˋbrʌslz〕*n.* 布魯塞爾（比利時首都）
soccer〔ˋsɑkɚ〕*n.* 足球	match〔mætʃ〕*n.* 比賽
occur〔əˋkɝ〕*v.* 發生	fan〔fæn〕*n.* 熱衷者；（影、歌、球）迷
European Cup 歐洲盃	final〔ˋfaɪnḷ〕*n.* 決賽
British〔ˋbrɪtɪʃ〕*adj.* 英國的	team〔tim〕*n.* 隊伍
schedule〔ˋskɛdʒul〕*v.* 預定	Italian〔ɪˋtæljən〕*adj.* 義大利的
noisy〔ˋnɔɪzɪ〕*adj.* 吵鬧的	*set off* 燃放；發射
rocket〔ˋrɑkɪt〕*n.* 火箭式煙火	firework〔ˋfaɪr͵wɝk〕*n.* 煙火
cheer〔tʃɪr〕*v.* 歡呼；喝采	*break through* 突破

wire〔waɪr〕*n.* 鐵絲　　fence〔fɛns〕*n.* 圍籬

attack〔əˈtæk〕*v.* 攻擊　***in panic*** 惶恐地

exit〔ˈɛgzɪt〕*n.* 出口　　section〔ˈsɛkʃən〕*n.* 部分；區域

concrete〔ˈkɑnkrɪt〕*n.* 混凝土　　collapse〔kəˈlæps〕*v.* 倒塌

16. (**C**) 依據文意，應選 (C)。

 (A) circumstance〔ˈsɝkəmˌstæns〕*n.* 情況

 (B) sequence〔ˈsikwəns〕*n.* 連續

 (C) ***tragedy***〔ˈtrædʒədɪ〕*n.* 悲劇

 (D) phenomenon〔fəˈnɑməˌnɑn〕*n.* 現象

17. (**D**) 依據文意，應選 (D)。

 (A) oppose〔əˈpoz〕*v.* 反對（不加 to）

 (B) fight over 因為…爭吵

 (C) battle for 為…而奮鬥　　(D) ***compete against*** 與…競爭

18. (**D**) 依句意，指當時的英國隊球迷燃放煙火，為「他們的」隊伍歡呼，故應選 (D)。

19. (**A**) 依據文意，應選 (A)。

 (A) ***head for*** 向…前進　　(B) back up 支持；擁護

 (C) call out 召集；大喊　　(D) pass on 把…傳下去

By the end of the night, 38 soccer fans had died and 437 were injured. The majority of the deaths resulted from people <u>being</u> trampled underfoot
₂₀
or crushed against barriers in the stadium. As a result of this 1985 soccer incident, security measures have since been tightened at major sports competitions to prevent similar events from happening.

 當晚結束時，有三十八名球迷死亡，四百三十七名受傷。大多數的死亡是因為那些人被踐踏在腳下，或被體育場的圍欄壓死。由於 1985 年的足球事件，從那時起，重大的體育競賽，便會加強安全措施，以防止類似的事件發生。

injure〔ˈɪndʒɚ〕*v.* 受傷　　majority〔məˈdʒɔrətɪ〕*n.* 大多數

result from 起因於　　trample〔ˈtræmpl〕*v.* 踐踏

underfoot〔ˌʌndɚˈfut〕*adv.* 在腳下　　crush〔krʌʃ〕*v.* 擠壓

　　barrier〔'bærɪə〕*n.* 柵欄　　stadium〔'stedɪəm〕*n.* 體育場
　　as a result of 由於　　incident〔'ɪnsədənt〕*n.* 事件
　　security〔sɪ'kjʊrətɪ〕*n.* 安全　　measure〔'mɛʒə〕*n.* 措施
　　since〔sɪns〕*adv.* 從那時起　　tighten〔'taɪtn̩〕*v.* 加強；收緊
　　major〔'medʒə〕*adj.* 重大的　　competition〔ˌkɑmpə'tɪʃən〕*n.* 競賽
　　prevent…from～ 防止…免於～

20. (**C**) 依據文意，此處是指人「被踐踏或擠壓」而死亡，句子原為 who were
　　trampled…將此形容詞子句簡化成分詞片語，意即將 who 省略後，
　　were 變成 being，即得答案 (C)。

三、文意選填：

第 21 至 30 題為題組

　　The Taiwanese puppet show ("Budaixi") is a distinguished form of
performing arts in Taiwan.　Although basically hand puppets, the figures
　　　　　　　　　　　　　　　　　　　　　　　　　　　　21
appear as complete forms, with hands and feet, on an elaborately decorated
stage.

　　台式傀儡戲（布袋戲）是台灣一項聞名的表演藝術型態。雖然基本上就是
用手操作的傀儡，布袋戲偶有手有腳，以完整的身形在精心雕飾過的舞台上粉
墨登場。

　　puppet〔'pʌpɪt〕*n.* 木偶　　distinguished〔dɪ'stɪŋgwɪʃt〕*adj.* 著名的
　　performing arts 表演藝術；舞台藝術
　　hand puppet （套在手上表演的）布袋木偶
　　elaborately〔ɪ'læbərɪtlɪ〕*adv.* 精緻地
　　decorate〔'dɛkəˌret〕*v.* 裝飾　　stage〔stedʒ〕*n.* 舞台

21. (**F**) *figure*〔'fɪgjə〕*n.* 人物；人像

　　The puppet performance is typically accompanied by a small orchestra.
　　　　　　　　　　　　　　　　　　　　22
The backstage music is directed by the drum player.　The drummer needs to
pay attention to what is going on in the plot and follow the rhythm of
the characters.　He also uses the drum to conduct the other musicians.　There
　　　　　　　　　　　　　　　　　　23
are generally around four to five musicians who perform the backstage music.

　　布袋戲表演通常由一個小樂團伴奏，而背景音樂則是由鼓手主導。鼓手必須留心舞台上情節的走向，配合角色的節奏，同時以鼓聲指揮其餘的樂手。一般來說，有四到五個樂手演奏背景音樂。

> typically〔'tɪpɪklɪ〕 *adv.* 通常　　orchestra〔'ɔrkɪstrə〕 *n.* 管弦樂團
> backstage〔'bæk͵stedʒ〕 *adj.* 幕後的　　direct〔də'rɛkt〕 *v.* 指導；指揮
> ***drum player*** 鼓手（= *drummer*）　　***pay attention to*** 注意
> ***go on*** 發生　　plot〔plɑt〕 *n.* 情節
> follow〔'fɑlo〕 *v.* 順從；密切注意　　rhythm〔'rɪðm〕 *n.* 節奏
> character〔'kærɪktɚ〕 *n.* 人物　　perform〔pɚ'fɔrm〕 *v.* 演奏

22.（**C**）***accompany***〔ə'kʌmpənɪ〕 *v.* 陪伴；為…伴奏

23.（**D**）***conduct***〔kən'dʌkt〕 *v.* 指揮；引導

The form of music used is often associated with various performance <u>techniques</u>, including acrobatics and skills like window-jumping, stage
　　　24
movement, and fighting. Sometimes unusual animal puppets also appear on stage for extra <u>appeal</u>, especially for children in the audience.
　　　　25

音樂的型態常常與各式各樣的演出技巧有關，包含雜技、跳窗、舞台動作以及格鬥對戰等等。有時候特殊的動物戲偶也會登台，來讓表演增添吸引力，尤其是對孩童觀眾的吸引力。

> ***be associated with*** 和…有關
> various〔'vɛrɪəs〕 *adj.* 各種的；各式各樣的
> acrobatics〔͵ækrə'bætɪks〕 *n.* 特技
> movement〔'muvmənt〕 *n.* 動作
> unusual〔ʌn'juʒʊəl〕 *adj.* 不尋常的；罕見的
> extra〔'ɛkstrə〕 *adj.* 額外的　　audience〔'ɔdɪəns〕 *n.* 觀眾

24.（**K**）***technique***〔tɛk'nik〕 *n.* 技術；技巧；手法

25.（**B**）***appeal***〔ə'pil〕 *n.* 吸引力；魅力

In general, a show needs two performers. The main performer is generally the chief or <u>director</u> of the troupe. He is the one in charge of
　　　　26
the whole show, manipulating the main puppets, singing, and narrating.

The <u>supporting</u> performer manipulates the puppets to coordinate with the
      27

main performer. He also changes the costumes of the puppets, and takes
care of the stage. The relationship between the main performer and his
partner is one of master and apprentice. Frequently, the master trains his
sons to eventually <u>succeed</u> him as puppet masters.
      28

一般而言，一場戲需要兩個表演者。主要的表演者往往是劇團的團長或導
演。他在演出中掌控全局，操作主要的戲偶，同時還要負責唱歌以及旁白。而
次要的表演者操作其它的戲偶，以配合主要的表演者。他同時必須幫戲偶換裝，
並且看顧整個舞台。主要演出者與他的夥伴之間的關係，是師父與徒弟。往往，
師父會訓練自己的兒子，好讓他未來繼承自己成為偶戲大師。

> ***in general*** 一般說來   performer〔 pə'fɔrmə 〕*n.* 表演者
> generally〔'dʒɛnərəlı〕*adv.* 通常   chief〔 tʃif 〕*n.* 團長
> director〔 də'rɛktə 〕*n.* 導演   troupe〔 trup 〕*n.* 一班；一團
> ***in charge of*** 負責   manipulate〔 mə'nɪpjə,let 〕*v.* 操縱
> narrate〔 næ'ret 〕*v.* 敘述；講故事
> coordinate〔 ko'ɔrdn,et 〕*v.* 協調運作；配合
> costume〔'kɑstjum 〕*n.* 戲服   ***take care of*** 照顧；負責
> partner〔'pɑrtnə 〕*n.* 夥伴   master〔'mæstə 〕*n.* 師父；大師
> apprentice〔 ə'prɛntıs 〕*n.* 學徒
> eventually〔 ı'vɛntʃuəlı 〕*adv.* 最後；終於

26.(**E**) ***director***〔 də'rɛktə 〕*n.* 導演

27.(**J**) ***supporting***〔 sə'portıŋ 〕*adj.* 次要的；搭配的

28.(**H**) ***succeed***〔 sək'sid 〕*v.* 繼承

Budaixi troupes are often hired to perform at processions and festivals
held in honor of local gods, and on happy <u>occasions</u> such as weddings, births,
      29

and promotions. The main purpose of Budaixi is to <u>worship</u> and offer
      30

thanks to the deities. The shows also serve as a popular means of folk
entertainment.

布袋戲團常常受雇，為當地神明舉辦繞境遊行和慶典時，或是在一些喜慶
的場合如婚禮、生日或升遷等等演出。布袋戲的主要目的是祭神，以及對神明
表示感激。同時，布袋戲也是一種廣受歡迎的民俗娛樂。

procession〔prə'sɛʃən〕*n.* 行列；（隊伍的）行進
festival〔'fɛstəvl̩〕*n.* 慶典　　***in honor of*** 向…表示敬意
local〔'lokl̩〕*adj.* 當地的　　wedding〔'wɛdɪŋ〕*n.* 婚禮
promotion〔prə'moʃən〕*n.* 升遷　　deity〔'diətɪ〕*n.* 神
serve as 充當　　means〔minz〕*n.* 方法
folk〔folk〕*adj.* 民間的；民俗的
entertainment〔͵ɛntɚ'tenmənt〕*n.* 娛樂

29.（**G**）***occasion***〔ə'keʒən〕*n.* 場合

30.（**L**）***worship***〔'wɝʃəp〕*v.* 敬奉（神）；崇拜

四、篇章結構：

第 31 至 35 題為題組

All advertising includes an attempt to persuade. [31]**(B) To put it another way, ads are communication designed to get someone to do something.** Even if an advertisement claims to be purely informational, it still has persuasion at its core. The ad informs the consumers with one purpose: to get the consumer to like the brand and, on that basis, to eventually buy the brand. Without this persuasive intent, communication about a product might be news, but it would not be advertising.

　　所有的廣告都有要嘗試說服他人的企圖。換句話說，廣告是種傳達方式，目的是要使人去做某些事情。即使有個廣告宣稱它完全只提供資訊，它的核心目標仍是要說服他人。廣告提供資訊給消費者，目的就是要讓消費者喜歡這品牌，並且基於這樣的基礎，最後去買那品牌的商品。若沒有這個說服他人的意圖，傳達關於產品的資訊可能是新聞，但就不是廣告了。

advertising〔'ædvɚ͵taɪzɪŋ〕*n.* 廣告（總稱）
include〔ɪn'klud〕*v.* 包含　　attempt〔ə'tɛmpt〕*n.* 企圖；嘗試
persuade〔pɚ'swed〕*v.* 說服
to put it another way 換句話說
communication〔kə͵mjunə'keʃən〕*n.* 傳達；溝通
advertisement〔͵ædvɚ'taɪzmənt〕*n.* 廣告
claim〔klem〕*v.* 宣稱　　purely〔'pjʊrlɪ〕*adv.* 純粹地；完全
informational〔͵ɪnfɚ'meʃənl̩〕*adj.* 提供資訊的

persuasion〔pɚ'sweʒən〕*n.* 說服　　core〔kor〕*n.* 核心；重點
at one's core 爲…的核心　　inform〔ɪn'fɔrm〕*v.* 通知；告知
purpose〔'pɝpəs〕*n.* 目的　　brand〔brænd〕*n.* 品牌
on…basis 根據…；基於…
eventually〔ɪ'vɛntʃuəlɪ〕*adv.* 最後；終於
persuasive〔pɚ'swesɪv〕*adj.* 有說服力的
intent〔ɪn'tɛnt〕*n.* 意圖　　product〔'prɑdʌkt〕*n.* 產品

　　Advertising can be persuasive communication not only about a product but also an idea or a person. [32] (A) Political advertising is one example. Although political ads are supposed to be concerned with the public welfare, they are paid for and they all have a persuasive intent. [33] (D) They differ from commercial ads in that political ads "sell" candidates rather than commercial goods. A Bush campaign ad, for instance, did not ask anyone to buy anything, yet it attempted to persuade American citizens to view George Bush favorably. [34] (E) Aside from campaign advertising, political advertising is also used to persuade people to support or oppose proposals. Critics of President Clinton's health care plan used advertising to influence lawmakers and defeat the government's plan.

　　廣告可以是個很有說服力的傳達工具，不只是關於產品，也可以是關於想法或是個人。政治廣告就是個例子。雖然政治廣告應該是要跟大衆福利有關，但是政治廣告是要付費的，而且它們都有說服他人的意圖。它們和商業廣告不同，因爲政治廣告是「販賣」候選人，而非商品。舉例來說，一個布希總統的競選廣告並不是要任何一個人買東西，而是要試圖說服美國國民對喬治·布希有好評。除了作爲競選廣告，政治廣告也被用來說服人們去支持或反對某些提議。批評柯林頓總統健康醫療計畫的人，用廣告來影響立法者，並推翻政府的計畫。

political〔pə'lɪtɪkl̩〕*adj.* 政治的；有關政治的
ad 廣告（= *advertisement*）　　*be supposed to V.* 應該…
be concerned with 與…有關
public〔'pʌblɪk〕*adj.* 公衆的；全體的　　welfare〔'wɛl,fɛr〕*n.* 福利
pay for 爲…付費　　differ〔'dɪfɚ〕*v.* 不同
differ from 與…不同　　commercial〔kə'mɝʃəl〕*adj.* 商業的

in that 因為（＝ *because* ）　　candidate〔'kændə,det〕*n.* 候選人
rather than 而非（＝ *instead of* ）
for instance 舉例來說（＝ *for example* ）
citizen〔'sɪtəzn̩〕*n.* 國民；公民　　view〔vju〕*v.* 看；考慮
favorably〔'fevərəblɪ〕*adv.* 贊同地；有利地
view** sb.* ***favorably 對某人有好評
George Bush 喬治・布希【2001～2009 年的美國總統】
aside from 除了…（還有）
campaign〔kæm'pen〕*n.* 競選活動
oppose〔ə'poz〕*v.* 反對
proposal〔prə'pozl̩〕*n.* 提議；計畫　　critic〔'krɪtɪk〕*n.* 批評者
Clinton 柯林頓【Bill Clinton，1993～2001 年的美國總統】
health care 醫療　　influence〔'ɪnfluəns〕*v.* 影響
lawmaker〔'lɔ,mekɚ〕*n.* 立法者
defeat〔dɪ'fit〕*v.* 打敗；推翻
government〔'gʌvɚnmənt〕*n.* 政府

[35] **(F)** In addition to political parties, environmental groups and human rights organizations also buy advertising to persuade people to accept their way of thinking. For instance, the international organization Greenpeace uses advertising to get their message out. In the ads, they warn people about serious pollution problems and the urgency of protecting the environment. They, too, are selling something and trying to make a point.

　　除了政黨之外，環保團體和人權組織也會買廣告，來說服人們接受他們的想法。舉例來說，國際組織綠色和平使用廣告，來把他們的訊息傳達出去。在廣告中，他們警告人們關於嚴重污染的問題，以及保護環境的迫切性。他們也在賣東西，並且試著要表達論點。

in addition to 除了～之外　　party〔'partɪ〕*n.* 黨派
environmental〔,ɪn,vaɪrən'mɛntl̩〕*adj.* 環境的
human rights 人權　　organization〔,ɔrgənə'zeʃən〕*n.* 組織
Greenpeace 綠色和平【成立於 1971 年，是一個全球性的環保組織，
　　在歐洲、美洲、非洲和亞太地區的 40 多個國家和區域進行環境保護
　　工作】　　***get out*** 說出
urgency〔'ɝdʒənsɪ〕*n.* 迫切　　***make a point*** 表達論點

五、閱讀測驗：

第 36 至 39 題為題組

A sense of humor is something highly valued. A person who has a great sense of humor is often considered to be happy and socially confident. However, humor is a double-edged sword. It can forge better relationships and help you cope with life, but sometimes it can also damage self-esteem and antagonize others.

幽默感受到高度重視。富有幽默感的人常被視為快樂，並在社交方面有自信。然而，幽默其實是一把雙刃劍。它能為你打造更好的人際關係，幫助你處理人生的問題，但有時候它也可能損害你的自尊，甚至為你樹立敵人。

> *a sense of humor* 幽默感　　highly〔ˈhaɪlɪ〕*adv.* 高度地
> value〔ˈvælju〕*v.* 重視　　consider〔kənˈsɪdɚ〕*v.* 認為
> socially〔ˈsoʃəlɪ〕*adv.* 在社交上
> confident〔ˈkɑnfədənt〕*adj.* 有自信的
> double-edged〔ˌdʌblˈɛdʒd〕*adj.* 雙刃的　　sword〔sord〕*n.* 劍
> *double-edged sword* 雙刃劍；利弊兼具的處境
> forge〔fordʒ〕*v.* 建立（關係）　　*cope with* 應付；處理
> self-esteem〔ˌsɛlfəˈstim〕*n.* 自尊
> antagonize〔ænˈtægəˌnaɪz〕*v.* 與（某人）為敵

People who use bonding humor tell jokes and generally lighten the mood. They're perceived as being good at reducing the tension in uncomfortable situations. They often make fun of their common experiences, and sometimes they may even laugh off their own misfortunes. The basic message they deliver is: We're all alike, we find the same things funny, and we're all in this together.

使用彼此親近式幽默的人會講笑話，而往往能夠讓大家的心情放鬆。他們善於在尷尬的場面中緩解緊繃的氛圍。他們常常嘲弄彼此共有的經驗，有時甚至對自己的不幸一笑置之。他們傳達的基本信息就是：我們都相同，我們認為好笑的事情都一樣，而且我們都在同一條船上。

> bonding〔ˈbɑndɪŋ〕*n.* 人與人之間的關係
> lighten〔ˈlaɪtn̩〕*v.* 使振作；使愉快　　mood〔mud〕*n.* 心情
> perceive〔pɚˈsiv〕*v.* 發覺；察覺；看出　　*be good at* 擅長
> reduce〔rɪˈdjus〕*v.* 減少；降低　　tension〔ˈtɛnʃən〕*n.* 緊張

make fun of 嘲弄；取笑　　common〔ˈkɑmən〕*adj.* 共同的；共有的
laugh off 對⋯⋯一笑置之
misfortune〔mɪsˈfɔrtʃən〕*n.* 不幸的事；災難
message〔ˈmɛsɪdʒ〕*n.* 主旨；含意
deliver〔dɪˈlɪvɚ〕*v.* 發表；發佈　　alike〔əˈlaɪk〕*adj.* 同樣的
find〔faɪnd〕*v.* 覺得　　funny〔ˈfʌnɪ〕*adj.* 好笑的

Put-down humor, on the other hand, is an aggressive type of humor used to criticize and manipulate others through teasing. When it's aimed against politicians, as it often is, it's hilarious and mostly harmless. But in the real world, it may have a harmful impact. An example of such humor is telling friends an embarrassing story about another friend. When challenged about their teasing, the put-down jokers might claim that they are "just kidding," thus allowing themselves to avoid responsibility. This type of humor, though considered by some people to be socially acceptable, may hurt the feelings of the one being teased and thus take a toll on personal relationships.

另一方面，嘲諷他人式的幽默則是一種攻擊性的幽默，透過嘲諷來攻訐及操弄他人。此類幽默通常是針對政治人物，說出來爆笑，大部分是無害的。但在真實的世界中，它可能帶來傷害性的影響。例如跟你的朋友講述另一個朋友出糗的故事。當人們對他們的嘲諷有所微詞，嘲諷式幽默者可能會宣稱他們「只是開個玩笑」，而藉此卸責。縱使有些人認為這在社交層面上可以被接受，此類型的幽默仍然可能傷害到被嘲諷者的感情，因而破壞人際關係。

put-down〔ˈpʊtˌdaʊn〕*n.* 有意使人丟臉或難為情的言語或行為
on the other hand 另一方面
aggressive〔əˈgrɛsɪv〕*adj.* 有攻擊性的
criticize〔ˈkrɪtəˌsaɪz〕*v.* 批評　　tease〔tiz〕*v.* 取笑；嘲弄
aim〔em〕*v.* 把⋯⋯對準；使針對
politician〔ˌpɑləˈtɪʃən〕*n.* 政治人物
hilarious〔həˈlɛrɪəs〕*adj.* 引人大笑的　　mostly〔ˈmostlɪ〕*adv.* 大多
impact〔ˈɪmpækt〕*n.* 影響
challenge〔ˈtʃælɪndʒ〕*v.* 對⋯⋯提出異議；對⋯⋯遲疑 < *about* >
joker〔ˈdʒokɚ〕*n.* 愛講笑話的人　　claim〔klem〕*v.* 宣稱
kid〔kɪd〕*v.* 開玩笑　　thus〔ðʌs〕*adv.* 因此
allow〔əˈlaʊ〕*v.* 允許；讓　　toll〔tol〕*n.* 犧牲；損害
take a toll 造成損失；危害

Finally, in hate-me humor, the joker is the target of the jokc for the amusement of others. This type of humor was used by comedians John Belushi and Chris Farley—both of whom suffered for their success in show business. A small dose of such humor is charming, but routinely offering oneself up to be humiliated erodes one's self-respect, and fosters depression and anxiety.

最後，在自我挖苦式的幽默中，爲了讓其他人開心，開玩笑的人本身就是玩笑的標的。喜劇演員 John Belushi 以及 Chris Farley 是這類幽默的愛用者——這兩個人都因爲自己在演藝事業上的成就而受苦。稍微來一點這種幽默效果還不錯，但是三不五時就把自己端出來任人羞辱，終究只會侵蝕一個人的自尊，助長沮喪與焦慮。

target（'tɑrgɪt）*n.* 目標；標的
amusement（ə'mjuzmənt）*n.* 樂趣；娛樂
comedian（kə'midɪən）*n.* 喜劇演員
suffer（'sʌfə）*v.* 受到傷害　　***show business*** 演藝界
dose（dos）*n.* 少量　　charming（'tʃɑrmɪŋ）*adj.* 迷人的；很有趣的
routinely（ru'tinlɪ）*adv.* 通常　　***offer up*** 奉獻；貢獻
humiliate（hju'mɪlɪˌet）*v.* 羞辱
erode（ɪ'rod）*v.* 侵蝕；逐漸地損害
self-respect（ˌsɛlfrɪ'spɛkt）*n.* 自尊心
foster（'fɔstə）*v.* 培養；助長
depression（dɪ'prɛʃən）*n.* 沮喪　　anxiety（æŋ'zaɪətɪ）*n.* 焦慮

So it seems that being funny isn't necessarily an indicator of good social skills and well-being. In certain cases, it may actually have a negative impact on interpersonal relationships.

所以，似乎幽默好笑並不見得是良好的社交技能與幸福的指標。在某些情形中，其實可能爲人際關係帶來負面的影響。

not necessarily 未必；不一定　　indicator（'ɪndəˌketə）*n.* 指標
social（'soʃəl）*adj.* 社交的　　well-being（'wɛl'biɪŋ）*n.* 幸福
certain（'sɝtn̩）*adj.* 某些　　case（kes）*n.* 情況；例子
actually（'æktʃuəlɪ）*adv.* 實際上；眞地
negative（'nɛgətɪv）*adj.* 負面的
interpersonal（ˌɪntə'pɝsn̩l）*adj.* 人與人之間的

36. (**C**) 根據本文，下列哪一個族群的人是嘲諷他人式幽默的普遍標靶？

(A) 喜劇演員。　　　　　　　　(B) 講笑話的人。

(C) 政治人物。　　　　　　　　(D) 對他人友善的人。

37. (**B**) 如何透過彼此親近式幽默來創造令人放鬆的氛圍？

(A) 取笑他人的不幸。　　　　　(B) 拿他們的共有經驗開玩笑。

(C) 透露他們的私人關係。　　　(D) 拿朋友的特殊經驗開玩笑。

atmosphere〔'ætməsˌfɪr〕*n.* 氣氛　　reveal〔rɪ'vil〕*v.* 透露

unique〔ju'nik〕*adj.* 獨特的

38. (**C**) 根據本文，關於 John Belushi 和 Chris Farley，下列何者為真？

(A) 他們因過量服用抗焦慮藥丸而受苦。

(B) 他們常常在台上羞辱其他人。

(C) 他們的喜劇演員生涯很成功。

(D) 他們從演出中設法重建自尊。

over-dosage〔'ovəˌdosɪdʒ〕*n.* 藥量過多　　***manage to V.*** 設法（做到）

39. (**B**) 本文作者試圖傳達何種訊息？

(A) 幽默值得被仔細研究。

(B) 幽默有其光明與黑暗面。

(C) 幽默是一項被高度重視的人格特質。

(D) 幽默可透過許多不同方式習得。

convey〔kən've〕*v.* 傳達　　deserve〔dɪ'zɜv〕*v.* 值得

trait〔tret〕*n.* 特質

第 40 至 43 題為題組

On June 23, 2010, a Sunny Airlines captain with 32 years of experience stopped his flight from departing. He was deeply concerned about a balky power component that might eliminate all electrical power on his trans-Pacific flight. Despite his valid concerns, Sunny Airlines' management pressured him to fly the airplane, over the ocean, at night. When he refused to jeopardize the safety of his passengers, Sunny Airlines' security escorted him out of the airport, and threatened to arrest his crew if they did not cooperate.

在 2010 年 6 月 23 日，晴天航空一位三十二年資歷的機長阻止他的班機起飛。他很擔心一個不聽話的動力零件，可能會讓整架班機在他飛越太平洋的時候失去電力。儘管他的擔憂很合理，但晴天航空的管理高層，強迫他要在夜間駕駛這班飛機飛越太平洋。當他拒絕拿乘客的生命安全開玩笑，晴天航空的保全將他帶離機場，並且威脅他的機組人員，若是不配合，就要逮捕他們。

captain〔ˋkæptən〕*n.* 機長　　depart〔dɪˋpɑrt〕*v.*（飛機）起飛
balky〔ˋbɔkɪ〕*adj.* 頑固的　　power〔ˋpaʊɚ〕*n.* 動力；電力
component〔kəmˋponənt〕*n.* 構件；零件
eliminate〔ɪˋlɪmə͵net〕*v.* 除去　　valid〔ˋvælɪd〕*adj.* 正當的；合理的
management〔ˋmænɪdʒmənt〕*n.* 管理階層　　pressure〔ˋprɛʃɚ〕*v.* 強迫
jeopardize〔ˋdʒɛpəd͵aɪz〕*v.* 置⋯於險境；使⋯瀕臨危險
security〔sɪˋkjʊrətɪ〕*n.* 警衛部門；保全　　escort〔ɪˋskɔrt〕*v.* 陪同
threaten〔ˋθrɛtn̩〕*v.* 威脅　　arrest〔əˋrɛst〕*v.* 逮捕
crew〔kru〕*n.* 全體工作人員

Besides that, five more Sunny Airlines pilots also refused to fly the aircraft, citing their own concerns about the safety of the plane. It turned out the pilots were right: the power component was faulty and the plane was removed from service and, finally, fixed. Eventually a third crew operated the flight, hours later. In this whole process, Sunny Airlines pressured their highly experienced pilots to ignore their safety concerns and fly passengers over the Pacific Ocean at night in a plane that needed maintenance. Fortunately for all of us, these pilots stood strong and would not be intimidated.

除此之外，另外五名晴天航空的駕駛員也拒開這架飛機，說明他們對飛機安全的擔憂。結果，這些駕駛員是對的：那個動力零件有缺陷，因此飛機被停飛，最後被修復。最後，第三組機組人員在幾個小時後操縱了這架班機。在整個過程當中，晴天航空強迫他們經驗老到的駕駛員漠視對安全的憂慮，在夜間駕駛需要維修的飛機載客飛過太平洋。對我們而言，很幸運的是，這幾位駕駛員立場堅定，不受恐嚇。

pilot〔ˋpaɪlət〕*n.*（飛機的）駕駛員　　aircraft〔ˋɛr͵kræft〕*n.* 飛機
cite〔saɪt〕*v.* 言及　　***turn out*** 結果是　　faulty〔ˋfɔltɪ〕*adj.* 有缺陷的
process〔ˋprɑsɛs〕*n.* 過程　　ignore〔ɪgˋnor〕*v.* 忽視
maintenance〔ˋmentənəns〕*n.* 維修
intimidate〔ɪnˋtɪmə͵det〕*v.* 恐嚇

Don't just take our word that this happened. Please research this yourself and learn the facts. Here's a starting point: www.SunnyAirlinePilot.org. Once you review this shocking information, please keep in mind that while their use of Corporate Security to remove a pilot from the airport is a new procedure, the intimidation of flight crews is becoming commonplace at Sunny Airlines, with documented events occurring on a weekly basis.

這件事不是只有聽我們講講。請自己調查得知事實。這邊是起點：www.SunnyAirlinePilot.org。一旦你再次檢視這個駭人的消息，請記得，雖然他們用公司保全把駕駛員攆走是個新動作，不過，恐嚇機組人員的事件在晴天航空漸漸變成常態，每週有文件記錄。

> review (rɪ'vju) *v.* 再考量；再調查　　shocking ('ʃɑkɪŋ) *adj.* 駭人的
> **keep in mind** 牢記在心　　corporate ('kɔrpərɪt) *adj.* 公司的
> procedure (prə'sidʒə) *n.* 程序；動作
> commonplace ('kɑmən,ples) *adj.* 平常的；普通的
> document ('dɑkjə,mɛnt) *v.* (用文件) 記錄
> **on a weekly basis** 每週地 (= *weekly* = *every week*)

The flying public deserves the highest levels of safety. No airlines should maximize their revenues by pushing their employees to move their airplanes regardless of the potential human cost. Sunny Airlines' pilots are committed to resisting any practices that compromise your safety for economic gain. We've been trying to fix these problems behind the scenes for quite some time; now we need your help. Go to www.SunnyAirlinePilot.org to get more information and find out what you can do.

飛機的乘客應該要有最高度的安全保障。沒有一家航空公司可以不顧可能造成的人命犧牲，逼他們的員工駕駛飛機，而獲取最大的收益。晴天航空的駕駛員致力於反抗任何會為了收入而危害你安全的命令。我們試著秘密修正這些問題一段時間了，現在我們需要你的幫忙。請上www.SunnyAirlinePilot.org網站獲得更多資訊，看看你能做什麼。

> deserve (dɪ'zɜv) *v.* 值得　　revenue ('rɛvə,nu) *n.* 收益
> **regardless of** 不顧　　potential (pə'tɛnʃəl) *adj.* 潛在的；可能的
> cost (kɔst) *n.* 犧牲　　committed (kə'mɪtɪd) *adj.* 致力於…的
> resist (rɪ'zɪst) *v.* 反抗　　compromise ('kɑmprə,maɪz) *v.* 危害
> **behind the scenes** 在幕後；暗中；秘密地

40. (**B**) 根據這篇文章，機長拒絕開飛機之後，發生什麼事？

    (A) 他被要求去找另一個駕駛員來頂替他的職位。

    (B) <u>他在晴天航空保安人員的強迫之下離開機場。</u>

    (C) 他被要求幫航空公司找出飛機的問題所在。

    (D) 他因為拒絕開飛機且遺棄他的乘客而遭開除。

    replace〔rɪˈples〕*v.* 代替   position〔pəˈzɪʃən〕*n.* 職位
    force〔fors〕*v.* 強迫   fire〔faɪr〕*v.* 開除
    abandon〔əˈbændən〕*v.* 遺棄

41. (**D**) 本文主要目的為何？

    (A) 讓晴天航空得到最大收益。

    (B) 介紹晴天航空的員工訓練計劃。

    (C) 重新檢視改善晴天航空服務的計劃。

    (D) <u>揭露晴天航空安全執行上的問題。</u>

    improve〔ɪmˈpruv〕*v.* 改善   expose〔ɪkˈspoz〕*v.* 揭露

42. (**B**) 在駕駛員們拒飛之後，飛機怎麼了？

    (A) 它被發現太過老舊，不能再飛了。

    (B) <u>它的機械問題被找出，最後修好了。</u>

    (C) 它被帶離機場，進行長達一週的檢查。

    (D) 它的動力零件問題還在，沒人能操縱它。

    mechanical〔məˈkænɪkl̩〕*adj.* 機械的   detect〔dɪˈtɛkt〕*v.* 查出
    repair〔rɪˈpɛr〕*v.* 修理   remain〔rɪˈmen〕*v.* 留下；仍舊

43. (**C**) 這篇文章最有可能是誰寫的？

    (A) 晴天航空的保安。   (B) 晴天航空的人資經理。

    (C) <u>晴天航空的駕駛員聯盟。</u>   (D) 其中一名晴天航空班機的乘客。

    guard〔gɑrd〕*n.* 警衛   personnel〔͵pɝsn̩ˈɛl〕*adj.* 人事的
    organization〔͵ɔrgənəˈzeʃən〕*n.* 組織

<u>第 44 至 47 題為題組</u>

    Angry Birds is a video game developed by Finnish computer game developer Rovio Mobile. Inspired primarily by a sketch of stylized wingless birds, the game was first released for Apple's mobile operating system in December 2009. Since then, over 12 million copies of the game have been purchased from Apple's App Store.

《憤怒鳥》是由芬蘭電腦遊戲開發商 Rovio Mobile 所開發出來的一款電玩遊戲，靈感主要來自一群獨具特色、沒有翅膀的小鳥素描，最初於 2009 年 12 月在蘋果的行動平台上發表，從那時候起，在蘋果的應用程式商店熱賣已超過 1200 萬份。

mobile (ˈmobl̩) *adj.* 移動的　　inspire (ɪnˈspaɪr) *v.* 啓發
primarily (ˈpraɪ͵mɛrəlɪ) *adv.* 主要地　　sketch (skɛtʃ) *n.* 素描
stylized (ˈstaɪlaɪzd) *adj.* 特殊風格的　　wingless (ˈwɪŋlɪs) *adj.* 無翼的
release (rɪˈlis) *v.* 發行　　copy (ˈkɑpɪ) *n.* (唱片、書、遊戲等) 一份
purchase (ˈpɝtʃəs) *v.* 購買　　***App Store*** 應用程式商店

With its fast-growing popularity worldwide, the game and its characters—angry birds and their enemy pigs—have been referenced in television programs throughout the world. The Israeli comedy *A Wonderful Country*, one of the nation's most popular TV programs, satirized recent failed Israeli-Palestinian peace attempts by featuring the Angry Birds in peace negotiations with the pigs. Clips of the segment went **viral**, getting viewers from all around the world. American television hosts Conan O'Brien, Jon Stewart, and Daniel Tosh have referenced the game in comedy sketches on their respective series, *Conan*, *The Daily Show*, and *Tosh.0*. Some of the game's more notable fans include Prime Minister David Cameron of the United Kingdom, who plays the iPad version of the game, and author Salman Rushdie, who is believed to be "something of a master at *Angry Birds*."

因為在全世界快速走紅，這款遊戲及其角色——憤怒鳥和它的敵人綠豬，在全世界的電視節目中出現。以色列最受歡迎的電視節目之一，搞笑電視劇《美妙的國家》就曾挖苦過最近失敗的以巴和平會談，節目中出現憤怒鳥跟綠豬的和平協商，節目片段大受歡迎，全世界都有觀衆。美國電視節目主持人柯南‧奧布萊恩、強‧史都華、丹尼爾‧托什都在他們個別的喜劇節目《柯南》、《每日秀》以及《托什秀》中引用過這款遊戲。一些比較知名的遊戲迷包括了玩平板電腦 i-Pad 版本憤怒鳥的英國首相大衛‧卡麥隆，以及公認的「憤怒鳥大師」作家賽爾曼‧魯西迪。

worldwide (ˈwɝld͵waɪd) *adv.* 遍及全球地
character (ˈkærɪktɚ) *n.* 角色　　reference (ˈrɛfrəns) *v.* 引用
throughout (θruˈaʊt) *prep.* 遍及　　Israeli (ɪzˈrelɪ) *adj.* 以色列的
satirize (ˈsætə͵raɪz) *v.* 諷刺；挖苦
Palestinian (͵pæləsˈtɪnɪən) *adj.* 巴勒斯坦的

attempt〔ə'tɛmpt〕*n.* 企圖；嘗試　　feature〔'fitʃɚ〕*v.* 使…主演
negotiation〔nɪ͵goʃɪ'eʃən〕*n.* 談判　　clip〔klɪp〕*n.* 一段影片
segment〔'sɛgmənt〕*n.* 部分　　viral〔'vaɪrəl〕*adj.* 病毒的
host〔host〕*n.* 主持人　　sketch〔skɛtʃ〕*n.* 幽默短劇
respective〔rɪ'spɛktɪv〕*adj.* 個別的
series〔'sɪrɪz〕*n.*（電視、電影等）影集
notable〔'notəbḷ〕*adj.* 知名的　　***Prime Minister*** 首相；行政院長
version〔'vɝʒən〕*n.* 版本　　master〔'mæstɚ〕*n.* 大師

Angry Birds and its characters have also been featured in advertisements in different forms. In March 2011, the characters began appearing in a series of advertisements for Microsoft's Bing search engine. In the same year, Nokia projected an advertisement in Austin, Texas that included the game's characters on a downtown building for its new handset. Later, a T-Mobile advertisement filmed in Spain included a real-life mock-up of the game in a city plaza. Nokia also used the game in Malaysia to promote an attempt to set a world record for the largest number of people playing a single mobile game.

　　《憤怒鳥》及其角色也以不同的形式出現在廣告中。這群角色從 2011 年 3 月開始出現在微軟為其搜尋引擎「賓果」所製作的廣告中。同年，諾基亞也在德州奧斯丁，為其新手機將一個有憤怒鳥遊戲角色的廣告，投影在一棟市中心的建築上。後來在西班牙拍攝的一支 T 電信的廣告，也利用城市廣場來演出一場真實世界版《憤怒鳥》。後來諾基亞也在馬來西亞利用這個遊戲，想要創下最多人同時玩一個手機遊戲的世界紀錄。

advertisement〔͵ædvɚ'taɪzmənt〕*n.* 廣告　　***search engine*** 搜尋引擎
project〔prə'dʒɛkt〕*v.* 投影　　handset〔'hænd͵sɛt〕*n.* 手持裝置
real-life〔'rɪəl͵laɪf〕*adj.* 真實的
mock-up〔'mɑk͵ʌp〕*n.*（實驗或教學用的）實物大模型
plaza〔'plɑzə〕*n.* 廣場　　promote〔prə'mot〕*v.* 促進；促銷

Angry Birds has even inspired works of philosophical analogy. A five-part essay entitled "Angry Birds Yoga—How to Eliminate the Green Pigs in Your Life" was written by Giridhari Dasar in Brazil, utilizing the characters and gameplay mechanics to interpret various concepts of yoga philosophy. The piece attracted much media attention for its unique method of philosophical presentation.

　　《憤怒鳥》甚至啓發了許多哲學思考的作品。巴西的吉利達理・達沙所寫的《憤怒鳥瑜珈——如何打敗人生中的綠豬》這篇文章有五個部分，就是利用了遊戲角色以及玩遊戲的技巧，來詮釋瑜珈哲學的許多概念，這篇文章因爲其獨特的哲學呈現手法，而引來許多媒體的關注。

philosophical〔,fɪlə'safɪkl̩〕*adj.* 哲學的

analogy〔ə'nælədʒɪ〕*n.* 類比；類似　　essay〔'ɛse〕*n.* 文章

entitle〔ɪn'taɪtl̩〕*v.* 訂標題　　eliminate〔ɪ'lɪmə,net〕*v.* 除去

utilize〔'jutl̩,aɪz〕*v.* 利用　　mechanics〔mə'kænɪks〕*n.* 機械學；技巧

interpret〔ɪn'tɜprɪt〕*v.* 詮釋　　various〔'vɛrɪəs〕*adj.* 各種的

concept〔'kɑnsɛpt〕*n.* 概念　　attract〔ə'trækt〕*v.* 吸引

media〔'midɪə〕*n.* 媒體　　unique〔ju'nik〕*adj.* 獨特的

presentation〔,prɛzn̩'teʃən〕*n.* 呈現

44.(**D**) 這篇文章的目的爲何？
(A) 解釋電玩遊戲《憤怒鳥》的設計過程。
(B) 調查《憤怒鳥》爆紅的原因。
(C) 介紹電視節目以及廣告中《憤怒鳥》的角色。
(D) 報導《憤怒鳥》在不同媒體間迅速擴散的情況。

devise〔dɪ'vaɪz〕*v.* 設計　　investigate〔ɪn'vɛstə,get〕*v.* 調查

45.(**D**) 以下哪一個字在意思上最接近第二段中的 *viral*？
(A) 明顯的。　　　　　　　(B) 挖苦的。
(C) 刺激的。　　　　　　　(D) 流行的。

apparent〔ə'pærənt〕*adj.* 明顯的
sarcastic〔sɑr'kæstɪk〕*adj.* 挖苦的

46.(**C**) 根據本文，以下何人擅長玩《憤怒鳥》？
(A) 吉利達理・達沙。　　　(B) 柯南・奧布萊恩。
(C) 賽爾曼・魯西迪。　　　(D) 丹尼爾・托什。

be good at 擅長

47.(**C**) 根據本文，以下何者關於《憤怒鳥》的利用是正確的？
(A) 《憤怒鳥》被英國首相引用來闡釋政治議題。
(B) 《憤怒鳥》的角色主要被利用於蘋果產品的廣告中。
(C) 《憤怒鳥》眞實世界版出現於一隻手機廣告裡。
(D) 《憤怒鳥》已經被改編爲一齣關於巴西瑜珈大師的電影。

cite〔saɪt〕*v.* 引用　　illustrate〔'ɪləstret〕*v.* 闡釋
issue〔'ɪʃu〕*n.* 議題　　*mobile phone* 手機

第 48 至 51 題為題組

Demolition is the tearing-down of buildings and other structures. You can level a five-story building easily with excavators and wrecking balls, but when you need to bring down a 20-story skyscraper, explosive demolition is the preferred method for safely demolishing the huge structure.

拆遷指的是拆掉大樓或是其它的建築物。你可以用挖土機和大鐵球輕易地夷平一棟五層樓的建築物，但是當你需要拆掉一棟二十層樓的摩天大樓，爆破拆遷是安全夷平大型建築物比較好的方法。

demolition〔͵dɛmə'lɪʃən〕*n.*（建築物等）毀壞　　***tear down*** 拆除
structure〔'strʌktʃə〕*n.* 結構；建築物
level〔'lɛvḷ〕*v.* 夷平　　story〔'storɪ〕*n.* 樓層
excavator〔'ɛkskə͵vetə〕*n.* 挖土機
wrecking ball（拆遷用）大鐵球
skyscraper〔'skaɪ͵skrepə〕*n.* 摩天大樓
explosive〔ɪk'splosɪv〕*adj.* 爆炸的　　preferred〔prɪ'fɜd〕*adj.* 偏好的
demolish〔dɪ'malɪʃ〕*v.* 破壞

In order to demolish a building safely, blasters must map out a careful plan ahead of time. The first step is to examine architectural blueprints of the building to determine how the building is put together. Next, the blaster crew tours the building, jotting down notes about the support structure on each floor. Once they have gathered all the data they need, the blasters devise a plan of attack. They decide what explosives to use, where to position them in the building, and how to time their explosions.

為了安全夷平一棟建築物，爆破工人得事前研擬一份仔細的計畫。第一步要檢查建築物的結構藍圖，以判定建築物的建造方式，接著爆破大隊會巡視這棟建築物，記下每一層樓的支撐結構。一旦爆破工人收集好所需要的資料，他們就會製作出一份爆破計畫書，他們會決定所需的炸藥，炸藥在建築物裡的擺放位置，以及算好爆破的時間點。

blaster〔'blæstə〕*n.* 爆破工人　　***map out*** 研擬（計畫等）
ahead of time 提早　　examine〔ɪg'zæmɪn〕*v.* 檢查
architectural〔͵arkə'tɛktʃərəl〕*adj.* 建築的
blueprint〔'blu'prɪnt〕*n.* 藍圖　　determine〔dɪ't3mɪn〕*v.* 決定
crew〔kru〕*n.* 團隊　　***jot down*** 快速記下
devise〔dɪ'vaɪz〕*v.* 設計　　explosive〔ɪk'splosɪv〕*n.* 炸藥
position〔pə'zɪʃən〕*v.* 放置　　time〔taɪm〕*v.* 測定⋯的時間

Generally speaking, blasters will explode the major support columns on the lower floors first and then on a few upper stories. In a 20-story building, the blasters might blow the columns on the first and second floor, as well as the 12th and 15th floors. In most cases, blowing the support structures on the lower floors is sufficient for collapsing the building, but loading explosives on upper floors helps break the building material into smaller pieces as it falls. This makes for easier cleanup following the blast. The main challenge in bringing a building down is controlling the direction in which it falls. To topple the building towards the north, the blasters set off explosives on the north side of the building first. By controlling the way it collapses, a blasting crew will be able to tumble the building over on one side, into a parking lot or other open area. This sort of blast is the easiest to execute, and it is generally the safest way to go.

一般說來，爆破工人會先炸毀低樓層的主要支柱，接著炸毀高樓層的主要支柱。在一棟二十層樓的建築物裡，爆破工人可能會先炸掉一樓跟二樓的支柱，接著是十二樓跟十五樓的支柱。在大部分的情況，炸毀低樓層的支撐結構就足以使這棟建築倒塌，但是將炸藥放在高樓層則有助於粉碎建築，讓它在倒下的時候碎裂成更小的碎片，這樣在爆破後殘骸會較容易清理。夷平一棟建築物主要的挑戰在於控制建築物倒塌的方向，要讓建築物向北倒，爆破工人要先引爆放置在建築物北邊的炸藥。藉由控制建築物倒塌的方向，爆破大隊就能讓建築物倒向一邊，往停車場或是其它的空曠區域倒塌。這種爆破方式執行起來最簡易，一般也是最安全的做法。

explode〔ɪkˈsplod〕v. 炸毀　　　column〔ˈkɑləm〕n. 柱子
upper〔ˈʌpɚ〕adj. 上方的；上部的　　　blow〔blo〕v. 爆破；炸毀
as well as 以及　　　sufficient〔səˈfɪʃənt〕adj. 足夠的
collapse〔kəˈlæps〕v. 使…倒塌　　　load〔lod〕v. 裝載
material〔məˈtɪrɪəl〕n. 原料；材料　　　*make for* 導致；促成
blast〔blæst〕n. 爆炸　　　topple〔ˈtɑpḷ〕v. 推倒；弄翻　　　*set off* 引爆
tumble〔ˈtʌmbḷ〕v. 弄倒；翻倒　　　sort〔sɔrt〕n. 種類
execute〔ˈɛksɪˌkjut〕v. 執行

48. (**A**) 根據本文，爆破工人在準備炸毀一棟建築物時，需要做什麼？
　　(A) 研究建築物的結構。　　　(B) 雇用有經驗的導遊。
　　(C) 做出建築物的迷你模型。　　(D) 請教原先的建築師。

hire〔haɪr〕v. 雇用　　　*tour guide* 導遊
miniature〔ˈmɪnɪətʃɚ〕n. 小型物　　　consult〔kənˈsʌlt〕v. 請教
original〔əˈrɪdʒənḷ〕adj. 原先的　　　architect〔ˈɑrkəˌtɛkt〕n. 建築師

49. (**C**) 在大部分的情況中，要破壞建築物時，會先從哪邊炸起？
　　　　(A) 最高的樓層。　　　　　(B) 較高的樓層。
　　　　(C) 較低的樓層。　　　　　(D) 地下室。
　　　　topmost〔'tɑp,most〕*adj.* 最上面的
　　　　basement〔'besmənt〕*n.* 地下室

50. (**C**) 根據以下圖表，目標建築物哪一部分應該先炸，以讓它安全地倒塌？
　　　　(A) 東邊。　　　　　　　　(B) 西邊。
　　　　(C) 南邊。　　　　　　　　(D) 北邊。
　　　　disgram〔'daɪə,græm〕*n.* 圖表

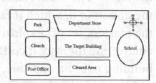

51. (**B**) 這篇文章的主旨是什麼？
　　　　(A) 如何在正確的時間執行爆破。
　　　　(B) 如何使用炸藥讓建築物倒塌。
　　　　(C) 如何依不同的用途使用炸藥。
　　　　(D) 如何用最少的人力破壞一棟建築物。
　　　　minimum〔'mɪnəməm〕*adj.* 最少的
　　　　manpower〔'mæn,paʊɚ〕*n.* 人力

第貳部分：非選擇題

一、中譯英：

1. 有些我們認為安全的包裝食品可能含對有人體有害的成分。

Some packaged food that we $\begin{cases} \text{hold} \\ \text{think} \\ \text{believe} \end{cases}$ is safe may contain

ingredients $\begin{cases} \text{harmful to human bodies.} \\ \text{dangerous to our health.} \end{cases}$

2. 為了我們自身的健康，在購買食物前我們應仔細閱讀包裝上的說明。

For our own health, we should read the instructions on the package

closely before $\begin{cases} \text{purchasing} \\ \text{buying} \end{cases}$ food.

二、英文作文：

【範例】

Surfing is my favorite sport. Surfing of course takes place on the ocean. *First*, you get a surfboard and maybe a wet suit (if the water is cold). *Then* you paddle out past the point where the waves come crashing in, which is called "the break." There you can observe the patterns of the waves and decide which one to take. Once you decide to take a wave, you must time your paddle strokes to catch the wave. If you catch the wave properly, then you try to stand up. This is the most difficult part of surfing.

Surfing is enjoyable to me for several reasons. Mainly, I enjoy being in the water. Surfing combines swimming with the sensation of riding down a ski slope. In addition to being intensely physical, surfing is also a calming activity. When you are out on the ocean, just you and your board, all the troubles in your life seem small and meaningless. You are humbled by the power and size of the ocean. *Therefore*, surfing is good for your mind and body.

surfing〔'sɜfɪŋ〕 *n.* 衝浪　　***take place*** 發生；舉行

surfboard〔'sɜf,bord〕 *n.* 衝浪板　　***wet suit*** 潛水衣

paddle〔'pædl̩〕 *v.* 划槳行進　　point〔pɔɪnt〕 *n.*（空間的）某一點

wave〔wev〕 *n.* 波浪　crash〔kræʃ〕 *v.* 撞擊

break〔brek〕 *n.* 破浪點　　observe〔əb'zɜv〕 *v.* 觀察

pattern〔'pætən〕 *n.* 型態　　time〔taɪm〕 *v.* 計算時間配合

stroke〔strok〕 *n.* 一划

properly〔'prɑpəlɪ〕 *adv.* 適當地；正確地

enjoyable〔ɪn'dʒɔɪəbl̩〕 *adj.* 愉快的

combine〔kəm'baɪn〕 *v.* 結合　　sensation〔sɛn'seʃən〕 *n.* 感覺

slope〔slop〕 *n.* 斜坡　　***in addition to*** 除了…（還有）

intensely〔ɪn'tɛnslɪ〕 *adv.* 強烈地

physical〔'fɪzɪkl̩〕 *adj.* 身體上的

meaningless〔'minɪŋlɪs〕 *adj.* 無意義的

humble〔'hʌmbl̩〕 *v.* 使變謙虛

101年指定科目考試英文科試題修正意見

題　　　號	出　　　　　　　　　　　處
二、綜合測驗 第 19 題	(A) *headed for* → *were heading for* ＊依句意，應用過去進行式。
三、文意選填 第一段 第 3 行	…*the consumer*….→ *the consumers*…. ＊依因為上一行已經有了：The ad informs **the consumers** with 　one purpose…，故後面也應該用 the consumers。
第 38 題	(D) …self-respect *from* their shows. → …self-respect **through** their shows. ＊依句意，應將 from 改成 through。
第 40 至 43 題 第二段 第 3 行 第三段 第 3 行	*Eventually* a third crew… → *Eventually*, a third crew…. ＊像 for example, later, on the one hand 等轉承語，後面都須 　加逗點。 *Corporate Security* → *corporate security* ＊因為不是公司名稱，非專有名詞，故須用小寫。
第 44 至 47 題 第三段 第 3 行	…*Nokia projected an advertisement in Austin, Texas that* *included the game's characters on a downtown building for its* *new handset.* → …***Nokia projected an advertisement for its new handset that*** ***included the game's characters on a downtown building in*** ***Austin, Texas.*** ＊地方副詞應該放最後，須重新改寫才合乎句意。
第 47 題	(C) *Its real-life mock-up*…→ ***A real-life mock-up of it*** … ＊須改寫才合乎句意。

101年指定科目考試英文科出題來源

題　號	出　　　　處
一、詞彙 第 1～10 題	今年所有的詞彙題，選項均出自「新版高中常用 7000 字」。
二、綜合測驗 第 11～20 題	11~15 題改寫自 Nobel Peace Center 一文，出自網站 http://www.nobelprize.org/nobel_organizations/nobelpeacecenter/ 16~20 題改寫自 Sample Essays 一文，出自網站 http://faculty.fullerton.edu/jcho/sampleessayseng101.htm
三、文意選填 第 21～30 題	改寫自 Taiwanese Puppetry (Budaixi)，出自網站 http://www.images-of-asia.com/catpages/puppets_taiwanese.html
四、篇章結構 第 31～35 題	改寫自 Different tools of Integrated Marketing Communications (IMC)，出自網站 http://webcache.googleusercontent.com/search?q=cache:uXM38LUSMy8J:www.mbaknol.com/marketing-management/different-tools-of-integrated-marketing-communications-imc/+All+advertising+includes+an+attempt+to+persuade.&cd=1&hl=zh-TW&ct=clnk&gl=tw
五、閱讀測驗 第 36～39 題	改寫自 What's Your Humor Style? http://www.psychologytoday.com/articles/200606/whats-your-humor-style
第 40～43 題	改寫自 When Employees Are Not Empowered to Make Decisions, Tragic and Expensive Accidents Can Happen， 出自網站 http://howtomotivateemployeesnow.com/when-employees-are-not-empowered-to-make-decisions-tragic-and-expensive-accidents-can-happen/
第 44～47 題	改寫自維基百科 Angry Birds。
第 48～51 題	改寫自 How Stuff Works: How Building Implosions Work

【101 年指考】綜合測驗：11-15 出題來源

Nobel Peace Center

The Nobel Peace Center opened in the heart of Oslo, Norway on June 11, 2005. It is a center where you can experience and learn about the various Nobel Peace Prize Laureates and their activities as well as the remarkable history of Alfred Nobel. In addition, it will serve as voice and meeting place where exhibits, discussions and reflections related to war, peace and conflict resolution is in focus. The Center combines exhibits and films with digital communication and interactive installations, and has already received attention for its modern design and use of state of the art technology. The British architect David Adjaye, the American designer David Small and a number of other artists have contributed to making the Center an exciting new reason to visit Oslo.

The Nobel Peace Center is located in an old train station building from 1872, close to< the Oslo City Hall and overlooking the harbor. Visitors are welcome to experience the center on their own or as part of a guided tour. The center also offers a shop and a wonderful cafe.

【101 年指考】綜合測驗：11-15 出題來源

A Sample Essay

By the end of the night at least 38 had died and 437 soccer fans were injured. The disaster began just 45 minutes before the schedule start of the European Cup final in Brussels, Belgium, a game which set Italy in opposition to England. After setting off a barrage of rockets and fireworks, rowdy Liverpool fans broke through a thin wire fence which had separated them form the Italian fans. The Italians, in panic, headed for the one main exit in their section when a six foot concrete wall collapsed at the from of a terrace. The majority of deaths resulted from people being trampled underfoot or crushed against barriers in the Pandemonium.

At this 1985 soccer tragedy illustrates, sports represents a unique situation in which usual moral norms are abandoned for a different kind of logic that accepts, sometimes even encourages, violence. In their articles, " Values and Violence in Sports Today," Brenda Bredemeier and David Shield explore the relationships between normally appropriate ways of thinking and acting and those attitudes and behaviors which characterize sports. They note that for both athletes and fans, "sports is set apart both cognitively and emotionally from the everyday world" (533). The kind of mentality found in players that accepts violence for the sake of winning is also prevalent among fans, as evidenced in the behavior which occurred in Brussels.

⋮

Taiwanese Puppetry (Budaixi)

Taiwanese puppets show their whole body with hands and feet. They are basically hand puppets, or glove puppets, consisting of a "sack" topped with a painted head, and manipulated with the hands or fingers.

Although puppetry was introduced into China during the Ming dynasty (around 12th century AD) it was only introduced into Taiwan during the Ch'ing dynasty, supposedly by immigrants from Fujian province where it had become more highly developed than elsewhere in China. During this period of more than 200 years it has integrated Taiwanese local cultures and practices and has developed its own nature and become a uniquely Taiwanese cultural style. You can no longer see this kind of hand or glove puppet performance anywhere in China today.

Taiwanese puppetry theatre has become a very distinguished form of performing arts in Taiwan and the puppetry world at large. The costumes are elaborate, but the value of a puppet is generally determined by how many movable parts the face contains. In some cases the face is 4-sided, all 4 sides moving in the same way, and these parts can run to many hundreds, even thousands, of dollars.

⋮

【101 年指考】篇章結構：31-35 出題來源

Different tools of Integrated Marketing Communications (IMC)

Advertising is the most glamorous and elaborate of all marketing tools. Around the world nearly $500 billion is spent annually on advertising, and that's just for media time and space! If you add in all, the costs of producing the advertisements and the salaries of people working in the industry, the amount advertising is well over $1 trillion a year. Advertising means different things to different people. It's a business, an art, an institution and a cultural phenomenon. To a CEO of a multinational corporation, advertising is an essential marketing tool that helps create a brand awareness and loyalty and stimulates demand. To a local restaurant owner, advertising is a way to communicate to the neighborhood. To an art director in an ad agency advertising is the creative expression of a concept. To a media planner, advertising is a way marketer uses the mass media to communicate to current and potential customers.

One definition goes: Advertising is a paid, mass mediated attempt to persuade' as direct and simple the may seem it is loaded with distinctions. Advertising is paid communication by a company or organizations that wants its information disseminated. In advertising language, the company or organization that pays for advertising is called the sponsor or the client.

⋮

What's Your Humor Style

In today's personality stakes, nothing is more highly valued than a sense of humor. We seek it out in others and are proud to claim it in ourselves, perhaps even more than good looks or intelligence. If someone has a great sense of humor, we reason, it means that they are happy, socially confident and have a healthy perspective on life.

This attitude would have surprised the ancient Greeks, who believed humor to be essentially aggressive. And in fact, our admiration for the comedically gifted is relatively new, and not very well-founded, says Rod Martin, a psychologist at the University of Western Ontario who studies the way people use humor. Being funny isn't necessarily an indicator of good social skills and well-being, his research has shown—it may just as likely be a sign of personality flaws.

He has found that humor is a double-edged sword. It can forge better relationships and help you cope with life, or it can be corrosive, eating away at self-esteem and antagonizing others. "It's a form of communication, like speech, and we all use it differently," says Martin. We use bonding humor to enhance our social connections—but we also may wield it as a way of excluding or rejecting an outsider. Likewise, put-down humor can at times be an adaptive, healthy response: Employees suffering under a vindictive boss will often make the office more bearable by secretly ridiculing their tyrant.

⋮

【101 年指考】閱讀測驗：40-43 出題來源

When Employees Are Not Empowered to Make Decisions, Tragic and Expensive Accidents Can Happen

In USA Today on July 21, 2011 was a full page ad by US Airways Pilot's Association. The following is based on that ad. The ad recounted an event on June 16, 2011 when a US Airways Captain with 30 years of experience kept her flight from departing at night for a flight over the Atlantic Ocean. Her reason for stopping the flight was a bulky power component that had been failing and might continue to fail and that failure could have eliminated all electrical power on the plane's trans-Atlantic flight.

Despite her concerns, she was pressured by management to fly the plane over the Atlantic Ocean that night. When she refused, she was escorted out of the airport by US Airway's security. Her crew was threatened with arrest if they did not cooperate.

Before she left the airplane, two other US Airways Pilots also refused to fly the plane that night. After she left the airplane, three more US Airway Pilots refused to fly the plane.

The pilots were right. The power unit was faulty. It was replaced and then the plane was safely flown that night over the Atlantic Ocean.

The point is management initially decided to override their experts' opinions which could have resulted in an expensive loss (the plane) and many lives of crew and passengers

⋮

Angry Birds

Angry Birds is a puzzle video game developed by Finnish computer game developer Rovio Entertainment. Inspired primarily by a sketch of stylized wingless birds, the game was first released for Apple's iOS in December 2009. Since that time, over 12 million copies of the game have been purchased from Apple's App Store, which has prompted the company to design versions for other touchscreen-based smartphones, such as those using the Android operating system, among others. ⋯

In the game, players use a slingshot to launch birds at pigs stationed on or within various structures, with the intent of destroying all the pigs on the playing field. As players advance through the game, new types of birds become available, some with special abilities that can be activated by the player. Rovio Mobile has supported Angry Birds with numerous free updates that add additional game content, and the company has also released stand-alone holiday and promotional versions of the game.

In the game, Angry Birds has been praised for its successful combination of addictive gameplay, comical style, and low price. Its popularity led to versions of Angry Birds being created for personal computers and gaming consoles ⋯

【101 年指考】閱讀測驗：48-51 出題來源

How Building Implosions Work

You can demolish a stone wall with a sledgehammer, and it's fairly easy to level a five-story building using excavators and wrecking balls. But when you need to bring down a massive structure, say a 20-story skyscraper, you have to haul out the big guns. Explosive demolition is the preferred method for safely and efficiently demolishing larger structures. When a building is surrounded by other buildings, it may be necessary to "**implode**" the building, that is, make it collapse down into its **footprint**.

In this article, we'll find out how demolition crews plan and execute these spectacular implosions. The violent blasts and billowing dust clouds may look chaotic, but a building implosion is actually one of the most precisely planned, delicately balanced engineering feats you'll ever see.

The Bigger They Come, the Harder They Fall

The basic idea of explosive demolition is quite simple: If you remove the support structure of a building at a certain point, the section of the building above that point will fall down on the part of the building below that point. If this upper section is heavy enough, it will collide with the lower part with sufficient force to cause significant damage. The explosives are just the trigger for the demolition. It's gravity that brings the building down. ⋯

101 年大學入學指定科目考試試題
數學甲

第壹部分：選擇題（單選題、多選題及選填題共占 76 分）

一、單選題（占 30 分）

說明：第 1 題至第 5 題，每題有 5 個選項，其中只有一個正確或最最適
當的選項，請畫記在答案卡之「選擇（填）題答案區」。各題答
對者，得 6 分；答錯、未作答或畫記多於一個選項者，該題以零
分計算。

1. 令 $f(x) = x(x-1)(x^3-2)$，試問有多少個實數 a 滿足 $\int_0^a f'(x)dx = 0$？

   (1) 1 個　　　(2) 2 個　　　(3) 3 個　　　(4) 4 個　　　(5) 5 個

2. 某公司員工中有 15% 爲行政人員，35% 爲技術人員，50% 爲研發
   人員。這些員工中，60% 的行政人員有大學文憑，40% 的技術人
   員有大學文憑，80% 的研發人員有大學文憑。從有大學文憑的員工
   中隨機抽選一人，他（或她）是技術人員的機率是下列哪一個選項？

   (1) $\dfrac{2}{9}$　　　(2) $\dfrac{1}{3}$　　　(3) $\dfrac{4}{9}$　　　(4) $\dfrac{1}{5}$　　　(5) $\dfrac{2}{5}$

3. 作某項科學實驗共有三種可能結果 A、B、C，其發生的機率分別爲
   $P_A = \log_2 a$、$P_B = \log_4 a$、$P_C = \log_8 a$；其中 a 爲一正實數。試問 P_A
   爲下列哪一個選項？

   (1) $\dfrac{5}{9}$　　　(2) $\dfrac{6}{11}$　　　(3) $\dfrac{7}{13}$　　　(4) $\dfrac{8}{15}$　　　(5) $\dfrac{9}{17}$

4. 已知方陣 $\begin{bmatrix} a & b & c \\ d & e & f \\ g & h & i \end{bmatrix}$ 的反方陣為 $\begin{bmatrix} a' & b' & c' \\ d' & e' & f' \\ g' & h' & i' \end{bmatrix}$。試問下列哪一個選項

為 $\begin{bmatrix} g & h & i \\ a & b & c \\ d & e & f \end{bmatrix}$ 的反方陣？

(1) $\begin{bmatrix} a' & b' & c' \\ d' & e' & f' \\ g' & h' & i' \end{bmatrix}$　(2) $\begin{bmatrix} a' & d' & g' \\ b' & e' & h' \\ c' & f' & i' \end{bmatrix}$　(3) $\begin{bmatrix} g' & h' & i' \\ a' & b' & c' \\ d' & e' & f' \end{bmatrix}$

(4) $\begin{bmatrix} g' & a' & d' \\ h' & b' & e' \\ i' & c' & f' \end{bmatrix}$　(5) $\begin{bmatrix} c' & a' & b' \\ f' & d' & e' \\ i' & g' & h' \end{bmatrix}$

5. 當 (x, y) 在直線 $2x + y = 3$ 上變動時，關於 $K = 9^x + 3^y$ 的敘述，試問下列哪個選項是正確的？

(1) K 有最大值 28、最小值 $6\sqrt{3}$

(2) K 有最大值 28、但沒有最小值

(3) K 沒有最大值、但有最小值 12

(4) K 沒有最大值、但有最小值 $6\sqrt{3}$

(5) K 沒有最大值也沒有最小值

二、多選題（占 32 分）

說明：　第 6 題至第 9 題，每題有 5 個選項，其中至少有一個是正確的選項。請將正確選項畫記在答案卡之「選擇（填）題答案區」。各題之選項獨立判定，所有選項均答對者，得 8 分；答錯 1 個選項者，得 4.8 分；答錯 2 個選項者，得 1.6 分；答錯多於 2 個選項或所有選項均未作答者，該題以零分計算。

6. 設 $0 \le \theta < 2\pi$，且方程式 $x^2 - a = 0$ 之兩根恰為 $\sin\theta$ 與 $\cos\theta$。請選出正確的選項。

(1) $\tan\theta = 1$

(2) $\sin(\theta + \dfrac{\pi}{4}) = 0$

(3) $\sin 2\theta = -1$

(4) $a = \dfrac{1}{2}$

(5) 滿足題設的 θ 只有一個

7. 平面上有一 $\triangle ABC$，G 為 $\triangle ABC$ 的重心。O、D 為此平面上的相異二點，且滿足 $\overrightarrow{OD} = \overrightarrow{OA} + \overrightarrow{OB} + \overrightarrow{OC}$。請選出正確的選項。

(1) O、G、D 三點共線

(2) $\overrightarrow{OD} = 2\overrightarrow{OG}$

(3) $\overrightarrow{AD} + \overrightarrow{BD} + \overrightarrow{CD} = 2\overrightarrow{OD}$

(4) G 位於 $\triangle ABC$ 的內部

(5) D 位於 $\triangle ABC$ 的外部

8. 已知一個 n 次實係數多項式 $f(x)$ 滿足下列性質：

當 $x < 0$ 時，$f'(x) < 0$ 且 $f''(x) > 0$；

當 $0 < x < 1$ 時，$f'(x) < 0$ 且 $f''(x) < 0$；

當 $1 < x < 4$ 時，$f'(x) < 0$ 且 $f''(x) > 0$；

當 $x > 4$ 時，$f'(x) > 0$ 且 $f''(x) > 0$。

請選出正確的選項。

(1) $f'(2) > f'(3)$

(2) $f(x)$ 在 $x = 4$ 時有最小值

(3) $f(x)$ 的圖形只有一個反曲點

(4) n 可能為 3

(5) $f(x)$ 的最高次項係數必為正

9. 如圖所示，正立方體的邊長為 2，其中點 E 為原點，點 F、點 H、點 A 的坐標分別為 $(2,0,0),(0,2,0),(0,0,2)$。令 Ω 表示四面體 $CBGD$ 與四面體 $BAFC$ 相交所形成的四面體。請選出正確的選項。

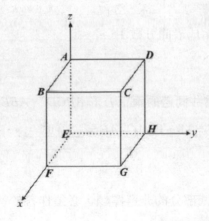

(1) Ω 有一頂點坐標為 $(1,1,2)$

(2) Ω 有一稜線其方向向量為 $(1,0,-1)$

(3) Ω 有兩個側面互相垂直

(4) Ω 僅有一個側面是正三角形

(5) Ω 的體積為 $\dfrac{2}{3}$

（註：四面體的體積為 $\dfrac{1}{3} \times$ 底面積 $\times$ 高）

三、選填題（占 14 分）

說明： 1. 第 A 題與第 B 題，將答案畫記在答案卡之「選擇（填）題答案區」所標示的列號（10－15）。

2. 每題完全答對給 7 分，答錯不倒扣，未完全答對不給分。

A. 設 a,b,c,d,e 為實數。已知一次方程組 $\begin{cases} ax+3y+5z=b \\ \qquad y+cz=0 \\ \quad 2y+dz=e \end{cases}$ 的解的圖形是

坐標空間中包含 x 軸的一個平面，則 $a = \underline{\quad ⑩ \quad}$ ， $b = \underline{\quad ⑪ \quad}$ ，

$c = \dfrac{\underline{\quad ⑫ \quad}}{\underline{\quad ⑬ \quad}}$ 。（化成最簡分數）

B. 空間中，以 $\overline{AB}$ 為共同邊的兩正方形 $ABCD$ 、$ABEF$ ，其邊長皆為 4。已知內積 $\overrightarrow{AD} \cdot \overrightarrow{AF} = 11$ ，則 $\overrightarrow{AC} \cdot \overrightarrow{AE} = \underline{\quad ⑭⑮ \quad}$ 。

- - - - - - - - 以下第貳部分的非選擇題，必須作答於答案卷 - - - - - - - -

第貳部分：非選擇題（占 24 分）

說明： 本部分共有二大題，答案必須寫在「答案卷」上，並於題號欄標明大題號（一、二）與子題號（(1)、(2)、(3)），同時必須寫出演算過程或理由，否則將予扣分甚至給零分。作答務必使用筆尖較粗之黑色墨水的筆書寫，且不得使用鉛筆。每一子題配分標於題末。

一、　設 f 為一實係數多項式函數。

(1) 設 $\langle a_n \rangle$ 為一數列，其中 $a_n = \dfrac{f(n)}{n^4}$。若 $\lim\limits_{n \to \infty} a_n = 5$，試求 f 的次數

　　與最高次項係數。（3分）

(2) 若 $\lim\limits_{x \to 0} \dfrac{f(x)}{x} = 3$，試求 f 的函數圖形在 $x = 0$ 時的切線方程式。

　　（4分）

(3) 若 f 滿足上面 (1) 與 (2) 的假設，且 $f''(0) = 2$，

　　試求 $\displaystyle\int_{-1}^{1} f(x)dx$ 之值。（5分）

二、　在 $\triangle ABC$ 中，D 為 $\overline{BC}$ 邊上一點且 $\overline{AD}$ 平分 $\angle BAC$。已知 $\overline{BD} = 5$、

$\overline{DC} = 7$，且 $\angle ABC = 60^{\circ}$。

(1) 試求 $\sin \angle ACB$ 之值。（4分）

(2) 試求 $\sin \angle BAC$ 之值。（4分）

(3) 試求 $\overline{AB}$ 邊之長。（4分）

101年度指定科目考試數學(甲)試題詳解

第壹部分：選擇題

一、單選題

1. 【答案】 (3)

　　【解析】 $\int_0^a f'(x)dx = 0 \Rightarrow [f(a)+c]-[f(0)+c]=0$ ，

　　　　　　 又 $f(0)=0$

　　　　　　 $\Rightarrow f(a)=0 \Rightarrow a=0$ 、1 、$\sqrt[3]{2}$ ，三解

2. 【答案】 (1)

　　【解析】 15%為行政人員、60%有大學文憑

　　　　　　 35%為技術人員、40%有大學文憑

　　　　　　 50%為研發人員、80%有大學文憑

　　　　　　 $\Rightarrow \dfrac{0.35 \times 0.4}{0.15 \times 0.6 + 0.35 \times 0.4 + 0.5 \times 0.8} = \dfrac{2}{9}$

3. 【答案】 (2)

　　【解析】 $P_A + P_B + P_C = 1$

　　　　　　 $\Rightarrow \log_2 a + \log_4 a + \log_8 a = \log_2 a + \dfrac{1}{2}\log_2 a + \dfrac{1}{3}\log_2 a = 1$

　　　　　　 $\Rightarrow \dfrac{11}{6}\log_2 a = 1$

　　　　　　 $\Rightarrow \log_2 a = \dfrac{6}{11}$ ，選 (2)

4. 【答案】 (5)

【解析】 $\begin{bmatrix} a & b & c \\ d & e & f \\ g & h & i \end{bmatrix}$ 的反方陣為 $\begin{bmatrix} a' & b' & c' \\ d' & e' & f' \\ g' & h' & i' \end{bmatrix}$

$\Rightarrow \begin{bmatrix} a & b & c \\ d & e & f \\ g & h & i \end{bmatrix} \cdot \begin{bmatrix} a' & b' & c' \\ d' & e' & f' \\ g' & h' & i' \end{bmatrix} = I_3$

$\Rightarrow$ 除了 $\begin{cases} (a \cdot b \cdot c) \cdot (a' \cdot d' \cdot g') = 1 \\ (d \cdot e \cdot f) \cdot (b' \cdot e' \cdot h') = 1 \text{，其餘均為 } 0 \\ (g \cdot h \cdot i) \cdot (c' \cdot f' \cdot i') = 1 \end{cases}$

$\Rightarrow \begin{bmatrix} g & h & i \\ a & b & c \\ d & e & f \end{bmatrix} \cdot \begin{bmatrix} c' & a' & b' \\ f' & d' & e' \\ i' & g' & h' \end{bmatrix} = \begin{bmatrix} 1 & 0 & 0 \\ 0 & 1 & 0 \\ 0 & 0 & 1 \end{bmatrix}$

5. 【答案】 (4)

【解析】 $K = 9^x + 3^y = 3^{2x} + 3^y \geq 2 \cdot \sqrt{3^{2x+y}} = 2 \cdot \sqrt{3^3} = 6\sqrt{3}$ 為最小值

當 $x \to \infty$ 或 $y \to \infty$ 時 $K \to \infty$，選 (4)

二、多選題

6. 【答案】 (2) (3) (4)

【解析】 (1) (5)：一次項 $= 0 \Rightarrow \sin\theta + \cos\theta = 0$

$\Rightarrow \tan\theta = -1$

$\Rightarrow \theta = \dfrac{3}{4}\pi$ 或 $\dfrac{7}{4}\pi$

(2)：$sin(\theta+\dfrac{\pi}{4})=\dfrac{\sqrt{2}}{2}\cdot sin\theta+\dfrac{\sqrt{2}}{2}cos\theta$

$$=\dfrac{\sqrt{2}}{2}(sin\theta+cos\theta)=0$$

(3)(4)：$(sin\theta+cos\theta)^2=0 \Rightarrow 1+2sin\theta cos\theta=0$

$$\Rightarrow sin2\theta=2sin\theta cos\theta=-1=2a$$

7. 【答案】 (1)(3)(4)

　　【解析】 (1)(2)：$\overrightarrow{OD}=\overrightarrow{OA}+\overrightarrow{OB}+\overrightarrow{OC}=3\overrightarrow{OG}$

　　　　　　　　$\Rightarrow O \cdot D \cdot G$ 共線且 $\overline{OG}：\overline{OD}=1：3$

　　　　　　(3)：$\overrightarrow{AD}+\overrightarrow{BD}+\overrightarrow{CD}$

　　　　　　　　$=(\overrightarrow{AO}+\overrightarrow{OD})+(\overrightarrow{BO}+\overrightarrow{OD})+(\overrightarrow{CO}+\overrightarrow{OD})$

　　　　　　　　$=(\overrightarrow{AO}+\overrightarrow{BO}+\overrightarrow{CO})+3\overrightarrow{OD}$

　　　　　　　　$=-\overrightarrow{OD}+3\overrightarrow{OD}=2\overrightarrow{OD}$

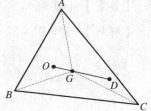

　　　　　　(4)：正確，重心在三角形內部

　　　　　　(5)：不一定，如圖中之 D

8. 【答案】 (2)(5)

　　【解析】 (1) 當 $1<x<4$ 時，$f''(x)>0$，

　　　　　　故 $f'(x)$ 爲嚴格遞增函數

　　　　　　$\Rightarrow f'(2)>f'(3)$

　　　　　　(2) $f'(x)$ 爲連續函數，又 $f'(4^-)<0$、$f'(4^+)>0$

　　　　　　$\Rightarrow f(4)$ 爲極小值

(3) $f''(x)$ 為連續函數，又 $f''(0^-) > 0$、$f''(0^+) < 0$

$\Rightarrow (0，f(0))$ 為反曲點

又 $f''(1^-) < 0$、$f''(1^+) > 0 \Rightarrow (1，$

$f(1))$ 為反曲點

(4) $\lim\limits_{x \to -\infty} f'(x) < 0$ 且 $\lim\limits_{x \to \infty} f'(x) > 0 \Rightarrow n$ 為偶數

(5) $x > 4$ 時 $f'(x) > 0 \Rightarrow$ 領導係數 > 0

9. 【答案】(1) (2) (3)

　　【解析】(1) 正確，如圖，一交點 Q 恰於正方形 $ABCD$ 之中心

　　　　　　一交點 P 恰於正方形 $BCGF$ 之中心

　　　　　　$\Rightarrow Q（1，1，2），P（2，1，1）$

　　　(2) 正確，$\overrightarrow{QP} = （1，0，-1）$

　　　(3) 正確，平面 $BCQ \perp$ 平面 BCP

　　　(4) 錯誤，$\overline{QP} = \overline{QB} = \overline{QC} = \overline{BP} = \overline{PC} = \sqrt{2}$

　　　　　　$\Rightarrow \triangle BQP$ 與 $\triangle QPC$ 皆為正 $\triangle$

　　　(5) 錯誤，以 $\triangle BPC$ 為底，$\overline{KQ}$ 為高

　　　　　　$\Rightarrow$ 面積為（$2 \cdot 2 \cdot \dfrac{1}{4}$）$\cdot 1 \cdot \dfrac{1}{3} = \dfrac{1}{3}$

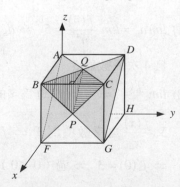

三、選填題

A. 【答案】 $0 \cdot 0 \cdot \dfrac{5}{3}$

【解析】 圖解的圖形為平面 $\Rightarrow$ 三式相依 $\Rightarrow a = 0$；過 x 軸

$\Rightarrow$ 過（$0 \cdot 0 \cdot 0$） $\Rightarrow b = 0$

$a \cdot b = 0 \Rightarrow 3y + 5z = 0$ $c = \dfrac{5}{3}$

B. 【答案】 27

【解析】 $\overrightarrow{AC} \cdot \overrightarrow{AE} = (\overrightarrow{AB} + \overrightarrow{BC}) \cdot (\overrightarrow{AB} + \overrightarrow{BE})$

$= |\overrightarrow{AB}|^2 + \overrightarrow{AB} \cdot \overrightarrow{BE} + \overrightarrow{AB} \cdot \overrightarrow{BC} + \overrightarrow{BC} \cdot \overrightarrow{BE}$

又 $ABCD$、$ABEF$ 為正方形

$\Rightarrow \overrightarrow{AB} \cdot \overrightarrow{BE} = \overrightarrow{AB} \cdot \overrightarrow{BC} = 0$

且 $\overrightarrow{AD} = \overrightarrow{BC}$，$\overrightarrow{AF} = \overrightarrow{BE}$

$\Rightarrow \overrightarrow{BC} \cdot \overrightarrow{BE} = \overrightarrow{AD} \cdot \overrightarrow{AF} = 11$

$\Rightarrow \overrightarrow{AC} \cdot \overrightarrow{AE} = |\overrightarrow{AB}|^2 + \overrightarrow{AB} \cdot \overrightarrow{BE} + \overrightarrow{AB} \cdot \overrightarrow{BC} + \overrightarrow{BC} \cdot \overrightarrow{BE}$

$= 16 + 0 + 0 + 11 = 27$

第貳部分：非選擇題

一、【解析】 (1) $\lim\limits_{n \to \infty} a_n = \lim\limits_{n \to \infty} \dfrac{f(n)}{n^4} = 5$ $\Rightarrow \deg f(x) = 4$

且 4 次係數為 5

(2) $\lim\limits_{x \to 0} \dfrac{f(x)}{x} = 3$ $\Rightarrow f(x)$ 為 x 的倍式 $\Rightarrow f(0) = 0$，

又 $\dfrac{f(x)}{x}$ 之常數項為 3 $\Rightarrow f(x)$ 之一次項為 3

$\Rightarrow f'(0) = 3$ $\Rightarrow$ 過（$0 \cdot 0$）且斜率為 3 $\Rightarrow y = 3x$

(3) 令 $f(x) = ax^4 + bx^3 + cx^2 + dx + e$，

由(1)(2)知，$a = 5$，$d = 3$，$e = 0$

$f''(0) = 0 \Rightarrow c = 1 \Rightarrow f(x) = 5x^4 + bx^3 + cx^2 + 3x$

$\int f(x)dx = x^5 + \dfrac{b}{4}x^4 + \dfrac{c}{3}x^3 + \dfrac{3}{2}x^2 + k$

$\Rightarrow x^5 + \dfrac{b}{4}x^4 + \dfrac{1}{3}x^3 + \dfrac{3}{2}x^2 + k \Big|_{-1}^{1} = \dfrac{8}{3}$

二、【解析】 $\because \overline{AD}$ 角平分線 $\Rightarrow$ 令 $\overline{AB} = 5t$，$\overline{AC} = 7t$

正弦定理：$\dfrac{(5t)^2 + (12)^2 - (7t)^2}{2 \cdot 5t \cdot 12} = \dfrac{1}{2}$

$\Rightarrow 2t^2 + 5t - 12 = 0 \Rightarrow (2t - 3)(t + 4) = 0$

$\Rightarrow t - \dfrac{3}{2}$ 或 -4，$t = -4$ 不合

$\overline{AB} = \dfrac{15}{2}$，$\overline{AC} = \dfrac{21}{2}$

$\Rightarrow \dfrac{\overline{AC}}{sin B} = \dfrac{\overline{AB}}{sin C} = \dfrac{\overline{BC}}{sin A}$

$\Rightarrow \dfrac{\dfrac{15}{2}}{sin \angle ACB} = \dfrac{\dfrac{21}{2}}{sin 60^0} = \dfrac{12}{sin \angle BAC}$

$\Rightarrow sin \angle ACB = \dfrac{5\sqrt{3}}{14}$，$sin \angle BAC = \dfrac{4\sqrt{3}}{7}$

101 年大學入學指定科目考試試題
數學乙

第壹部分：選擇題（單選題、多選題及選填題共占 74 分）

一、單選題（占 18 分）

說明：第 1 題至第 3 題，每題有 5 個選項，其中只有一個是正確或最適當的選項，請畫記在答案卡之「選擇（填）題答案區」。各題答對者，得 6 分；答錯、未作答或畫記多於一個選項者，該題以零分計算。

1. 已知實係數多項式方程式 $x^3 + ax^2 + bx + 8 = 0$ 的三根相同，請問 b 的值等於下列哪一個選項？

   (1) 6　　　　　(2) 8　　　　　(3) 10　　　　　(4) 12　　　　　(5) 14

2. 請問下列哪一個選項中的矩陣乘積等於 $\begin{bmatrix} 2a & 3b \\ 2c & 3d \end{bmatrix}$ ？

   (1) $\begin{bmatrix} a & b \\ c & d \end{bmatrix} \begin{bmatrix} 2 \\ 3 \end{bmatrix}$

   (2) $\begin{bmatrix} 2 & 3 \end{bmatrix} \begin{bmatrix} a & b \\ c & d \end{bmatrix}$

   (3) $\begin{bmatrix} 2 & 3 \\ 2 & 3 \end{bmatrix} \begin{bmatrix} a & b \\ c & d \end{bmatrix}$

   (4) $\begin{bmatrix} 2 & 0 \\ 0 & 3 \end{bmatrix} \begin{bmatrix} a & b \\ c & d \end{bmatrix}$

   (5) $\begin{bmatrix} a & b \\ c & d \end{bmatrix} \begin{bmatrix} 2 & 0 \\ 0 & 3 \end{bmatrix}$

3. 一乒乓球隊有 6 位選手，其中甲、乙、丙爲右手持拍的選手，丁、
　戊爲左手持拍的選手，而己爲左右手皆可持拍的選手。現在要派
　出兩名選手參加雙打，規定由一名可以右手持拍的選手與一名可
　以左手持拍的選手搭配。請問共有多少種可能的搭配？

　(1) 7　　　　(2) 9　　　　(3) 11　　　　(4) 13　　　　(5) 15

二、多選題（占 32 分）

說明：第 4 題至第 7 題，每題有 4 個選項，其中至少有一個是正確的
　　　選項。請將正確選項畫記在答案卡之「選擇（填）題答案區」。
　　　各題之選項獨立判定，所有選項均答對者，得 8 分；答錯 1 個
　　　選項者，得 4 分；答錯多於 1 個選項或所有選項均未作答者，
　　　該題以零分計算。

4. 某個城市的普查（全面調查）發現 60% 的高中生有打工的經驗，
　也發現 70% 的高中生有意願就讀大學。如果使用簡單隨機抽樣，
　由該城市的高中生中抽出一位同學。請選出正確的選項。

　(1) 被抽出同學有意願就讀大學的機率爲 0.7

　(2) 被抽出同學有打工的經驗、且有意願就讀大學的機率至多
　　　爲 0.6

　(3) 被抽出同學有打工的經驗、且有意願就讀大學的機率至少
　　　爲 0.35

　(4) 被抽出同學有打工的經驗、但是無意願就讀大學的機率
　　　爲 0.18

5. 將$(x^2 + y)^{12}$展開集項後，請選出正確的選項。

(1) x^{24}的係數小於$x^{10} y^7$的係數

(2) $x^{12} y^6$的係數小於$x^{10} y^7$的係數

(3) $x^{14} y^5$的係數小於$x^{10} y^7$的係數

(4) $x^8 y^8$的係數小於$x^{10} y^7$的係數

6. 設$0 < x < 1$。請選出正確的選項。

(1) $x^2 < \sqrt{x} < x$

(2) $\log_{10}(x^2) < \log_{10} x < \log_{10} \sqrt{x}$

(3) $\log_2(x^2) < \log_{10}(x^2) < \log_2 x$

(4) $\log_{10}(x^2) < \log_2 \sqrt{x} < \log_{10} x$

7. 所謂個人稅前所得，是指納稅義務人在納稅前之個人所得，以下
簡稱所得。依照某國 1997 年的官方資料，依每人所得高低將人
數等分為 5 組，最高 20% 的人的總所得占全體總所得的 44.6%，
而最低 20% 的人的總所得占全體總所得的 3.6%，所有資料如下
圖所示。所得差距倍數是指最高 20%的個人平均所得與最低
20% 的個人平均所得的比值。請選出正確的選項。

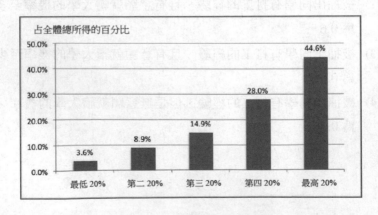

(1) 此項資料顯示所得差距倍數超過 13 倍

(2) 最高 30%的人的總所得超過全體總所得的 55%

(3) 最少有 60%的人，其個人所得低於全體平均所得

(4) 最低 20%的人的平均所得為全體平均所得的 3.6%

三、選填題（占 24 分）

說明：1. 第 A 至 C 題，將答案畫記在答案卡之「選擇（填）題答案
　　　　區」所標示的列號（8–14）。

　　　2. 每題完全答對給 8 分，答錯不倒扣，未完全答對不給分。

A. 設 a,b 均為正整數，而方程式 $x^2 - ax + 15 = 0$ 與 $x^2 - bx + 3b - 1 = 0$
有一共同根，且此共同根為質數，則 $b =$ ___⑧⑨___ 。

B. 一顆特別的骰子，其六個面中有兩面為 2 點、兩面為 4 點、其餘
兩面為 5 點。假設投擲這顆骰子每面出現的機率都相等。擲這顆

骰子兩次，所得點數和的數學期望值為 $\dfrac{⑩⑪}{⑫}$ 。

（化為最簡分數）

C. 觀察 2 的次方所形成的等比數列：$2, 2^2, 2^3, 2^4, \cdots$，設其中出現的
第一個 13 位數為 2^n，則 $n =$ ___⑬⑭___ 。（註：$\log_{10} 2 \approx 0.3010$）

- - - - - - - - 以下第貳部分的非選擇題，必須作答於答案卷 - - - - - - - -

第貳部分：非選擇題（占 26 分）

說明：本部分共有二大題，答案必須寫在「答案卷」上，並於題號欄
標明大題號（一、二）與子題號（(1)、(2)），同時必須寫出演
算過程或理由，否則將予扣分甚至零分。作答務必使用筆尖較
粗之黑色墨水的筆書寫，且不得使用鉛筆。每一子題配分標於
題末。

一、 設二次實係數多項式函數 $f(x) = ax^2 + 2ax + b$ 在區間 $-1 \leq x \leq 1$ 上
的最大值為 7、最小值為 3。試求數對 (a,b) 的所有可能值。
（13 分）

二、 某公司生產兩種商品，均以同型的箱子裝運，其中甲商品每箱
重 20 公斤，乙商品每箱重 10 公斤。公司出貨時，每趟貨車最
多能運送 100 箱，最大載重為 1600 公斤。設甲商品每箱的利
潤為 1200 元，乙商品每箱的利潤為 1000 元。

(1) 設公司調配運送時，每趟貨車裏的甲商品為 x 箱，乙商品
為 y 箱。試列出 x, y 必須滿足的聯立不等式。（2 分）

(2) 當 x, y 的值各為多少時，可使每趟貨車出貨所能獲得的利
潤為最大？此時利潤為多少元？（11 分）

101年度指定科目考試數學(乙)試題詳解

第壹部分：選擇題

一、單選題

1. 【答案】(4)

　　【解析】令三根皆為 t，根據根與係數關係 $\Rightarrow t^3 = -8 \Rightarrow t = -2$

　　　　　　$\Rightarrow b = 3(-2)^2 = 12$

2. 【答案】(5)

　　【解析】(1) $\begin{bmatrix} a & b \\ c & d \end{bmatrix} \begin{bmatrix} 2 \\ 3 \end{bmatrix} = \begin{bmatrix} 2a+3b \\ 2c+3d \end{bmatrix}$

　　　　　　(2) $\begin{bmatrix} 2 & 3 \end{bmatrix} \begin{bmatrix} a & b \\ c & d \end{bmatrix} = \begin{bmatrix} 2a+3c & 2b+3d \end{bmatrix}$

　　　　　　(3) $\begin{bmatrix} 2 & 3 \\ 2 & 3 \end{bmatrix} \begin{bmatrix} a & b \\ c & d \end{bmatrix} = \begin{bmatrix} 2a+3c & 2b+3d \\ 2a+3c & 2b+3d \end{bmatrix}$

　　　　　　(4) $\begin{bmatrix} 2 & 0 \\ 0 & 3 \end{bmatrix} \begin{bmatrix} a & b \\ c & d \end{bmatrix} = \begin{bmatrix} 2a & 2b \\ 3c & 3d \end{bmatrix}$

　　　　　　(5) $\begin{bmatrix} a & b \\ c & d \end{bmatrix} \begin{bmatrix} 2 & 0 \\ 0 & 3 \end{bmatrix} = \begin{bmatrix} 2a & 3b \\ 2c & 3d \end{bmatrix}$，故選 (5)

3. 【答案】 (3)

　　【解析】 可右手持拍：甲乙丙己；可左手持拍：丁戊己

　　　　　　 $\Rightarrow 4 \times 3 - 1 \times 1 = 11$，選 (3)

二、多選題

4. 【答案】 (1) (2)

　　【解析】 (1) 70% 的高中生有意願就讀大學

　　　　　　　　 $\Rightarrow$ 被抽中有意願機率為 0.7，正確

　　　　　　 (2) 有打工經驗占 60%，兩者交集至多 60%，正確

　　　　　　 (3) 至少為 $0.6 + 0.7 - 1 = 0.3$

　　　　　　 (4) 兩者不一定為獨立事件，不選

5. 【答案】 (1) (4)

　　【解析】 x^{24} 係數 $\dfrac{12!}{12!}$ ；$x^{12}y^6 = (x^2)^6 y^6$ 係數 $\dfrac{12!}{6!\cdot 6!}$ ；

　　　　　　 $x^{14}y^5 = (x^2)^7 y^5$ 係數 $\dfrac{12!}{7!\cdot 5!}$ ；$x^8 y^8 = (x^2)^4 y^8$ 係數為 $\dfrac{12!}{4!\cdot 8!}$ ；

　　　　　　 $x^{10}y^7 = (x^2)^5 y^7$ 係數為 $\dfrac{12!}{5!\cdot 7!}$

　　　　　　 又 $\dfrac{12!}{6!\cdot 6!} > \dfrac{12!}{7!\cdot 5!} = \dfrac{12!}{5!\cdot 7!} > \dfrac{12!}{4!\cdot 8!} > \dfrac{12!}{12!}$，選 (1) (4)

6. 【答案】 (2) (4)

　　【解析】 (1) $0 < x < 1$　$\Rightarrow x^2 < x^1 < x^{\frac{1}{2}} = \sqrt{x}$，錯誤

　　　　　　 (2) $x^2 < x^1 < x^{\frac{1}{2}}$　$\Rightarrow \log_{10} x^2 < \log_{10} x^1 < \log_{10} x^{\frac{1}{2}}$，正確

(3) $log_2 x^2 < log_4 x^2 < log_{10} x^2 \Rightarrow log_2 x^2 < log_2 x$

$< log_{10} x^2$，錯誤

(4) $log_2 \sqrt{x} = log_{16} x^2$，$log_{10} x = log_{100} x^2$，

又 $log_{10} x^2 < log_{16} x^2 < log_{100} x^2 < 0$

$\Rightarrow log_{10}(x^2) < log_2 \sqrt{x} < log_{10} x$，正確

7.【答案】(2)

　【解析】(1) $\dfrac{44.6}{3.6} \fallingdotseq 12.39$

(2) 20%～30% 總所得必大於第四 20% 總所得一半

$\Rightarrow$ 前 30% 總所得大於 $\dfrac{28}{2}\% + 44.6\% = 58.6\%$

(3) 第三 20% 可以有人與第四 20% 所得一樣，

大於全體平均所得各組 20%

(4) 全體平均所得爲各組 20%

$\Rightarrow \dfrac{3.6\%}{20\%} = 18\%$

三、選填題

A.【答案】12

　【解析】共同根爲 $3b-1$ 與 15 之質公因數，可能爲 3 或 5

若爲 3，代入　$\Rightarrow 3^2 - 3b + 3b - 1 = 0$　矛盾

若爲 5，代入　$\Rightarrow 5^5 - 5b + 3b - 1 = 0$　$\Rightarrow b = 12$

B. 【答案】 $\dfrac{22}{3}$

　　【解析】 $\dfrac{1}{6}(2+2+4+4+5+5)=\dfrac{11}{3}$ 為擲一次之期望值

　　　　　　$\Rightarrow$ 擲兩次：$2\times\dfrac{11}{3}=\dfrac{22}{3}$

C. 【答案】 40

　　【解析】 2^n 為 13 位數　$\Rightarrow 12\le \log 2^k <13$

　　　　　　$\Rightarrow 12\le 0.3010\cdot k <13$

　　　　　　$\Rightarrow 39.8\le k <43.2$，第一個 13 位數為 2^{40}

第貳部分：非選擇題

一、【解析】 $f(x)=ax^2+2ax+b=a(x+1)^2+b-a$

　　　　　若 $a>0$　$\Rightarrow$ 最小值於 $x=-1$ 處；最大值於 $x=1$ 處

　　　　　$\Rightarrow \begin{cases} -a+b=3 \\ 3a+b=7 \end{cases} \Rightarrow \begin{cases} a=1 \\ b=4 \end{cases}$

　　　　　若 $a<0$　$\Rightarrow$ 最大值於 $x=-1$ 處；最小值於 $x=1$ 處

　　　　　$\Rightarrow \begin{cases} -a+b=7 \\ 3a+b=3 \end{cases} \Rightarrow \begin{cases} a=-1 \\ b=6 \end{cases}$

　　　　　若 $a=0$　$\Rightarrow f(x)=b$，不合

二、【解析】 (1) 貨車載重量為 1600 公斤 $\Rightarrow 20x+10y\le 1600$；

　　　　　　　貨車最多載一百箱 $\Rightarrow x+y\le 100$

　　　　　　x,y 非負　$\Rightarrow \begin{cases} x\ge 0 \\ y\ge 0 \end{cases}$；$\Rightarrow \begin{cases} x\ge 0 \\ y\ge 0 \\ 20x+10y\le 1600 \\ x+y\le 100 \end{cases}$

(2) 將聯立不等式描繪在平面座標上，如圖。

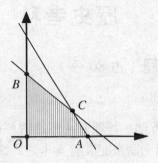

解出 A、B、C

$$\begin{cases} y = 0 \\ 20x + 10y = 1600 \end{cases} \Rightarrow A(80，0)；$$

$$\begin{cases} x = 0 \\ x + y = 100 \end{cases} \Rightarrow B(0，100)$$

$$\begin{cases} 20x + 10y = 1600 \\ x + y = 100 \end{cases} \Rightarrow C(60，40)$$

分別代入目標函數 $1200x + 1000y$

	x	y	$1200x + 1000y$
A	80	0	96000
B	0	100	100000
C	60	40	112000

101年大學入學指定科目考試試題
歷史考科

第壹部分：選擇題（占80分）

一、單選題（占72分）

說明：第1題至第36題，每題有4個選項，其中只有一個是正確或最適當的選項，請畫記在答案卡之「選擇題答案區」。各題答對者，得2分；答錯、未作答或畫記多於一個選項者，該題以零分計算。

1. 臺灣人原本習於「日出而作，日入而息」的生活規律，在日本統治臺灣以後，臺人對於時間觀念的認知較為精確，這與下列哪一項變化最有關係？
 (A) 工廠與學校普及
 (B) 引進度量衡制度
 (C) 機械力取代獸力
 (D) 鐘錶行普遍出現

2. 某一時期，歐洲各地開始出現一種團體，成員須學習古典希臘哲學、基督教神學與人文學知識。後來，法學與醫學逐漸成為重要學習科目。這些成員學成後多擔任教師或進入政府與教會服務。這團體是：
 (A) 行會　　　(B) 大學　　　(C) 修道院　　　(D) 皇家學會

3. 歷史教科書中描述某場戰爭：此為歐洲第一次大規模的國際戰爭，主要戰場在日耳曼地區，因而使該地的經濟遭到極大破壞，而戰後所簽訂的和約，不但影響到國際關係的發展，也確立國家獨立主權的原則。這場戰爭是：
 (A) 三十年戰爭
 (B) 七年戰爭
 (C) 第一次世界大戰
 (D) 第二次世界大戰

4. 一位學者指出：這個佛教宗派的主張，與傳統儒學重人文的理念趨同，大幅削弱佛教的宗教性質。這個宗派的興起與流行是中國佛教史上的重大發展。這個佛教宗派是指：
(A) 禪宗　　　　(B) 天台宗　　　(C) 白蓮教　　　(D) 密宗

5. 甲午戰爭之後，「中學爲體，西學爲用」成爲流行用語，在新式學堂及學會均以其作爲辦學及創會的口號，然而新式學堂及學會的教學內容與發展目標，卻偏重於西學或新學。形成此一現象的原因，最可能是因爲新式學堂及學會的創辦人：
(A) 多半是接受西方新式教育的留學生，對中國傳統文化較爲陌生
(B) 多對中國傳統文化抱持否定的態度，認爲它會阻礙西學的發展
(C) 多爲外國人士或在華傳教士，自然會偏重於西學或新學的引介
(D) 多以「中學爲體」作爲對付保守勢力攻擊學堂及學會的擋箭牌

6. 五代時期，位於南方的楚國，曾大量種植一種盛行於唐代的商品作物，成爲該國主要的經濟來源。楚國國君曾向梁太祖請求，每年上貢 25 萬斤，換取該項作物的販賣權，意即允許楚國將該項作物運至黃河南北，交換北方的衣料和戰馬，楚國因此獲利甚豐。該項商品作物是：
(A) 茶葉　　　　(B) 棉花　　　　(C) 罌粟　　　　(D) 煙草

7. 一位史家評論：「查士丁尼可算是最後一個眞正的羅馬帝王；另一方面，他又是一個如假包換的拜占庭皇帝。」從羅馬帝王與拜

占庭皇帝的差異判斷，下列哪一事項可以呼應查士丁尼是「一個如假包換的拜占庭皇帝」？

(A) 說出「皇詔就是法律」的名言

(B) 領導編成龐大的查士丁尼法典

(C) 積極恢復羅馬帝國的舊時疆域

(D) 重建君士坦丁堡並使用拉丁文

8. 表 1 是「連續五年移入臺灣在戶口單位登記的人口數」，這最可能是哪個年代的統計？

(A) 1660 年代

(B) 1680 年代

(C) 1890 年代

(D) 1940 年代

表 1　　　　　　（單位：人）

第一年	第二年	第三年	第四年	第五年
7,915	26,922	34,339	98,580	303,707

9. 《詩經．衛風》：「瞻彼淇奧，綠竹猗猗」，可知上古中原地區產有竹子。史書記載：隋唐時期，在現今河南、陝西等地設有管理竹園的竹監司；到了宋代，僅鳳翔（屬陝西）設有監司；明初，黃河以北，已不見竹子大量種植。上述記載，最能印證歷史上的哪一現象或變遷？

(A) 竹子在人民生活中的重要性

(B) 東周到明代初年的氣候變化

(C) 政府對管理竹子種植的重視

(D) 東周到明代初年的經濟變化

10. 有人認為：工廠工人的薪資只要能維持其生計即可，如果工資過高，工人生活改善，就會多生小孩，人口隨之增加；如此一來，勞動力便增加，工資隨之下降，甚至低於先前水準。我們應如何理解這種說法？

(A) 反映出中古時期行會對工資的看法

(B) 代表法國大革命前夕保守派的觀點

(C) 反映出十九世紀英國資本家的態度

(D) 代表二十世紀初俄國共產黨的主張

11. 一位大學者的詩：「聞道西園春色深，急穿芒屬去登臨。千芭萬蕊爭紅紫，誰識乾坤造化心。」他要從春意盎然中體會「生意」的根源，也就是「天地生物之心」，藉以「識仁」。這種把自然與人心結合加以論述的學問應是：

(A) 漢代經學　　　　　　　(B) 唐代佛學

(C) 宋代理學　　　　　　　(D) 清代考據學

12. 顧炎武《日知錄》指出：唐代州縣政府，修築的城郭必皆寬廣，街道必皆正直，官署也多基址弘敞。而宋代以降，州縣政府所修築的城郭、街道和官署，則相對簡陋，且有越來越簡陋的趨勢。我們應該如何理解這種現象？

(A) 唐代國力強盛；宋代以降國力轉趨衰弱

(B) 唐代建築技術已達顛峰，後代難以超越

(C) 宋以後坊市制崩潰，無力維修城郭街道

(D) 宋代以降財政集權中央，地方經費困窘

13. 日本在一份文告中宣示：為帝國之自存與東亞之安寧，我們必須對該兩國宣戰。而一本歷史著作提到：日本為了快速跨出南進步伐，控制南太平洋，聲稱不惜與這兩國一戰。這兩份資料中所指的兩國是：

(A) 中、美　　　　　　　　(B) 中、蘇

(C) 美、英　　　　　　　　(D) 美、蘇

14. 臺灣某報刊譜寫宣傳歌曲，說明其宗旨，歌詞如下：「黑潮澎湃，惡氣漫天，強暴橫行，莫敢言；賴有志，奮起當先，開筆戰，解倒懸。光榮哉，言論先鞭。」這最可能是哪個報刊？
   (A) 1900 年代的總督府公報
   (B) 1920 年代的臺灣日日新報
   (C) 1930 年代的臺灣新民報
   (D) 1950 年代的中央日報

15. 一位學者主張：國家、民族、語言與文化應該互為一體，國家是民族的本體，每個民族都受到召喚，建立國家。這種主張最可能出現在何時？
   (A) 十五世紀初英法百年戰爭時
   (B) 馬丁·路德發動宗教改革時
   (C) 法王路易十四廢止南特詔書
   (D) 十九世紀義、德建國運動時

16. 與洪秀全齊名的太平天國首領楊秀清，出身廣西，世代以燒炭種山為業，父母去世後，離家流浪，與人結夥護送洋貨，交結不少兩廣江湖豪客。後來因失業回到家鄉，仍作燒炭工人。楊秀清此時的「失業」，與某一城市的開港有關。這一城市應是：
   (A) 廣州　　　(B) 上海　　　(C) 天津　　　(D) 南京

17. 課堂上同學進行有關第一次世界大戰的專題報告時，討論起照片和繪畫兩種資料的價值。以下哪位同學的觀點最合理？
   甲：照片是科技產品，不會造假，是過去的真實翻版
   乙：繪畫是畫家所作，只要不虛構，便是過去的重現
   丙：照片和繪畫若非為當時人留下的作品，都不可信
   丁：照片和繪畫都不等於過去，而是通往過去的路徑
   (A) 甲　　　(B) 乙　　　(C) 丙　　　(D) 丁

18. 一位外國人前往某城市旅行，搭火車要先取得通行許可證明，才能買車票；到了目的地，看到滿城盡是腳踏車；在路邊攤買燒餅時，攤販向他要糧票。這位觀光客見到的景象最可能在：
    (A) 1919 年的上海　　　　　(B) 1936 年的南京
    (C) 1955 年的香港　　　　　(D) 1970 年的北京

19. 王元規是太原人，父親過世後，母親帶他回娘家。當地一位富豪，欲將女兒嫁給他。母親考慮自己的貧困處境，有意結此親事，當時才十二歲的王元規卻哭著說：「古人講究門當戶對，我們不能因為暫時住在這裡，就不顧身分。」母親覺得有道理，就婉拒了這門親事。這則故事反映出什麼樣的社會觀念？
    (A) 這應是發生在西漢初年，反映當時的門第觀念
    (B) 當時的世家子弟年紀雖幼，卻可自己決定婚事
    (C) 地方富豪有意與高門子弟聯姻，提高社會地位
    (D) 當時女性地位高漲，子女的婚姻全由母親決定

20. 某國科學家提出一份醫學報告，指出：該國人的尿液中無尿氮含量高達 20%，而其他人種只含 15%，這證明其人種的排泄物比其他人種潔淨，足見其種族更為進化與優越。這種看法最可能流行於何時？
    (A) 十七世紀初期　　　　　(B) 十八世紀初期
    (C) 十九世紀初期　　　　　(D) 二十世紀初期

21. 某時期中，道教開始盛行「神仙須下凡，歷經劫難」的想法，神仙須在人世行善立功，造福庶民，才能修得正果，重返天庭，位列仙班。這類故事反映道教因應當時社會變遷，因此強調參與、改善社會。這種社會變遷是指：

(A) 漢末工商瀕臨破產，故太平道要救濟生民

(B) 唐代門閥制度即將崩潰，故道教重視立功

(C) 宋代庶民社會崛起，故道教強調入世苦行

(D) 明清社會貧富不均，故道教提倡行善濟民

22. 圖 1 為某一西班牙著名畫家的作品。從這幅繪畫的風格可推測出此藝術風潮產生的時期為何？

(A) 文藝復興時期

(B) 浪漫主義時期

(C) 法國大革命時期

(D) 戰間期

圖 1

23. 努爾哈赤創立八旗制度，分為滿洲、蒙古及漢軍八旗。但八旗制度亦可視個別需要而作調整，並無嚴格劃分界限；有漢軍改滿洲八旗者，有蒙古改漢軍八旗者，亦有蒙古改滿洲八旗者，甚至有同一家族分隸滿洲及漢軍八旗者。故入關後，一般人皆以「旗人」來通稱滿洲人。我們應如何解讀以上敘述？

(A) 滿洲人為顯示血統之純正，故「旗人」指的是通曉滿洲語的正統八旗軍人及其家屬

(B) 滿洲人及蒙古人地緣與血緣相近，故「旗人」指的是滿洲及蒙古八旗軍人及其家屬

(C) 滿洲人為籠絡漢人，允許漢人加入八旗，故「旗人」是指滿洲及漢軍八旗及其家屬

(D) 滿洲人為了塑造族群融和，混編八旗，故「旗人」是指滿、蒙及漢軍八旗及其家屬

24. 牡丹社事件後，沈葆楨來臺善後，其善後某一政策的具體內容有：
屯兵衛、刊林木、焚草萊、通水道、定壤則、招墾戶、給牛種、
立村塾、設隘碉、致工商、設官吏、建城邦、設郵驛、置廨署等。
此項政策應為：

(A) 開山　　　　(B) 撫番　　　　(C) 海防　　　　(D) 吏治

25. 有人說中國這一歷史事件，是一些知識分子聚在一起，講明聖學，
闡發義理，激揚廉恥，使天下皆能尚氣節。國家滅亡後，這些知
識分子，皆知捐軀效命，但求一死以求仁，可以說是「亡國有光」。
但乾隆皇帝卻批評他們「始以正而終以亂」，是導致國家滅亡的
禍首，怎麼能說是亡國的光榮呢？並感慨說：「真所謂國家將亡，
必有妖孽」。這是指哪一歷史事件？

(A) 東漢的黨錮之禍　　　　　　(B) 唐代的牛李黨爭
(C) 宋代的新舊黨爭　　　　　　(D) 明代的東林黨爭

26. 一位學者指出：有一個朝代，《史記》以〈殷本紀〉作為記載此
一朝代歷史的篇章，唯「商」字實已出現於較《史記》更早的古
本《竹書紀年》中。在甲骨刻辭中，「大邑商」也出現了不只一
次，但卻從未出現過「殷」這個字。根據上述分析，這位學者主
張此一朝代的人應自稱為：

(A) 殷人　　　　　　　　　(B) 商人
(C) 殷人或商人　　　　　　(D) 中國人

27. 同學以某個中東國家作為報告主題，他所收集的資料重點：甲、
底格里斯河和幼發拉底河流經此處；乙、曾是數個古文明的發源
地，首都在中世紀時是阿拉伯世界的中心；丙、1930 年代獨立，
因石油礦藏豐富而享有一段和平時期；丁、1980 年代獨裁政權崛
起，初始美國積極拉攏支持，藉此抗衡其他伊斯蘭國家。其後該

政權與美國交惡，美國出兵攻打，自此控制該國內政。這個國家是：

(A) 敘利亞　　(B) 埃及　　(C) 伊拉克　　(D) 土耳其

28. 哲學家笛卡爾因其思想不見容於當道，被迫流亡他國。他於 1630 年代旅居某個城市時，稱讚道：「要找到世人所可能希冀的各種貨物和珍奇物品，世上還有哪個地方比這個城市更能讓人如願？」這個城市應是：

(A) 巴黎　　　　　　　　　(B) 日內瓦

(C) 阿姆斯特丹　　　　　　(D) 佛羅倫斯

29. 為了參觀歷史博物館舉辦的「微笑彩俑－漢景帝的地下王國」，老師要求同學們先閱讀相關的背景資料。同學們應參考下列哪些圖書？

甲、《春秋左氏傳》；乙、《春秋繁露》；丙、《戰國策》；丁、《史記》；戊、《漢書》

(A) 甲乙丙　　(B) 乙丙丁　　(C) 丙丁戊　　(D) 乙丁戊

30. 史家評論某地的歷史發展，指出：這個地方因具備良好的地理條件，當地人們繼承古代文化遺產，率先從中世紀轉變到近代，創造出新的時尚。「某地」是指：

(A) 西班牙　　(B) 義大利　　(C) 日耳曼　　(D) 法蘭西

31. 政府往往透過修築鐵路帶動本國鋼鐵工業的發展，所採取的作法之一是對進口鋼鐵課徵較高的關稅，以保障本國鋼鐵工業的生產。民國以來，生產鋼鐵的漢冶萍公司僅於民國 5 至 8 年，獲有盈餘，其他時間都是虧損；11 年，漢陽鐵廠不堪虧損停工；14 年，開辦不久的大冶煉鐵廠也停工。根據上述說明及歷史背景，民國 5 至 8 年何以會有盈餘？其長期虧損的主要原因為何？

(A) 盈：因歐戰爆發，鋼鐵價格大漲；虧：不平等條約束縛，關
　　稅不能自主

(B) 盈：機器由國外進口，設備新穎；虧：軍閥混戰，故無法繼
　　續修建鐵路

(C) 盈：因歐戰爆發，鋼鐵價格大漲；虧：軍閥混戰，故無法繼
　　續修建鐵路

(D) 盈：機器由國外進口，設備新穎；虧：不平等條約束縛，關
　　稅不能自主

32. 1960 到 1980 年代期間，臺灣的經濟發展深受世界矚目，甚至有
　　「臺灣經驗」的美稱，其特色包括：出口導向的工業、經濟高度
　　成長、國民所得迅速上升、對國際貿易高度依賴等。有學者認為：
　　從經濟高度成長過程中所得分配並沒有惡化，其原因在於資本密
　　集的重工業聘雇力較弱；相反的，勞力密集、輸出加工導向的產
　　業聘雇力較強。由此可知，還有一個特色必須注意，此特色應為：
　　(A) 跨國公司及外資　　　　　(B) 眾多的中小企業
　　(C) 全面的自由經濟　　　　　(D) 金融開放國際化

33. 哥白尼寫到：「我確信，數學家們只要認真而不膚淺地研究，就
　　會同意我的這些結論。…如果有人利用聖經某些段落攻擊我、歪
　　曲我的原意，我會斷然予以拒絕。數學的真理只能由數學家來判
　　斷。」伽利略表示：「哲學寫在宇宙這本大書裡面，為懂得這本
　　書，人必須首先懂得它的語言和符號。它是以數學的語言寫成的，
　　人若不具備這方面的知識，就無法懂得宇宙。」根據上文和你的
　　歷史知識判斷，這兩位天文學者共同的觀點最可能是：
　　(A) 宇宙是本難以理解的大書
　　(B) 科學與宗教二者勢不兩立
　　(C) 聖經成為攻擊科學的利器
　　(D) 宇宙奧秘不能由教會獨斷

34. 某人認為：神的懲罰非常恐怖，爲了免除世人的重罪，神先用瘟疫、飢荒、戰爭折磨世人。我們境內的子民越來越墮落，犯下無數罪行，才會受到疫病摧殘。我們應如何理解此一說法？
    (A) 這是佛家輪迴之說，以解釋世間苦難的來源
    (B) 這是十四世紀時，對黑死病發生原因的解釋
    (C) 這是十七世紀的細菌學說，解釋疫病的來源
    (D) 這是二十世紀蘇聯解體，共產主義者的警告

35. 以下爲有關人和神關係的三段資料。
    資料一：世人因爲神賜的靈魂，才能領略神創造的世界；人的全部生命經歷都需通過信仰的解釋，才能顯示意義。
    資料二：人無法自己掙得拯救，上帝自動將拯救賜予信仰祂的人；人只有直接對上帝負責，才能自由體驗上帝的恩寵。
    資料三：個人是獨特、理性和有創造性的；每個人的特性都是神賜，但每個人充分發揮自己特長才是對神的最高尊崇。
    這三段資料分別來自不同時期的作者，他們依序是：
    (A) 人文主義者、中世紀基督徒、路德教徒
    (B) 中世紀基督徒、路德教徒、人文主義者
    (C) 路德教徒、中世紀基督徒、人文主義者
    (D) 路德教徒、人文主義者、中世紀基督徒

36. 東漢末年，一位生於豫州的月氏僧人支謙來到吳地，翻譯多部經書。孫權稱帝之後，請支謙輔佐太子，西元241年太子死，支謙隱遁。另一位生於交阯郡的康居僧人康僧會於西元247年，初抵建業，孫權爲他建立建初寺，「江南大法遂興」。兩位僧人均以譯經著稱，譯文典雅，常掇拾中華名詞與理論摻入經文。根據上

文可知，江南佛教開始於何時？支謙與康僧會譯經何以有上述特色？

(A) 建初寺設立之前；他們都是出身西域的僧人

(B) 建初寺設立之前；他們都生於中土深受華化

(C) 建初寺設立之時；他們都是出身西域的僧人

(D) 建初寺設立之時；他們都生於中土深受華化

二、多選題（8 分）

說明：第 37 題至第 40 題，每題有 5 個選項，其中至少有一個是正確的選項，請將正確選項畫記在答案卡之「選擇題答案區」。各題之選項獨立判定，所有選項均答對者，得 2 分；答錯 1 個選項者，得 1.2 分；答錯 2 個選項者，得 0.4 分；答錯多於 2 個選項或所有選項均未作答者，該題以零分計算。

37. 閱讀下列兩則資料，回答問題。

　　資料一：一位傳教士寫信向教會報告宣教成果：「某些地區，百分之八十的居民接受了基督教教義，其中半數會閱讀並使用羅馬拼音文字。」

　　資料二：一位清代人的回憶：「原來我們沒有文字，傳教士來後幫我們創造一套文字，這套文字在傳教士離開後，我們在土地契約上，繼續使用至少一百五十年。」

　　下列有關這兩則資料的解讀，哪些是正確的？

(A) 兩則資料內容和荷蘭傳教士在臺傳教有關

(B) 兩則資料所指的傳教士是指耶穌會傳教士

(C) 兩則資料所指的文字是指岸里社語和文書

(D) 「地區」和「我們」是指宜蘭的噶瑪蘭族

(E) 「地區」和「我們」是指南部的西拉雅族

38. 歐洲中世紀羅馬教宗在西歐社會中的氣勢與威望曾經盛極一時。
    以下哪些事件可爲印證？
    (A) 法蘭克王丕平於 756 年征服義大利的倫巴底人，並將所獲土
        地贈予教宗
    (B) 神聖羅馬帝國皇帝鄂圖一世於 963 年廢黜教宗約翰十二世，
        並立新教宗
    (C) 教宗格里高利七世於 1076 年宣告開除神聖羅馬帝國皇帝亨
        利四世的教籍
    (D) 教宗烏爾本二世於 1095 年發動十字軍聖戰，獲得社會各階
        層熱烈迴響
    (E) 馬丁路德於 1517 年批評教宗：「他是耶穌的敵人，他反耶
        穌之道而行」

39. 《史記・匈奴列傳》記載：匈奴人逐水草而居，沒有城郭。天性
    嗜利，男人組成甲騎，經常越界掠奪漢人。有一次，一位漢朝使
    臣訪問匈奴時，批評匈奴習俗貴壯賤老，所有食物由青壯者先食
    用；若兄弟去世時，需接收兄弟之妻爲妻。匈奴接待者表示，青
    壯者必先吃飽，才能保護部落安全；要接收兄弟之妻，是爲了避
    免孤兒寡婦流離失所，這些作法有實際的社會功能。我們如何解
    讀這段記載？
    (A) 匈奴爲漢朝之敵，司馬遷對匈奴的記載都出於宣傳，故不可信
    (B) 司馬遷受朝廷腐刑，他藉匈奴官員之口美化匈奴，所言不可信
    (C) 司馬遷的記載雖站在漢人立場，但所記匈奴之事，有事實依據
    (D) 匈奴自身無文字，《史記》記載成爲了解匈奴歷史的依據之一
    (E) 匈奴官員的解釋說明農業和游牧文明生活方式與價值觀的
        差異

40. 以下是有關古巴危機的兩份資料。

資料一：1980 年出版的歷史著作提到：「甘迺迪贏了！蘇聯政府
退讓，同意拆除飛彈基地並移回蘇聯。危機發生三個月
後，美國也拆除土耳其和義大利領土的所有飛彈。」

資料二：1971 出版的《赫魯雪夫回憶錄》寫到：「我們告訴美
國人我們同意拆除飛彈，前提是總統要保證不會入侵古
巴。最後甘迺迪讓步了。這是蘇聯外交政策的一大勝利，
無需一槍一彈的傲人成就。」

這兩份資料對最後哪方獲勝有不同看法，我們應如何解讀？

(A) 資料一的論述較正確，因記載的內容都是歷史事實

(B) 資料二的論述較正確，因出版時間與古巴危機較近

(C) 兩份資料中都呈現了美蘇兩國同意拆除飛彈的訊息

(D) 兩份資料沒有相同的訊息，可見兩份資料均爲造假

(E) 兩份資料的論點不同，但都有他們各自論述的目的

第貳部分：非選擇題（佔 20 分）

說明： 本部分共有四大題，每大題包含若干子題。各題應在「答案卷」
所標示大題號（一、二、……）之區域內作答，並標明子題號
（1、2、……），違者將酌予扣分。作答務必使用筆尖較粗之
黑色墨水的筆書寫，且不得使用鉛筆。每一子題配分標於題末。

一、 以下爲三則與臺灣史相關的口述歷史文獻，請根據資料回答問
題。

甲： 「到了山頂，她望見成列的屍首上吊在樹枝上，一共 21 名
親人，夫君的屍首也在其中，親人都穿著傳統服裝，夫君
穿著羽織和服，想必他在死亡前是充滿怨恨、矛盾、茫然
和遺憾。」

乙：「在川中島，優秀的青年都爭先恐後地赴海外出征。我們都在志願制度下血書報效。這是告訴日本人，我們也是男子漢呀！不要對我們有差別待遇！」

丙：「每逢建設，我們必定被強迫從事砍伐森林等苦工，工資比其他地方低很多，還時常領不到錢，只給我們鹽代替工資，強迫勞役的日子有增無減。」

1. 這三則文獻和哪個歷史事件有關？（2分）

2. 請就甲、乙、丙三則文獻內容，依時間先後，排列順序？（2分）

3. 乙文獻中的人會在川中島，是因為統治者採取了什麼措施？（2分）

二、請根據以下三則資料回答問題。

資料一：〈范陽盧秀才墓誌〉：「（盧）……竊家駿馬，日馳三百里，夜抵襄國界，舍馬步行，徑入王屋山，請詣道士觀。道士憐之，置予門外廡下，始聞《孝經》、《論語》。……凡十年，年三十，有文有學，開成三年來京師，舉進士。」

資料二：《衡山府志》：「石鼓山，舊有尋眞觀。……元和間，士人李寬結廬讀書其上，刺史呂溫嘗訪之，有『願君此地攻文字，如煉仙家九轉丹。』」

資料三：朱熹說：「予惟前代庠序之教不修，士病無所於學，往往擇勝地、立精舍，以為群居講學之所，而為政者乃或就而褒美之，若此山（衡山），若岳（嶽）麓，若白鹿洞之類是也。」

1. 資料一與資料二所述內容，應是哪一個朝代的現象？（2分）

2. 資料一與資料二顯示出一個現象，這個現象的重點爲何？請用自己的文字說明。（2分）

3. 資料一與資料二所述現象，與資料三之間有其關連，請說明從前者（資料一、二）到後者（資料三）之間的演變。（2分）

三、 以下爲兩位西方哲學家的論點：

　　甲：「水是萬物生存的根本。」

　　乙：「人的靈魂裡面有一個較好的部分和一個較壞的部分，而所謂『做自己的主人』就是說較壞的部分受天性較好的部分控制。」

1. 這兩位哲學家身處於哪一個時代？（2分）

2. 這兩位哲學家思考的重點有何不同？（2分）

四、 以下是與納粹崛起相關的圖、表資料，請根據資料回答問題。

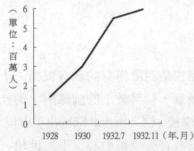

圖2 德國某項社會資料統計圖

表2 德國納粹黨和共產黨在國會中的席次

時間 ＼ 黨派	納粹黨	共產黨
1928 年	12	54
1930 年	107	77
1932 年 7 月	230	89
1932 年 11 月	196	100

1. 圖2、表2共同呈現的轉捩點出現於何時？（2分）

2. 圖2應是德國哪項社會資料的統計圖？（2分）

101年度指定科目考試歷史科試題詳解

第壹部分：選擇題

一、單選題

1. **A**

   【解析】 (A) 日治時期 1896 年起臺灣進入格林威治世界標準時間系統，6 月 10 日是日本人的「時的紀念日」，配合現代科技（電報、收音機），使各地的公務員及民眾都能夠知道正確時間，進而養成守時的觀念；工廠與學校按照標準時間作息，故臺人對於時間觀念的認知較為精確；

   (B) 引進度量衡制度與時間認知無明顯關係；

   (C) 機械取代獸力影響生產方式，與時間認知無明顯關係；

   (D) 鐘錶行普遍出現，是時間認知改變後的結果，而非原因。

2. **B**

   【解析】 (B) 中古早期，修道院學校是西歐僅有的教育機構；十世紀後修道院學校漸衰，淪為教士的訓練所，與社會脫節；「主教座堂學校」（Cathedral School）出現，取代修道院學校成為教育與學術中心；十二世紀，西歐學術中心轉到新興的大學，「大學」是由主教座堂學校蛻變而來，大學的課程分為基礎與進階，所有學生都必須修讀傳統的「七藝」（Seven Liberal

　　Arts）課程，包括：文法、修辭、邏輯、幾何、數
　　學、音樂與天文等；「高級」課程，如神學、法律
　　與醫學等；

(A) 行會是中古時期歐洲商人為防止盜匪的侵襲與抵抗
　　封建領主的壓迫，組成行會；行會制定各種規章，
　　監督甚至壟斷各種商業活動；

(C) 五世紀，聖安東尼在埃及的紅海邊建立最早的修道
　　院，修院和教堂奠定中古歐洲宗教生活和知識活動
　　基礎；聖本篤制訂「聖本篤清規」（520A.D.），要
　　求修士們嚴守貞潔、安貧、服從三大戒律，後來其
　　他修院普遍採行；

(D) 歐洲科學革命時期英國等成立皇家學會，為研究科
　　學機構。

3. **A**

【解析】(A) 題幹指出「此戰爭為歐洲第一次大規模的國際戰
　　　　　爭，主要戰場在日爾曼地區」，「戰後所簽訂的和
　　　　　約，不但影響到國際關係的發展，也確立國家獨立
　　　　　主權的原則」，知為「三十年戰爭」(Thirty Years'
　　　　　War，1618-1648)，因波希米亞人（Bohemians）改
　　　　　信喀爾文教派後，想脫離神聖羅馬帝國的統治，
　　　　　神聖羅馬帝國皇帝聯合舊教諸侯和西班牙圍攻波
　　　　　希米亞，結果雙方簽訂西發裏亞條約(Treaty of
　　　　　Westphalia)結束戰爭，荷蘭與瑞士都成為獨立的國
　　　　　家；宗教戰爭助長民族意識，各國人民體認到政
　　　　　治、經濟利益的爭執遠比宗教派別的爭執重要，宗
　　　　　教戰爭成為民族主義最後的催生劑；

(B) 1756-1763 年爲爭奪殖民地，英法等國展開「七年戰爭」，戰場遍及歐洲、北美洲等地，不限日爾曼地區，戰後英國取得加拿大等殖民地；

(C) (D)兩次世界大戰主戰場不限日爾曼地區，是世界性的戰爭。

4. **A**

【解析】　(A) 禪宗不重文字，直指人心，教學修行最灑脫、最生活化，不受經論束縛，是道地 中國佛教，普遍爲中國人接受，上層士大夫也受其影響，是唐朝和現在最盛的宗派之一；

(B) 天台宗重視佛教教理研究，宗教性質顯著；

(C) 白蓮教爲祕密宗教組織，源自佛教顯宗－白蓮宗，宗教性質顯著；

(D) 密宗；是大乘佛教的一個支派，四世紀時出現在印度，密宗在修行方式上而非在教理上有很多不許公開的秘密傳授，及充滿神秘內容的特徵，因而又被稱爲「密教」，宗教性質顯著。

5. **D**

【解析】　(D) 「中學爲體，西學爲用」爲清末名臣張之洞提出，他在自強運動時主張接受西學以改造中國，爲減少保守勢力的反對而提出此說，強調「以中學爲本，西學來補助中學的不足」；甲午戰爭之後，「中學爲體，西學爲用」成爲流行用語，新式學堂及學會的教學內容與發展目標，卻偏重於西學或新學其來有自；

(A) 接受西方新式教育的留學生，對中國傳統文化較陌
　　生，不可能以「中學為體」；

(B) 對中國傳統文化抱持否定的態度，不會認同「中學
　　為體」；

(C) 清末新式學堂與學會多由官員與知識分子推動。

6. **A**

【解析】(A) 茶葉成為中外貿易的重要商品，唐代後期不產茶的
　　　　　西北異族也染飲茶之風，吐蕃與回紇都曾以馬匹與
　　　　　唐朝交易茶葉；北宋時茶葉更成宋輸遼的最大宗商
　　　　　品，與游牧民族的茶馬交易更成定制，並設有「茶
　　　　　馬司」專職此事，宋、明、清都曾施行；

　　　　(B) 棉花北宋始出現在閩粵一帶，到明清時大量生產；

　　　　(C) 罌粟（鴉片）在唐代經由大食人傳入中國，作為治
　　　　　療痢疾病之用，民間未大量種植；

　　　　(D) 煙草十六世紀明代中葉地理大發現後才傳入中國。

7. **A**

【解析】(A) 此題從『查士丁尼是「一個如假包換的拜占庭皇
　　　　　帝」』，可知東羅馬帝國皇帝查士丁尼權利之大，
　　　　　他曾說「君主不受法律之約束；君主所欲，即具
　　　　　法律之效力。」，即「皇詔就是法律」的名言；其
　　　　　他答案只顯示他努力治國的現象，與他地位崇高
　　　　　權利之大關係不大。

8 **D**

【解析】(D) 由題目表格可知臺灣連續五年間，移入人口約四十
　　　　　多萬人，且逐年增加；

(D) 1940 年代大量軍民隨中華民國政府撤退來臺灣；

(A) 1660 年代鄭氏打敗荷蘭人，清廷對台灣實施海禁遷界令，移入人口沒有增加趨勢；

(B) 1680 年代臺灣進入清領時期，清廷頒布「渡臺禁令」，移入人口不會大幅成長；

(C) 1890 年代甲午戰敗臺灣割讓給日本，僅四千餘人選擇離開台灣，移入臺灣的以日本軍民為主，僅有數萬人。

9. **B**

【解析】 (B) 題幹描述「上古時期中原地區產有竹子，隋唐時期在今河南、陝西等地設有管理竹園的竹監司；到宋代，僅鳳翔（屬陝西）設有監司；明初，黃河以北，已不見竹子大量種植」，可見宋代黃河下游的竹業不如前，明初北方竹子大量減少；這與東周到明代初年的氣候變化有關，因性喜溫暖濕潤的竹子，在明代後氣溫長期下降，北方多乾旱，所以明初北方竹子大量減少；

(A)、(C) 與題意無關；

(D) 兩漢到魏晉南北朝，由於北方人口因戰亂等而南移，出現經濟重心南移的變化，北方竹林減少應和南方開發沒關係。

10. **C**

【解析】 (C) 題幹指出「工廠工人的薪資只要能維持其生計即可」，不主張調高工人薪資，這是英國工業革命後，工廠制度產生，結果貧富懸殊，勞資對立下

十九世紀英國資本家的主張，所以後來會出現廢除
私有財產、甚至於有馬克思暴力革命的激烈社會主
義出現；

(A) 歐洲中古商人為防止盜匪的侵襲與抵抗封建領主的
　　壓迫，組成行會；行會制定各種規章，監督甚至壟
　　斷各種商業活動，未主張「工廠工人的薪資只要能
　　維持其生計即可」；

(B) 法國大革命前的保守派，主要反對自由主義改革的
　　主張，未主張不調高工人薪資；

(D) 二十世紀初俄國共產黨的主張師法馬克思與恩格斯
　　的理論，要求由工人階級鬥爭、暴力革命達到共產
　　社會主義的目標。

11. **C**

　【解析】　(C) 這首詩是朱熹的〈春日偶作〉，1162 年春朱熹在西
　　　　　　　林院學習期間寓李宅旁之西林院數月，"西園"即
　　　　　　　西林院，"芒履"即用麻、草做的鞋，"葩"即草木
　　　　　　　之花，"乾坤"就是天地，"造化"指自然界的創造
　　　　　　　化育，也指自然；這裡指區別於佛教禪學空言無
　　　　　　　實的從日用間做工夫。

12. **D**

　【解析】　(D) 宋代採集權中央的政策，將兵權、財政權收歸中
　　　　　　　央，避免唐末以來藩鎮割據的亂象，因此內亂少，
　　　　　　　但也導致地方實力弱，故州縣政府所修築的城郭、
　　　　　　　街道和官署，則相對簡陋，且有越來越簡陋的趨
　　　　　　　勢；

(A) 宋代以降經濟富裕，人民生活不差，與城郭、街道
和官署簡陋無關；

(B) 建築技術日新月異，與時精進，非後代難以超越；

(C) 宋以後坊市制崩潰，是宋代城市內不再有坊牆隔絕，
住宅區商店區雜處，而非城郭、街道和官署簡陋。

13. **C**

【解析】(C) 此文件為 1941 年 12 月 8 日日本昭和天皇對英、美
兩國宣戰詔書的內容，關鍵字為「日本為了快速跨
出南進步伐，控制南太平洋，聲稱不惜與這兩國一
戰」，美國在一次世界大戰後取代歐洲國家為世界
強國，日本如果要控制南太平洋，勢必與美國衝
突，日本才會發動珍珠港事件；印度、緬甸、馬來
西亞等當時皆為英國殖民地，日本既然要跨出南進
步伐，勢必對英國宣戰；

(B) 抗戰時期，中國大半土地落入日軍手中，無法阻止
日軍南進；蘇聯當時與德國作戰，且其勢力不在南
太平洋。

14. **C**

【解析】(C) 從題目中有「黑潮澎湃，惡氣漫天，強暴橫行，莫
敢言；賴有志，奮起當先，開筆戰，解倒懸」這些
話，可知這份報刊對時局相當不滿，最能反映日治
臺灣民間聲音的應屬 1923 年台灣知識分子創辦『台
灣民報』和後期『臺灣新民報』，貫穿臺灣人民權
運動各階段，如初期的「臺灣文化協會」、中期的
「臺灣民眾黨」以及後期的「臺灣地方自治聯盟」，
為當時臺灣民意唯一的喉舌；

(A) 《總督府公報》屬於官方報紙，不可能對時局不滿；

(B) 近代臺灣第一份報紙是 1896 年日治官方創刊的《臺灣新報》，第二年又有日人創辦的《臺灣日報》，後合併為《臺灣日日新報》，成為臺灣日治時期持續最久的報紙，具半官半民色彩，也不可能「開筆戰，解倒懸」大力批判時局；

(D) 1950 年代中國國民黨的黨報－《中央日報》，在中國國民黨執政時期不會「開筆戰，解倒懸」。

15. **D**

【解析】 (D) 十九世紀西方興起民族主義，主張建立民族國家，才有 1870 年義大利和 1871 年德國日耳曼的統一建國運動；

(A) 中古時期，法國及英國皆為封建國家，11 世紀時一位法國貴族－「征服者」威廉，征服英國，此後歷任英王仍兼有法國貴族的身分，在法國擁有封地；英法百年戰爭（The Hundred Years' War, 1337-1453）使得兩國封建關係斷絕，各專注於自己國家內政問題，和題幹所指「建立國家」不同；

(B) 1517 年馬丁路德發動宗教改革住要是對羅馬公教（天主教）的不滿，和民族主義無關；

(C) 法王路易十四為中央集權，1685 年宣布新教為非法宗教，廢止《南特詔書》（Edict of Nantes），也和民族主義無關。

16. **B**

【解析】 (B) 太平天國之亂從道光經咸豐到同治三帝（1850－
1864 A.D.），道光 30 年（1850 年）洪秀全、楊秀
清起是於廣西桂平縣金田村，顯然他們經過鴉片
戰敗（1840-42 年），後簽訂南京條約及續約；《中
英南京條約》簽訂前，從乾隆起清廷僅開放廣州
一口通商，楊秀清利用廣州與人結夥護送洋貨，
交結不少兩廣江湖豪客，《南京條約》簽訂後，清
廷開放廣州、廈門、福州、寧波、上海五口通商，
上海成為南北洋通商總匯，廣州重要性大減，使
楊秀清失業；

(C) 天津於 1860 年《北京條約》後才成為通商口岸；

(D) 南京未開放成通商口岸。

17. **D**

【解析】 (D) 在沒有文字以前，人類依靠口耳相傳、結繩、圖像
或刻木記憶往事，即使有文字出現，各種表述歷史
的方式仍繼續存在；1960 年代後，有些史家重視
影視媒體與歷史的結合，美國史家懷特（H. White）
創一個新名詞 "historiophoty"（影視史學），這個名
詞是「以視覺的影像和影片的論述，傳達歷史及我
們對歷史的見解。」任何人永遠都不可能完全掌握
所有曾經發生過的事，人類並沒有辦法將這些曾經
發生過的事都記錄下來，而史學家依據他個人的學
養、能力、文化背景、族群意識等等，挑選一小部
分他以為有意義的來討論，照片和繪畫都不等於過
去，而是通往過去的路徑；

(A) 照片會造假；

(B) 要經史家選擇他認爲有意義的討論；

(C) 照片和繪畫非爲當時人留下的作品，仍有某種程度
　　的可信。

18. **D**

【解析】　(D) 此題目關鍵處在「糧票」，1970 年代，中華人民共
　　　　　和國爲解決糧食供應不足，糧票成爲換取糧食的
　　　　　憑證；

(A) 民國初年爲銀兩、銀圓混用，民國 22 年才廢兩改
　　元,幣制統一；

(B) 1935 年國民政府發行法幣，法幣的發行，結束了
　　中國使用接近五百年的銀本位幣制，法幣後來因大
　　量發行引發惡性通脹，在 1948 年由金圓券取代；

(C) 1955 年的香港通用港幣，不是糧票。

19. **C**

【解析】　(C) 此題題幹中有「古人講究門當戶對，我們不能因爲
　　　　　暫時住在這裡，就不顧身分。」，可知王元規原籍
　　　　　太原人，後雖處境貧困，仍重視門戶之別，他應出
　　　　　身於魏晉南北朝時期的士族，當時人重視家族門
　　　　　第，地方富豪有意與高門子弟聯姻，提高社會地
　　　　　位，但門閥子弟王元規婉拒了這個門不當戶不對
　　　　　的親事。

20. **D**

【解析】　(D) 1859 年達爾文（Darwin）出版《物種原始》（The

Origin of Species）一書，提出生物演化的原則是「物競天擇、優勝劣敗、適者生存、弱肉強食、用進廢退」的進化理論，達爾文的理論被應用到解釋人類各種現象，就形成「社會達爾文主義」，認為個人、國家、種族的競爭，是歷史進步的動力，與十九世紀末到二十世紀初盛行的「白種人的負擔」種族優越論相呼應，這與題幹「證明其人種的排泄物比其他人種潔淨，足見其種族更為進化與優越」吻合，這理論後來成為新帝國主義對外擴張的重要理論依據；

(A)、(B)、(C) 皆早於《物種原始》出版的時間。

21. **C**

【解析】(C) 題幹中「神仙須在人世行善立功，造福庶民，才能修得正果，重返天庭，位列仙班」可知此在庶民社會形成後，宋代因工商業發達經濟情況改變，庶民社會崛起，故道教強調入世苦行；(A) 道教開始於東漢末年，流行於下層社會，西元二、三世紀東漢末年，社會動盪不安，有人透過救濟饑荒、醫療疾病、武裝行動等，形成道教－「五斗米道」和「太平道」，非工商瀕臨破產；

(B) 西晉葛洪《抱朴子》中建立「立功」理論，非因唐代門閥即將崩潰而重視立功；

(D) 中國歷代皆有社會貧富不均的情形，非明清社會特有現象。

22. **D**

　　【解析】　(D) 兩次大戰期間的藝術畫作表現強烈的疏離感，富有
　　　　　　　　　嘲諷時局與脫離現實的表現，以達達主義和超現實
　　　　　　　　　主義為代表；歐洲藝術家反戰反現代生活反藝術的
　　　　　　　　　作品，稱為「達達」，如杜象將印有達文西「摩娜
　　　　　　　　　麗莎」的印刷品，在嘴上添兩撇鬍子；超現實主義
　　　　　　　　　受佛洛伊德影響，反對眼見為憑，主張用心體認世
　　　　　　　　　界；所謂的『夢景畫』(dreamscapes)，即原始的、
　　　　　　　　　不安的、夢幻景象的風景畫，在夢中物體呈現怪誕
　　　　　　　　　的組合，其形狀和內涵不斷變化，圖 1 即戰間期超
　　　　　　　　　現實主義大師達利創作的「睡眠」，畫中的眼皮與
　　　　　　　　　臉好像被釘子拉得垂下來，呈現痛苦感；

　　　　　　　(A) 文藝復興時期的畫作以希臘神話或肖像畫居多，強
　　　　　　　　　調均衡、對稱、和諧；

　　　　　　　(B) 浪漫主義時期的畫作強調情感、個性、直覺，善用
　　　　　　　　　色彩明暗來突顯畫作的對比；

　　　　　　　(C) 法國大革命時期盛行的是新古典主義，展現古希
　　　　　　　　　臘、羅馬的英雄式主義，重視素描與輪廓，而忽
　　　　　　　　　視色彩。

23. **D**

　　【解析】　(D) 題幹中有「努爾哈赤創立八旗制度，分為滿洲、蒙
　　　　　　　　　古及漢軍八旗」；「有漢軍改　滿洲八旗者，有蒙古
　　　　　　　　　改漢軍八旗者，亦有蒙古改滿洲八旗者，甚至有同
　　　　　　　　　一家族分隸滿洲及漢軍八旗者」，即滿清將臣服者
　　　　　　　　　納入「旗」中，使他們對「旗」的統治者具向心力，

　　　　　　　　非以血緣、地緣、種族為標準，故「旗人」是指滿、
　　　　　　　　蒙及漢軍八旗及其家屬；

　　　　(A) 題幹未提及「通曉滿洲語」；

　　　　(B) 旗人尚包含漢軍；

　　　　(C) 旗人應包含蒙古。

24. **A**

　　【解析】(A) 本題關鍵詞為「招墾戶、給牛種」「刊林木、焚草
　　　　　　　　萊」和「設隘碉」得知要「開山」。

25. **D**

　　【解析】(D) 明神宗時，顧憲成、高攀龍等知識份子講學於無錫
　　　　　　　　的東林書院，這些讀書人聚在一起，講明聖學，闡
　　　　　　　　發義理，激揚廉恥，使天下皆能尚氣節，這批知識
　　　　　　　　分子及官員被把持朝政的宦官指為東林黨，形成
　　　　　　　　「東林黨爭」，明朝政局更加敗壞，明亡後，知識
　　　　　　　　分子重視氣節，不願被「異族」統治，許多人選擇
　　　　　　　　以身殉國，但求一死以求仁，可以說是「亡國有
　　　　　　　　光」。但乾隆皇帝卻批評他們「始以正而終以亂」，
　　　　　　　　是導致國家滅亡的禍首；

　　　　　　　(A) 東漢士人崇尚氣節，他們對東漢末年宦官干政不
　　　　　　　　滿，以清議批評時政，造成桓帝、靈帝間兩次「黨
　　　　　　　　錮之禍」，使優良世風被催毀殆盡，故東漢知識分
　　　　　　　　子在朝代滅亡後沒有殉國的情形；

　　　　　　　(B) 唐代的「牛李黨爭」起因於山東士族李德裕與科舉
　　　　　　　　出身的牛僧孺在國家政策上的歧見，後來演變成兩
　　　　　　　　派人馬相互傾軋，與題幹不符；

(C) 宋代的「新舊黨爭」導因於王安石推動熙寧變法，守舊派人士認為新法違背祖制，其財政改革也被認為是與民爭利，故造成兩派人馬鬥爭，使朝政敗壞，與題幹不符。

26. **B**

【解析】 (B) 這三種資料－《史記》、《竹書紀年》與甲骨文，《史記》為西漢司馬遷撰，《竹書紀年》為戰國時代的史書，甲骨文是商代人刻在龜甲或獸骨上的文字，是商代人所留下的直接史料；在甲骨刻辭中，「大邑商」也出現了不只一次，但卻從未出現過「殷」這個字；「商」字實已出現於較《史記》更早的古本《竹書紀年》中，可知這位學者主張商代人自稱「商人」。

27. **C**

【解析】 (C) 由題幹「甲、底格里斯河和幼發拉底河流經此處」，可先刪除 (B) 埃及（位於北非尼羅河流域）、(D) 土耳其（位於安那托利亞半島，並包含巴爾幹半島一小部分）；由題幹「丁、1980 年代獨裁政權崛起，初始美國積極拉攏支持，藉此抗衡其他伊斯蘭國家。其後該政權與美國交惡，美國出兵攻打，自此控制該國內政」，可知為 (C) 伊拉克，因 (A) 敘利亞獨立後一直被西方國家認為是支持恐怖主義的政權，並未有拉攏之事；而 (C) 伊拉克 1932 年獨立，後與伊朗爆發兩伊戰爭（1980－1988 年），美國在

戰爭中支持伊拉克；後來 1990 年伊拉克入侵科威
特，以美國為首的聯合國部隊將伊拉克軍隊逐出科
威特，美國又在 2003 年以伊拉克獨裁者海珊握有
大規模毀滅性武器為由攻打伊拉克。

28. **C**

【解析】 (C) 笛卡爾是法國十六、十七世紀科學革命時期重要科
學文明的先知，因其思想不見容於當道，被迫流亡
他國，

(A) 巴黎是法國的首都不選；

(B) 日內瓦位於瑞士，十六世紀時是喀爾文派的宗教重
心，不容易找到世人所可能希冀的各種貨物和珍奇
物品；

(D) 佛羅倫斯是文藝復興的發源地，是十四、十五世紀
歐洲金融、銀行業中心，不容易找到世人所可能希
冀的各種貨物和珍奇物品；

(C) 阿姆斯特丹是荷蘭首都及第一大城，十五、十六世
紀地理大發現後，荷蘭積極發展海外殖民與貿易，
阿姆斯特丹為當時世界大商港，容易找到世人所可
能希冀的各種貨物和珍奇物品。

29. **D**

【解析】 (D) 「微笑彩俑－漢景帝的地下王國」中的漢景帝為西
漢前期的皇帝，這一題可從圖書的內容或撰寫時間
來分析。甲《春秋左氏傳》相傳為春秋魯國史官左
丘明著，記載春秋時代的史事，不可能出現漢景帝

的記載；乙《春秋繁露》：爲西漢武帝儒者董仲舒
著，可以反映西漢景帝時的思想故事；丙《戰國
策》：西漢末年由劉向編訂成書，書中記載戰國史
事，不可能出現漢景帝的記載；丁《史記》：西漢
司馬遷撰寫，記載黃帝至漢武帝時的歷史，可能出
現漢景帝的記載；戊《漢書》：東漢班固著，記載
西漢一代史事的斷代史著作，可能出現漢景帝的記
載。

30. **B**

【解析】 (B) 此題目由「率先從中世紀轉變到近代，創造出新的
時尚」，可知是文藝復興的起源地－義大利，因爲
文藝復興被視爲歐洲由中古走向現代的關鍵時期，
而文藝復興起源地義大利，也是古羅馬帝國的核心
地區，當地人們繼承古代文化遺產。

31. **A**

【解析】 (A) 第一次世界大戰（歐戰，民國 3-7 年）期間，列強
無暇東顧，給予中國工商業有利環境，歐洲各國對
鋼鐵的需求量也增加，價格自然提升，生產鋼鐵的
漢冶萍公司僅於民國 5 至 8 年，自然獲有盈餘，與
機器由國外進口，設備新穎無關；其他時間中國鋼
鐵都是虧損，與清末鴉片戰後南京條約的續約中規
定「協定關稅」，中國無法提高關稅有關，關稅自
主到北伐完成後（民國 17-19 年）才與列強交涉收
回，「協定關稅」對中國財政經濟傷害太大，軍閥
混戰時期仍有地區修鐵路。

32. **B**

【解析】 (B) 1960 到 1980 年代期間，臺灣的經濟發展深受世界
矚目，甚至有「臺灣經驗」 的美稱，原因很多如
降低關稅，放寬進口限制；成立高雄、楠梓、台中
三加工區，以優惠廉價勞力吸引外資，發展食品、
成衣輕工業；油價低廉、越戰、臺灣從日本進口物
料與設備，再向美國出口工業成品，形成生產依賴
日本，市場依賴美國的「三角貿易」，其中尤以中
小企業蓬勃發展，原本以農業立足的臺灣，逐漸轉
變為以工業為主；

(C) (D) 屬於 1980 年代後產業升級、自由化、國際化的
現象。

33. **D**

【解析】 (D) 16、17 世紀科學革命時代哥白尼（Copernicus）提出
「太陽中心說」（地球繞日說），主張所有的行星繞
太陽運轉；後來伽利略（Galilei）以自製的望遠鏡
觀察天體，著書證實哥白尼學說的正確性，但因理
論違反聖經錯誤的觀點，遭到羅馬教會迫害，所以
他們說的話就是表達「宇宙奧祕不能由教會獨斷」；

(A) 只有伽利略提及此「宇宙是本難以理解的大書」；

(B) (C) 他們沒有強烈反對宗教，造成「科學與宗教二者
勢不兩立」。

34. **B**

【解析】 (B) 題幹中「神先用瘟疫、飢荒、戰爭折磨世人。我們
境內的子民越來越墮落，犯下無數罪行，才會受到
疫病摧殘」可知是 (B) 這是十四世紀時，對黑死病

發生原因的解釋，從十四世紀初開始，歐洲各地流行黑死病，歷時一百餘年，歐洲人口死亡過半；其他時期沒有大疫病摧殘。

35. **B**

【解析】 (B) 資料一：歐洲中古時代是基督教世界，從出生到死亡都受基督教會的影響，認為神是唯一且至高無上的，才會說「人的全部生命經歷都需通過信仰的解釋，才能顯示意義」；

資料二：16 世紀宗教改革時，馬丁路德譴責教會出售贖罪卷，否定教宗權威，強調「因信稱義」（Justification by Faith），聖經為最後依歸，主張「人只有直接對上帝負責，才能自由體驗上帝的恩寵」；

資料三：14 世紀文藝復興的基本精神是要擺脫中古的神本思維，回歸到古典時代的人文主義，人們的精神從出世轉回到入世；揚棄中世紀以神為本位的思想，改以「人」為中心，肯定現世與人的價值，故「每個人充分發揮自己特長才是對神的最高尊崇」。

36. **B**

【解析】 (B) 從題幹「東漢末年，……生於豫州的月氏僧人支謙來到吳地，翻譯多部經書……西元 241 年太子死，支謙隱遁。另一位生於交阯郡的康居僧人康僧會於西元 247 年，初抵建業，孫權為他建立建初寺，

「江南大法遂興」可知江南佛敎應開始於建初寺
設立前；由「兩位僧人均以譯經著稱，譯文典雅，
常掇拾中華名詞與理論摻入經文」，可知他們都生
於中土深受華化；支謙生於豫州，豫州位於今日河
南，古時爲中國中土九州之一；另一位生於交阯郡
的康僧會，交阯在西漢武帝時期設交阯郡，也屬於
中土而不屬於西域。

二、多選題

37. **AE**

【解析】 (A) 從題幹「百分之八十的居民接受了基督教教義，其
中半數會閱讀並使用羅馬拼音文字」、「原來我們沒
有文字，傳敎士來後幫我們創造一套文字」，即可
知是 17 世紀時和荷蘭傳敎士在臺傳敎有關；

(E) 題幹「這套文字在傳敎士離開後，我們在土地契約
上，繼續使用至少一百五十年」，可知「地區」和
「我們」是指南部的西拉雅族，此文字即（西拉雅
文、番仔文、紅毛字、新港文書）；

(B) 敎導西拉雅族的傳敎士是荷蘭基督敎徒，屬於荷蘭
東印度公司，非來自天主敎耶穌會傳敎士。

38. **ACD**

【解析】 (A) 法蘭克王丕平於 756 年征服義大利的倫巴底人，並
將所獲土地贈予敎宗，史稱「丕平獻土」，反映羅
馬敎宗在西歐社會中的氣勢與威望盛極一時；

(C) 教宗格里高利七世於 1076 年宣告開除神聖羅馬帝國皇帝亨利四世的教籍，反映羅馬教宗在西歐社會中的氣勢與威望盛極一時；

(D) 教宗烏爾本二世於 1095 年發動十字軍聖戰，獲得社會各階層熱烈迴響，反映羅馬教宗在西歐社會中的氣勢與威望盛極一時；

(B) 神聖羅馬帝國皇帝鄂圖一世於 963 年廢黜教宗約翰十二世，並立新教宗，證明君主的權力凌駕於教宗之上；

(E) 馬丁路德於 1517 年批評教宗，揭開宗教改革的序幕，反映此時教會教宗的地位大為降低。

39. **CDE**

【解析】(C)(D)(E) 漢朝與匈奴時常敵對，司馬遷寫『史記』雖站在漢人立場，但所記匈奴之事，有事實依據，記載部分真實的匈奴習俗，並非全然不可信；且匈奴自身無文字，《史記》記載成為了解匈奴歷史的依據之一；匈奴官員的解釋說明農業和游牧文明生活方式與價值觀的差異。

40. **CE**

【解析】(C)(E) 這兩份資料分別陳述偏袒美國和蘇俄對「古巴飛彈（1962 年）危機」處理的結果，資料一提及甘迺迪「獲勝」、蘇聯「退讓」，明顯偏向美國；資料二提及甘迺迪「讓步」、蘇聯外交「勝利」，是站在蘇聯立場，判斷選項為 (C) 兩份資料中都呈現了美蘇兩國同意拆除飛彈的訊息；

      (E) 兩份資料的論點不同，但都有他們各自論述的目
           的；

      (A) 「古巴飛彈危機」是美蘇雙方協商後的結果，不
           像戰爭可以判斷何者獲勝，故資料一不都是歷史
           事實；

      (B) 資料二出版時間雖與古巴飛彈危機發生的時間較
           近，但觀點偏向蘇聯，不宜被視為較正確的論述；

      (D) 資料一與資料二都提到美蘇兩方同意拆除飛彈，
           故不可能兩份資料均為造假。

第貳部分：非選擇題

一、【解答】 1. 霧社事件；

            2. 丙→甲→乙；

            3. 遷村集中管制的理蕃政策。

二、【解答】 1. 唐代；

            2. 唐代士人多在山林道觀習業；

            3. 從唐代山林講學發展到宋代書院教育。

三、【解答】 1. 希臘時代；

            2. 甲探索宇宙起源；乙偏重人文的理性思考。

               甲為希臘哲學之父—泰利斯；

               乙為希臘三哲人之一—蘇格拉底

四、【解答】 1. 1930年；

            2. 失業人口統計圖。

101 年大學入學指定科目考試試題
地理考科

壹、單選題（76 分）

說明：第 1 題至第 38 題，每題有 4 個選項，其中只有一個是正確或最適當的選項，請畫記在答案卡之「選擇題答案區」。各題答對者，得 2 分；答錯、未作答或畫記多於一個選項者，該題以零分計算。

1. 自 1960 年代起，臺灣開始在不同的地區，選擇適合當地生長的作物或牲畜發展農業專業園區。臺灣農業專業園區的興起和發展，與該時期哪項現象的關係最密切？
   (A) 勞力老化
   (B) 地層下陷
   (C) 土地退化
   (D) 交通革新

2. 若全球氣候暖化加劇，則在不考慮其他的因素下，下列哪些地理界線的變化最有可能發生？（甲）高山的森林與草原界線海拔高度上移；（乙）高山雪線的海拔高度下降；（丙）葡萄、橄欖栽培北界向高緯度推移；（丁）稻、麥生長分界向低緯度推移。
   (A) 甲乙
   (B) 甲丙
   (C) 乙丁
   (D) 丙丁

3. 美國威斯康辛州中南部林地和草原有機質分布的調查顯示：「林地每英畝的有機質總量 386 噸，其中 202 噸貯存於林木中；草原每英畝的有機質總量 352 噸，其中只有 7 噸貯存於草體」。透過此一資料可獲得下列哪項推論？

    (A) 森林的生態系統較草原脆弱

    (B) 森林區的土壤層較草原深厚

    (C) 森林的生物總量較草原繁多

    (D) 森林區的開發歷史較草原早

4. 圖一為某地的港口形勢圖。港口開築後，圖中甲乙丙丁四處，何處最可能因海岸侵蝕加劇，而需要堆放消波塊以防止海岸後退？

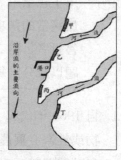

    (A) 甲   (B) 乙

    (C) 丙   (D) 丁

圖一

5. 臺灣國家公園的選定，主要參考下列哪幾項條件？

    （甲）具有特殊景觀，或重要生態系統、生物多樣性棲地者；

    （乙）具有重要之文化資產及史蹟，其自然及人文環境富有文化教育意義者；

    （丙）具有地廣人稀之低度開發，保有相對完整之地理環境者；

    （丁）具有天然育樂資源，風貌特異者。

    (A) 甲乙丙   (B) 甲乙丁

    (C) 甲丙丁   (D) 乙丙丁

6. 非洲東部在 30 年來，至少每十年會出現一次飢荒，最近一次是 2011 年，受災人數高達 1240 萬，其中以衣索比亞、吉布地、肯亞和索馬利亞等國問題最為嚴重。除了人為因素外，非洲東部飢荒頻率高的現象，和該地哪項氣候特色關係密切？

    (A) 乾濕季節分明   (B) 終年高溫炎熱

    (C) 雨量變率較大   (D) 日照時數較少

7. 照片一為臺灣某地的天主堂。該教堂的整體建築風格，最能顯示
   臺灣的何種人文特色？

   (A) 文化呈多元色彩
   (B) 原住民族社衆多
   (C) 老年人口比率高
   (D) 區域發展不均衡

照片一

第 8-9 題為題組

◎ 2009 年，中國人口約 13.3 億，有 6.2 億人居住在都市。都市人口
中，低收入者約占 55%，中等收入者約占 37%。據預測，中國都
市中等收入的人口比例將逐年增加，2019 年可能超過低收入人口
比例，2023 年前後甚至可能突破 50%。請問：

8. 2009 年，中國的都市化程度最接近下列哪個數字？

   (A) 6%　　　(B) 37%　　　(C) 45%　　　(D) 55%

9. 「都市人口中，中等收入之比例逐年增加」的預測，可推論中國
   未來的都市發展會有可能出現下列哪種變化？

   (A) 城鄉關係緊密　　　　　(B) 貧富差距縮小
   (C) 都市規模擴大　　　　　(D) 都市階層複雜

第 10-11 題為題組

◎ 圖二是東亞某日天氣圖，圖中等值線為等壓線，數值單位為百帕
（hPa）。請問：

10. 該圖最可能是下列哪個節氣前後某日的天氣圖？
    (A) 驚蟄（國曆 3 月 6 日左右）
    (B) 立夏（國曆 5 月 6 日左右）
    (C) 立秋（國曆 8 月 8 日左右）
    (D) 寒露（國曆 10 月 8 日左右）

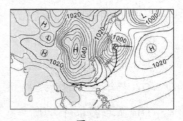

圖二

11. 根據該天氣圖所提供的資訊，下列哪些最可能是該日氣象報告的內容？
    （甲）臺灣受西南氣流影響，各地午後會有雷陣雨
    （乙）冷鋒正往臺灣接近，未來數日天氣逐漸轉冷
    （丙）臺灣各地早晚氣溫偏低，沿海低地慎防寒害
    （丁）臺灣海峽東北季風強勁，海面船隻多加注意
    (A) 甲乙　　　　(B) 甲丁　　　　(C) 乙丙　　　　(D) 丙丁

第 12-13 題為題組

◎ 照片二是某地的地形景觀。請問：

12. 該種地形景觀的塑造，和下列哪種地
    形作用的關係最密切？
    (A) 堆積作用　　(B) 風化作用
    (C) 崩壞作用　　(D) 岩溶作用

照片二

13. 該種地形景觀在下列哪些環境中最容易出現？（甲）位居信風帶
    背風側；（乙）沿海有寒、暖流交會；（丙）曾遭大陸冰河長期
    覆蓋；（丁）終年受副熱帶高壓籠罩；（戊）深居內陸，周圍又
    有高山屏障；（己）夏熱多暖、年溫差不大，夏乾多雨。
    (A) 甲乙丁　　(B) 甲丁戊　　(C) 乙丙己　　(D) 丙戊己

第 14-15 題爲題組

◎ 北美洲的人口約占全球 5%，二氧化碳排放量卻超過全球 25%。二
　氧化碳排放量高居不下的原因有二：其一、龐大的用電需求，每
　年燃燒化石燃料發電而排放的二氧化碳，占總排放量 40% 以上；
　其二、各種運輸工具燃燒大量汽油，排放的二氧化碳，也占總排
　放量的 26% 左右。請問：

14. 北美洲用電需求龐大，與下列哪項區域特色的關連性最密切？
　　(A) 區域發展不均，居民貧富差距大
　　(B) 工商業高度發展，都市化程度高
　　(C) 農場規模大，作物商品化程度高
　　(D) 文化包容色彩強，多元人口移入

15. 北美洲因交通運輸而排放大量二氧化碳，主因爲何？（甲）城郊
　　化顯著；（乙）鐵路網密度高；（丙）都市住商分離明顯；（丁）
　　土地空間競爭激烈；（戊）產業轉型快速。
　　(A) 甲丙　　　　(B) 乙戊　　　　(C) 丙丁　　　　(D) 丁戊

第 16-18 題爲題組

◎ 圖三是蘇花公路改善計畫圖的部分路段。民國 90 年代末期，政
　府爲解決蘇花公路災害頻仍的問題，擬定改善計劃。計劃中新闢
　路線長 38.4 公里，分隧道（23.4 公里）、橋樑（8.5 公里）、平
　面道路（6.5 公里）三種工程類型。請問：

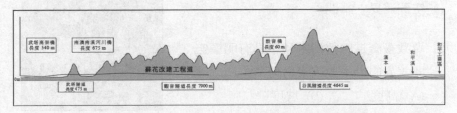

圖三

16. 圖三中武塔隧道到谷風隧道的山地地形，其絕對高度的空間差異為何？
    (A) 北高南低　　(B) 北低南高　　(C) 西高東低　　(D) 西低東高

17. 在蘇花公路 38.4 公里的改善工程中，占路線長度比例最高的工程類型，最可能是避免下列哪種災害問題的發生？
    (A) 海浪侵蝕沿岸海階，掏空公路路基
    (B) 沿岸地層下陷顯著，公路路基凹陷
    (C) 暖化造成海面上升，淹沒公路路面
    (D) 海岸易受地震影響，土石崩落路面

18. 下列哪一項蘇花公路改善工程的法制步驟，符合現行國土規劃的規範？
    (A) 依區域計畫法必須通過政府核定開發許可
    (B) 透過獎勵容積率增加本工程基地開放空間
    (C) 提高本工程建蔽率以增進道路使用之效益
    (D) 本工程完工後須經環境影響評估才能通車

第 19-20 題爲題組

◎ 照片三是臺灣四種原生樹木的樹葉照片，這四種樹木的天然分布具有明顯空間差異。請問：

照片三

19. 導致臺灣這四種樹木分布具有明顯空間差異的最主要因素爲何？
    (A) 高度　　　　(B) 坡度
    (C) 緯度　　　　(D) 雨量

20. 灰化土壤為冷溫帶地區最常出現的土壤，它最可能出現在哪種樹
　　木的分布區？
　　(A) 甲　　　　　　(B) 乙　　　　　　(C) 丙　　　　　　(D) 丁

第 21-23 題為題組

◎　中南美洲各國受地形、洋流和盛行風的影響，氣候類型多樣。殖
　　民式經濟色彩濃厚，產業發展多以出口為導向。一些國家為了追
　　求經濟成長，擴張耕地以發展農、牧業，導致熱帶雨林遭到大面
　　積砍伐。砍伐雨林不僅對全球氣候造成衝擊，也使中南美洲生物
　　多樣性降低。請問：

21. 除了巴西以外，下列哪些中南美洲國家，也可能砍伐雨林以增加
　　耕地？
　　(A) 智利、委內瑞拉　　　　　(B) 巴拉圭、烏拉圭
　　(C) 墨西哥、阿根廷　　　　　(D) 厄瓜多、尼加拉瓜

22. 中南美洲因砍伐雨林而導致許多動物棲息地遭到嚴重破壞，生物
　　多樣性降低。此一事實最可能對當地農業活動造成下列何種影
　　響？
　　(A) 殺蟲劑需求量增加　　　　(B) 灌溉用水需求量減少
　　(C) 有機肥料需求量減少　　　(D) 農業勞動力供應量增加

23. 下列哪些事實，最足以解釋「中南美洲殖民式經濟色彩濃厚」？
　　（甲）大部分國家平均國民所得屬中高或中低所得國家。
　　（乙）低緯地區熱帶栽培業發達，中緯地帶畜牧業鼎盛。
　　（丙）都市化程度雖高，但首要型的都市體系型態普遍。

（丁）從 1980 至 2010 年，平均 HDI 由 0.573 增加為 0.704。

（戊）輸出以農牧礦產品為主，輸入以工業產品為大宗。

(A) 甲乙丙   (B) 甲乙丁   (C) 乙丙戊   (D) 丙丁戊

第 24-26 題為題組

◎ 中國於 2010 年公布了《長江三角洲地區區域規劃》。該規劃的主要目標是，企圖掌握長江三角洲地區當前面臨的有利機遇，在 2020 年以前發展成以上海（滬）為核心的九個發展帶，包括：(1) 沿滬寧（南京）和滬杭甬（寧波）線、(2) 沿長江線、(3) 沿杭州灣線、(4) 沿黃、東海線、(5) 沿寧湖杭線、(6) 沿太湖線、(7) 沿東隴海線（連雲港經徐州、洛陽、西安到蘭州的鐵路線）、(8) 沿運河線、(9) 沿溫麗金衢線等；並建構成大、中、小規模的都市體系，以發揮協調發展的功能。表一是《長江三角洲地區區域規劃》的都市體系表。請問：

表一

都市規模（萬人）	都市名稱
1000以內	上海市區
700以內	南京、杭州。
400以內	蘇州、無錫、常州、徐州、寧波、溫州。
100-200	鎮江、揚州、泰州、南通、連雲港、鹽城、淮安、湖州、嘉興、紹興、臺州、金華、衢州。
50-100	宿遷、舟山、麗水、江都、高郵、溧陽、常熟、崑山、宜興、吳江、建德、東陽、臨海、瑞安等 52 個潛力較大的縣級市。

24. 依中國公布的《長江三角洲地區區域規劃》，其都市體系的建構，所依據的立論基礎為何？

    (A) 推拉因素   (B) 中地理論

    (C) 依賴式經濟   (D) 環境負載力

25. 從天然資源分布和勞動力供需的角度判斷，「大力發展勞力密集型產業，積極發展對外貿易，建設資源加工產業基地。」的發展策略，最可能出現在下列哪個發展帶？
    (A) 沿太湖線發展帶
    (B) 沿東隴海線發展帶
    (C) 沿杭州灣發展帶
    (D) 沿滬寧和滬杭甬線發展帶

26. 下列哪些事實最可能是「長江三角洲地區當前面臨的有利機遇」？
    （甲）經濟全球化加速發展；
    （乙）製造業產品的生命週期日益縮短；
    （丙）國際能源與原物料價格不斷上漲；
    （丁）低技術勞工國際遷移現象日趨頻繁；
    （戊）跨國企業投資方向向亞太地區轉移；
    （己）亞太地區區域合作與交流日益密切。
    (A) 甲戊己
    (B) 乙丁戊
    (C) 乙丙己
    (D) 丙丁戊

第 27-29 題為題組

◎ 2004 年和 2007 年，歐盟兩度東擴，愛沙尼亞、拉脫維亞、立陶宛、波蘭、捷克、斯洛伐克、匈牙利、斯洛維尼亞、羅馬尼亞、保加利亞等「中歐十國」和塞浦路斯、馬爾他相繼加入歐盟。「中歐十國」加入歐盟後，以「歐洲工廠」作為階段性的發展策略。利用歐盟提供的大量經費補助，積極發展基礎建設，改善投資條件，吸引全球各大汽車產業和高科技電子產業的製造與組裝工廠進駐，使國家經濟快速起飛，其中又以捷克因地理位置適中，經濟發展表現最為亮眼。請問：

27. 捷克發展工業過程中，曾發生過化學工廠排放化學藥劑至河川的工安問題，引起位於河川下游國家的緊張。和捷克發生河水污染國際紛爭的國家最可能是下列何國？
    (A) 法國
    (B) 芬蘭
    (C) 德國
    (D) 義大利

28. 「中歐十國」加入歐盟，除了互蒙其利的誘因外，還和近二十餘
    年來，下列哪項結構性的改變關係最密切？
    (A) 勞工遷移頻繁，跨國社會空間成形
    (B) 金融風暴，全球經濟成長速率趨緩
    (C) 中國經濟起飛，新興資本市場出現
    (D) 蘇聯集團解體，華沙公約組織解散

29. 從「歐洲整體」的尺度來看，中歐十國定位為「歐洲工廠」的階
    段性發展策略，與這些國家擁有下列哪兩項產業發展的區位優勢
    有關？
    (A) 豐沛的資金、多樣的原料
    (B) 溫暖的氣候、便捷的交通
    (C) 先進的技術、充足的動力
    (D) 廉價的勞工、廣大的市場

第 30-32 題為題組

◎ 圖四是甲、乙、丙、丁四地氣候圖，
  分別代表不同的氣候區。請問：

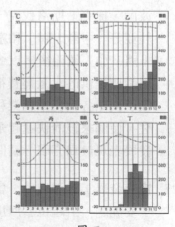

30. 2012 年 4 月，總統曾訪問我國在非
    洲的 4 個友邦，但赤道附近的聖多
    美普林西比，因該國元首另有行程，
    以致總統未能造訪該國。該國位於
    哪個氣候圖代表的氣候區內？
    (A) 甲   (B) 乙
    (C) 丙   (D) 丁

圖四

31. 四地氣候圖所代表氣候區的國家，何者在 21 世紀初期，平均的人類發展指標（HDI）最高？
    (A) 甲　　　　　(B) 乙　　　　　(C) 丙　　　　　(D) 丁

32. 以下四種景觀，依序最可能出現在哪個氣候圖所代表的氣候區內？
    （一）大片森林遭受破壞，大力發展油棕、可可、橡膠、甘蔗等熱帶栽培業。
    （二）天然植物以耐旱的草類為主，開墾成的農田，則多為一望無際的麥田。
    （三）夏季森林枝繁葉茂、濃蔭密蓋；秋天樹葉轉黃、轉紅，漫山斑斕多彩。
    （四）羚羊、斑馬等成群地覓食，外圍則有獅子、花豹等肉食動物伺機獵食。
    (A) 甲乙丙丁　　　　　　　(B) 乙甲丙丁
    (C) 丙丁乙甲　　　　　　　(D) 丁甲丙乙

第 33-35 題為題組

◎ 美國蘋果電腦公司所開發的 iPod 系列產品在全球市場熱賣。該產品的記憶體來自韓國，硬碟出自日本，視訊處理器由美商提供，半導體幾乎都在臺灣生產，整機組裝則在中國進行。iPod 系列產品的成功，主要經由現有零組件的改良和創意組裝，如 iPod 系列透過 iTunes 軟體進行音樂下載服務，第一年便售出 7,000 萬首以上的歌曲，不但帶動 iPod 系列產品的銷售業績，也迫使唱片業者面臨轉型的威脅。請問：

33. 下列哪個概念，最適合用來解釋 iPod 系列產品的生產形式？
    (A) 產品規格化　　　　　(B) 全球在地化
    (C) 空間分工鏈　　　　　(D) 跨國社會空間

34. iPod 系列產品在全球市場成功熱賣，反映現代產業的哪項特質？
    (A) 資本移動快速　　　　(B) 知識經濟勃興
    (C) 空間移轉快速　　　　(D) 區域結盟緊密

35. 蘋果電腦公司哪項營運內容，充分反映資訊化社會的特徵？
    (A) 整機組裝在中國進行
    (B) iPod 系列產品在全球市場熱賣
    (C) 透過 iTunes 軟體進行音樂下載服務
    (D) 記憶體來自韓國，美商提供處理器

第 36-38 題為題組

◎ 1992 年東協高峰會決議成立東南亞自由貿易區（AFTA），以消除區域間貿易的關稅與非關稅障礙。2002 年 AFTA 正式啟動，但由於東協各國的優勢產品大致雷同，貿易互補性薄弱，故積極和鄰近國家尋求和東協合作機會，擴大經濟體以尋求專業技術與產業貿易的相互支援來提升和歐盟、美國等經濟體的競爭力。2010 年，AFTA 首先和中國成立東協－中國自由貿易區（ASEAN-China），也稱「東協加一」。未來還有可能擴大為「東協加三」的東亞自由貿易區（EAFTA），或「東協加六」的東亞綜合經濟夥伴（CEPEA）。請問：

36. 東協各國的優勢產品大致雷同，主要與下列哪項因素有最密切的關連？
    (A) 海運交通發達
    (B) 民族組成複雜
    (C) 殖民歷史類似
    (D) 移民政策寬鬆

37. 東協未來亦可能擴大為「東協加三」。加三除加入中國外，另外二國位於下列哪個氣候區？
    (A) 溫帶季風氣候區
    (B) 熱帶季風氣候區
    (C) 熱帶雨林氣候區
    (D) 溫帶海洋性氣候區

38. 為提升競爭力，東協與鄰近國家除組成「東協加一」外，還可能擴大組成「東協加三」甚或「東協加六」。東協這種擴大結盟國以強化競爭力的理論基礎，與下列哪項概念關係最密切？
    (A) 聚集經濟
    (B) 規模經濟
    (C) 計畫經濟
    (D) 依賴式經濟

貳、非選擇題（24 分）

說明：共有三大題，每大題包含若干子題。各題應在「答案卷」所標示大題號（一、二、三）之區域內作答，並標明子題號（1、2、……），違者將酌予扣分。作答務必使用筆尖較粗之黑色墨水的筆書寫，且不得使用鉛筆。每一子題配分標於題末。

一、 日本東北部某地區，山坡地土質鬆軟；每年 4～10 月間，因面迎盛行風而降水豐沛，易發生崩塌災害。地方政府為進行災害風險管理，乃在山坡地以 10km×10km 的範圍為單位，用地理資訊系統（GIS）建置資料庫。同時，根據以下標準劃定禁止

開發建築區：1. 平均坡度
大於某特定值之陡坡區；
2. 傾角大於某特定值之順
向坡區；3. 活動斷層帶兩
側一定距離內的影響區。
圖五是「劃定禁止開發建
築區」的分析架構和各階
段成果圖層。請問：

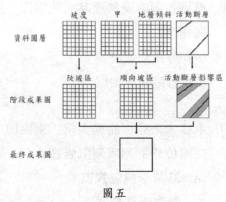

圖五

1. 該地區山坡地土質鬆軟，
   和哪項「內營力」作用，引發地震頻繁有關？（2分）

2. 圖五中資料圖層的甲項，最可能記載何種環境資訊？
   （2分）

3. 活動斷層影響區的劃定，主要使用到 GIS 哪項空間分析功能？
   （2分）

4. 每年 4～10 月間，吹向該地區的盛行風，來自哪個海洋？盛
   行「風向」為何？（2分）（答題說明：必須同時寫出「海
   洋」和「風向」的正確名稱才予計分）

二、 聯合國糧食及農業組織（FAO）的一篇研究報告指出，氣候變
   遷將導致全球穀物生產發生變化。從 1980 到 2060 年，在人為
   投入條件不變的情況下，四種變遷模式的估算結果顯示，有些
   區域穀物會增產，糧食供應較充裕；有些區域則會減產，導致
   糧食不足問題加重。表二是全球各區域在四種氣候變遷模式下
   穀物產量估計變化（％）表（1980-2060 年）。請問：

表二

區域別	區域	1980 年～2060 年產量增減（％）變化			
		模式一	模式二	模式三	模式四
增產區	北美洲	+10.6	+5.9	-5.2	+4.1
	西歐、南歐、北歐	+6.5	+7.7	+12.2	+14.7
	中、東歐（含前蘇聯）	+24.6	+7.6	+6.0	+19.9
	東亞、澳紐	+19.6	+31.7	+53.2	+4.2
減產區	非洲	-23.7	-24.5	-16.2	-8.2
	中、南美洲	-25.0	-17.8	-14.5	-10.3
	西亞	-13.6	-17.0	-18.6	+2.8
	南亞	-11.9	-8.5	-26.8	-3.5
	東南亞	-12.3	+0.3	-1.6	-12.8

1. 依全球各區域穀物增產區和減產區分布的差異分析，在人為投入不變的情況下，導致各區域穀物產量增減的變化與哪項氣候要素的關連最密切？該要素的變化趨勢為何？（2分）（答題說明：必須同時寫出氣候要素（如雲量）和變化趨勢（如變少）才予計分）

2. FAO 估算的 2060 年穀物增產區中，哪種穀類分布最廣，且產量最大，而商品化程度又最高？（2分）（答題說明：必須寫出單一作物的正確「全名」才予計分；只寫出作物總稱（如薯類、薯、水果、果類）者不予計分。）

3. 使用聯合國開發計畫署（UNDP）設計的 HDI 為發展程度指標，「在 2009 年前」可將世界各國劃分為三類國家。「以 2009 年的分區為準」，FAO 估算的 2060 年穀物增產區，主要分布於哪類國家？（2分）

4. 從行星風系的角度來看，FAO 估算的 2060 年穀物減產區，主要分布於哪三個氣壓帶或風帶？（2分）（答題說明：三個氣壓帶或風帶完全答對才予計分）

三、 某騎士騎乘自行車從甲地到辛地，
車上配有全球定位系統（GPS），
每 30 秒自動接收定位一次。假設
車行全程使用力氣維持不變，車
速變化完全受坡度左右。圖六是
某騎士騎乘自行車路線圖，顯示
騎乘全程的定位紀錄（圖中小黑
點）、沿途的土地利用和乙、丁、
己三地點的高程。請問：

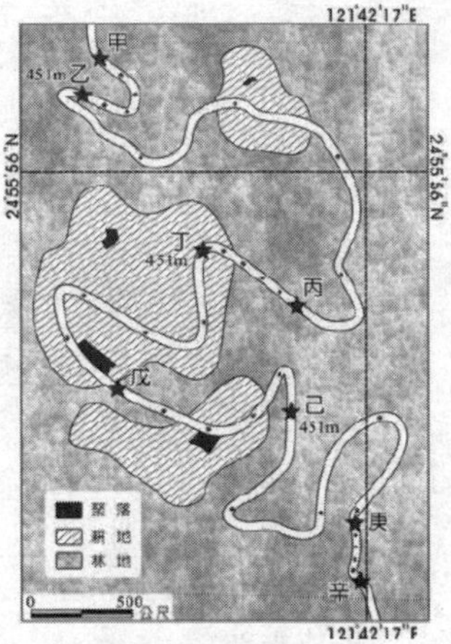

圖六

1. 根據絕對高度和相對坡度兩項
   指標判斷，該騎士騎乘自行車
   的地區，就五大地形類型而言，屬於何種地形？（2分）

2. 用象限角（Quadrant angle）表示「辛」地和「乙」地的相對
   位置時，為辛地在乙地的 S30°E。如果改用方位角（Azimuth
   angle 或 True bearing）表示，則乙地在辛地的何方？（2分）

3. 當地聚落在從事社區總體營造時，企圖以清代以來即普遍種
   植的經濟作物，來塑造社區的歷史感與地方感。該項經濟作
   物為何？（2分）

4. 該騎士騎乘路線中，甲乙、乙丙、丙丁、丁戊、戊己、己
   庚、庚辛等路段，哪兩個路段的坡度相對較平緩？（2分）
   （答題說明：二個路段完全答對才予計分）

101年度指定科目考試地理科試題詳解

壹：選擇題

1. **D**

【解析】 1. 交通革新帶來時空收斂，使臺灣各地的農、畜業產品，藉由便利交通快速運銷都市，農業專業園區因此興起。

2. 1960 年代中山高速公路完成後，臺灣南、北交通時空收斂，形成多處農業專作區。

例如：彰化、雲林等地的水田轉作蔬菜、花卉專作，運銷台北、高雄等都會區，形成彰化、雲林蔬菜花卉專業園區。

2. **B**

【解析】 1. 全球暖化造成；（甲）高山的森林與草原界線海拔高度上移；（丙）溫帶作物的生長範圍，例如：葡萄、橄欖的栽培北界，向高緯度推移。

2. （乙）暖化造成冰雪消融與冰河消退，因此高山雪線的海拔高度上移。

（丁）暖化使稻、麥生長分界，向高緯度推移。

3. **A**

【解析】 從文中判斷，林地的有機質過半數貯存在林木中，森林一但受破壞，就難以恢復，故森林的生態系統較草原脆弱。草地則因大部分有機質存在土壤中，所以草原若受破壞，對生態系統的影響較小。

4. **C**

【解析】港口築堤造成「突堤效應」：
依沿岸流的流向，漂沙在突
堤上游側的 (乙) 堆積；突堤
後的 (丙) 位於沿岸流下游侵
蝕側，無法獲得沿岸流帶來
的河口輸沙，需要堆放消波
塊以防止海岸後退。

5. **B**

【解析】1. 根據《國家公園法》設立目的：爲保護國家特有的
自然風景、野生動物及史蹟，並提供學術研究、環
境教育與國民遊憩。
2. 臺灣國家公園的選定，主要參考條件：
（甲）具有特殊景觀，或重要生態系統、生物多樣
性棲地者；
（乙）具有重要之文化資產及史蹟，其自然及人文
環境富有文化教育意義者；
（丁）具有天然育樂資源，風貌特異者。

6. **C**

【解析】衣索比亞、吉布地、肯亞和索馬利亞等國位於非洲
「撒赫爾」地區。「撒赫爾」位在撒哈拉沙漠南部邊
緣，爲半乾燥草原氣候。因人口增加與過度的農、
牧開發，造成環境沙漠化。加上 (C) 年雨量變率大，
導致飢荒災害頻率高。

7. **A**

　【解析】　天主教原屬西方文化，東傳後融入東方文化，照片中
　　　　　　的教堂建築有十字架，也融入東方文化的牌樓、對聯
　　　　　　與磚瓦建築景觀，呈現臺灣文化多元色彩。

第 8-9 題爲題組

8. **C**

　【解析】　都市化程度＝（都市人口/全國人口）× %。
　　　　　　（2009 年中國人口約 13.3 億，6.2 億人居住都市）
　　　　　　中國都市化程度＝（6.2/13.3）× %＝46.6 %，因此最
　　　　　　接近 (C) 選項。

9. **B**

　【解析】　中國都市中等收入的比例逐年增加，因此高、低收入
　　　　　　的比例相對減少，故未來的都市可能出現貧富差距縮
　　　　　　小。

第 10-11 題爲題組

10. **A**

　【解析】　由氣壓圖判讀出最高壓中心在亞洲大陸的蒙古、西伯
　　　　　　利亞附近；冷鋒強勢，鋒面剛過境臺灣；而太平洋次
　　　　　　高壓有增強趨勢，在日本群島附近形成暖鋒。可判斷
　　　　　　此時應爲冬、春之際，故選 (C) 的驚蟄（國曆 3 月 6 日
　　　　　　左右）。

11. **D**

　【解析】　1. 由附圖的蒙古、西伯利亞附近為 H 高壓中心判斷，
　　　　　　　臺灣此時為冬季，吹東北季風 (丁)；且冷鋒已過境
　　　　　　　臺灣至南海附近，全臺冷氣團籠罩，故各地早晚氣
　　　　　　　溫偏低，沿海低地慎防寒害 (丙)。

　　　　　　2. (甲) 臺灣屬季風氣候，西南氣流主要出現在夏季，
　　　　　　　　此時氣壓圖中的亞洲大陸應為 L 壓中心；

　　　　　　　(乙) 氣壓圖中的冷鋒鋒面位在臺灣島的南方，表示
　　　　　　　　冷鋒鋒面已過境臺灣。

第 12-13 題為題組

12. **B**

　【解析】　由照片中的蝕餘塊狀岩漠地形、無細砂堆積及無植被
　　　　　　等現象判斷，當地應為乾燥沙漠氣候的岩漠景觀。故
　　　　　　推斷主要營力為風化作用。

13. **B**

　【解析】　乾燥(沙漠)氣候的成因：

　　　　　　(甲) 位居信風帶背風側；

　　　　　　(丁) 終年受副熱帶高壓籠罩；

　　　　　　(戊) 深居內陸，周圍又有高山屏障。

第 14-15 題為題組

14. **B**

　【解析】　北美洲的人口約占全球 5%，所占比例甚低，但用電
　　　　　　量卻很龐大，顯示工商業高度發展，都市化程度高，
　　　　　　導致人均用電量亦高。

15. **A**

【解析】 北美洲都市化程度高，且 (甲) 城郊化顯著、(丙) 都市
住商分離明顯；因為都市規模大、郊區廣闊及距離較
遠的影響，都市通勤圈的範圍大，交通運輸距離長，
故排放大量的二氧化碳。

第 16-18 題為題組

16. **B**

【解析】 剖面圖中的「南澳溪」位宜蘭縣境內，所以位置較北；
「和平溪」為宜蘭與花蓮縣的界河，位置較南；故推
斷蘇花公路改善計畫圖的左側為北方，右側為南方；
從剖面圖上可判斷「北低南高」。

17. **D**

【解析】 蘇花公路改善工程新闢路線長 38.4 公里，隧道占
（23.4 公里），故以「隧道」的比例最高。此段海岸受
構造活動與地質的影響，新摺曲山地高大、坡度陡峭、
且岩層破碎，因此易受豪雨或地震影響引發土石崩落
災害。

18. **A**

【解析】 1. 蘇花公路改善工程的相關計畫為：「東部永續發展綱
要計畫」、「東部區域計畫」及「臺灣地區城際陸路
運輸系統發展策略－東部區域」等；所以須依「區
域計畫法」通過政府核定開發許可。

2. (B) 獎勵容積率增加工程基地開放空間，大多用在人
口密度高且開放空間不足的都市地區。

(C) 提高建蔽率與道路使用之效益無相關；

(D) 在進行工程前，必須先通過環境影響評估；而非
完工後才評估。

第 19-20 題為題組

19. **A**

【解析】 (甲) 照片原生樹木的葉片較小而厚，可判知分布於臺
灣海濱，有耐旱、耐鹽的機能。

(乙)(丙) 照片的葉片較大且薄，是分布於中、低海拔的
闊葉林。

(丁) 照片的葉片呈針狀，是分布於高海拔的針葉杉木
林。

故導致臺灣四種樹木分布具有明顯空間差異的主要因
素為「高度」。

20. **D**

【解析】 「灰化土」為腐植層不厚，質鬆如灰的酸性土，主要
分布於針葉林區，所以選 (丁) 照片的針葉林。

第 21-23 題為題組

21. **D**

【解析】 「厄瓜多」位於南美洲赤道附近，「尼加拉瓜」位於中
美洲南部，皆屬於熱帶雨林氣候。兩國可能為了追求
經濟成長，砍伐雨林以增加耕地。

22. **A**

【解析】　因爲熱帶雨林遭到大面積砍伐，破壞了生物基因庫、
　　　　　引起生態失衡、溫室效應、水土流失、二氧化碳增加
　　　　　等問題。導致生物鏈被破壞後，生物多樣性降低，相
　　　　　對的部分物種（例如蚊蠅、病蟲害等）之數量增加，
　　　　　因此農民大量使用殺蟲劑。

23. **C**

【解析】　1.「殖民式經濟」的產業活動：是出口廉價的熱帶栽
　　　　　　　培業或畜牧、礦產品爲主，進口昂貴的工業產品爲
　　　　　　　大宗。

　　　　　2. 因（乙、戊）而在沿海地區發展成 (丙)「首要型」
　　　　　　　的「港埠型」都市，以利於農、牧、礦產品輸出，
　　　　　　　工業產品的輸入。

　　　　　3. (甲) 因貿易不對等，此類型國家平均國民所得多屬
　　　　　　　中低所得收入。

　　　　　4. (丁)「HDI」：平均的人類發展指標。

第 24-26 題爲題組

24. **B**

【解析】　從《長江三角洲地區區域規劃》的都市體系建構表，
　　　　　可看出規模大的都市數量少，中、小型規模的都市數
　　　　　量多，這種都市體系型態與「中地理論」之「中地等
　　　　　級愈高、數量愈少」所依據的立論基礎概念相符。

25. **B**

【解析】　1. 隴海線：由江蘇省連雲港經河南、陝西省、至甘肅
　　　　　　　省的蘭州市。

2.「沿東隴海線發展帶」：可透過濱東海的連雲港連
結中國內陸的廉價勞力與天然資源，積極發展對外
貿易，建設資源加工產業基地。

3. (A) 沿太湖線發展帶 (C) 沿杭州灣發展帶 (D) 沿滬寧
和滬杭甬線發展帶；三者均位於濱海地帶。

26. **A**

【解析】 (乙) 製造業產品的生命週期日益縮短；

(丁) 低技術勞工國際遷移現象日趨頻繁；此兩項不利
於長三角地區的發展。

第 27-29 題為題組

27. **C**

【解析】 捷克為歐洲內陸國，與德國、奧地利、斯洛伐克和波
蘭為鄰。易北河發源於捷克，流經首都布拉格市後，
進入下游鄰國德國，由漢堡附近注入北海。

28. **D**

【解析】 1. (D) 蘇聯集團解體，華沙公約組織解散，「中歐十國」
加入歐盟與此結構性的改變關係最密切，經濟型態
由計畫性經濟轉變為自由市場經濟。

2. 1990 年蘇聯解體、東西德統一，1991 年華沙公約組
織在捷克斯洛伐克首都布拉格市宣布解散。

29. **D**

【解析】 「中歐十國」在 1990 年後才逐漸轉變國家經濟型態，
所以經濟普遍落後。但擁有 (D) 廉價勞工與廣大市場的
區位優勢，成為歐盟東擴後的「歐洲工廠」。

<u>第 30-32 題為題組</u>

30. **B**

【解析】　文中「赤道附近的聖多美普林西比」，可判斷屬於熱帶
雨林氣候。(B) 圖代表熱帶雨林氣候圖，其氣候特色為
溫差小、全年高溫多雨。

31. **C**

【解析】　21 世紀初，「平均的人類發展指標（HDI）高」的國
家主要分布於中緯度溫帶的西方文化區。因此判斷
（HDI）高的國家多位於溫帶海洋性氣候地區。而
(C) 圖代表溫帶海洋性氣候圖，氣候特色為夏涼冬暖，
全年有雨、以秋、冬較多。

32. **B**

【解析】

題目景觀敘述	氣候類型
（一）大片森林遭受破壞，大力發展油棕、可可、橡膠、甘蔗等熱帶栽培業	乙：熱帶雨林氣候
（二）天然植物以耐旱的草類為主，開墾成的農田，則多為一望無際的麥田	甲：溫帶大陸性氣候
（三）夏季森林枝繁葉茂；濃蔭密蓋；秋天樹葉轉黃、轉紅，漫山斑斕多彩	丙：溫帶海洋性氣候
（四）羚羊、斑馬等成群地覓食，外圍則有獅子、花豹等肉食動物伺機獵食	丁：熱帶莽原氣候

第 33-35 題為題組

33. **C**

【解析】 由題目「該產品的記憶體來自韓國，硬碟出自日本，視訊處理器由美商提供，半導體幾乎都在臺灣生產，整機組裝則在中國進行。」的敘述中，可判知 iPod 的生產依賴全球分工，故選 (C) 空間分工鏈。

34 **B**

【解析】 從文中「iPod 系列產品的成功，主要經由現有零組件的改良和創意組裝，如 iPod 系列透過 iTunes 軟體進行音樂下載服務」，可判斷.iPod 系列產品在創意的「(B) 知識經濟勃興」下，在全球成功熱賣。

35. **C**

【解析】 資訊化社會的特徵：
1. 個人電腦持有率高。
2. 網路普及率高。因此文中「(C) 透過 iTunes 軟體進行音樂下載服務」的網路服務，充分反映資訊化社會的特徵。

第 36-38 題為題組

36. **C**

【解析】 「東協各國的優勢產品」是指豐富的原物料，包括農、礦產、熱帶栽培業等。這些產業的發展，深受西方殖民國家文化和經濟的影響，由「自給式經濟」轉變為「殖民地式經濟」，故選 (C) 殖民歷史類似。

37. **A**

【解析】 「東協加三」：爲東協加中國、日本、韓國三國；東北
亞的日、韓兩國皆位於「(A) 溫帶季風氣候區」。

38. **B**

【解析】 「東協加一」：2010 年（AFTA）首先和中國成立東協
－中國自由貿易區（ASEAN-China）。貿易區內擁有
17 億人口，生產總值（GDP）高達 2 兆美元，爲全球
人口最多的自由貿易區，因此擴大組成「東協加三」
甚或「東協加六」後，其人口規模會越來越大，產生
(B) 規模經濟的效益。

貳、非選擇題

一、 1. 【答案】 構造運動（斷層作用）

　　 2. 【答案】 坡向

　　　　 【解析】 順向坡爲坡向與地層傾斜向相同的坡面。

　　 3. 【答案】 環域分析

　　　　 【解析】 從圖五中的「活動斷層區」判斷，沿著斷層線左
右兩側各採等距範圍劃定活動斷層影響區域，此
爲 GIS 的「環域分析」。

4. 【答案】 太平洋、東南季風

　　【解析】 日本東濱太平洋，西鄰歐亞大陸，因受大範圍海陸性質差異的影響，爲溫帶季風氣候區。4-10 月屬於太平洋高壓盛行期，故夏季季風爲來自太平洋的海風，盛行吹東南季風。

二、 1. 【答案】 氣溫、增加

　　　 【解析】 表中之增產區多位於溫帶氣候，減產區則位於熱帶氣候，判斷受全球暖化影響，溫帶地區年均溫增加、生長季節增長，因此作物產量增加。

2. 【答案】 小麥

　 【解析】 表中穀物主要增產區爲北美、歐洲、東亞、紐澳等區，當地多爲溫帶氣候。溫帶分布最廣、產量最大、商品化程度最高的穀物爲「小麥」。

3. 【答案】 高度發展國家

　 【解析】 ⑴ 使用（UNDP）設計的（HDI）爲發展程度指標，「在 2009 年前」可將世界各國劃分爲三類：
　　　　　　①高度發展國家
　　　　　　②中度發展國家
　　　　　　③低度發國家。

　　　　　 ⑵ 根據「以 2009 年的分區爲準」，FAO 估算的 2060 年穀物增產區，主要分布於溫帶地區，多屬高度發展國家。

4. 【答案】　赤道低壓帶、信風帶、副熱帶高壓帶

　　【解析】　⑴ 表中的穀物減產區主要分布於非洲、中南美洲

　　　　　　　　及熱帶地區的亞洲國家。

　　　　　　⑵ 熱帶氣候區主要行星風系：為赤道低壓無風

　　　　　　　　帶、信風帶、副熱帶高壓帶。

三、　1. 【答案】　丘陵

　　　【解析】　由附圖判讀出：

　　　　　　⑴ 此地絕對高度約 450m 左右。

　　　　　　⑵ 坡度的起伏較不明顯（原因：己地到戊地的黑

　　　　　　　　點間距與戊地到丁地的黑點間距相似，顯示

　　　　　　　　上、下坡度變化不大）。可判斷為丘陵地形。

　　2. 【答案】　330 度

　　　【解析】　辛地在乙地的 S30°E，則乙地則在辛地的 N30°W。

　　　　　　若換算成「方位角」就是 330°，如下圖所示：

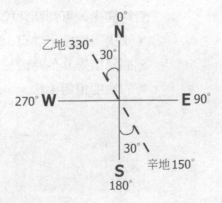

3. 【答案】 茶葉

   【解析】 根據地圖上的經緯度及地形特色判斷，此地爲臺灣北部的丘陵地區（新北市坪林區）。其地理環境爲溫暖濕潤、排水良好的坡地及酸性的土壤，適合種植的經濟作物爲茶葉。

4. 【答案】 丁戊、戊己

   【解析】 因採：

   ⑴ （GPS）每 30 秒自動接收定位一次。

   ⑵ 全程使用力氣不變，車速變化完全受坡度左右，故：

   ① （甲乙、丙丁、己戊、庚辛段）：在單位距離內的定位點間距越小、定位點數越多，表示花費的時間越長，可判斷此段路爲上升坡。

   ② （乙丙、丁戊、庚己段）：在單位距離內的定位點間距越大、定位點數越少，表示花費時間少，可判斷此段路爲下降坡。

   ③ （丁戊下坡段、戊己上坡段）：因爲的小黑點間隔相對其他路段較一致，表示此段路線的坡度相對平緩。

101 年大學入學指定科目考試試題
公民與社會考科

一、單選題（78 分）

說明：第 1 題至第 39 題，每題有 4 個選項，其中只有一個是正確或
　　　最適當的選項，請畫記在答案卡之「選擇題答案區」。各題
　　　答對者，得 2 分；答錯、未作答或畫記多於一個選項者，該
　　　題以零分計算。

1. 社會階層化可以分爲經濟、社會地位、權力及文化資本等面向的
不平等。有學者利用高低不同的職業聲望分數作爲指標進行階層
化的研究，這最可能是什麼面向的不平等？
(A) 經濟不平等　　　　　　　(B) 權力不平等
(C) 社會地位不平等　　　　　(D) 文化資本不平等

2. 當代臺灣社會由於歷經了長時期的移民活動與全球化的變遷經
驗，呈現出多元文化的型態。下列關於它的陳述，何者正確？
(A) 民主化的趨勢減低了臺灣多元文化的發展
(B) 多元文化的刺激是臺灣文化變遷的來源之一
(C) 在臺灣，本土文化與多元文化彼此對立，難以融合
(D) 政府毋須刻意維護少數族群文化來維持文化多樣性

3. 民國 99 年臺灣男女嬰出生性別比爲 1.09，今年因爲是龍年，估計
可望比前兩年增大。另外，國人在生第三胎的男女性別比，比前
兩胎明顯高出許多。國民健康局指出，這種出生性別比不自然的
現象，與父母利用醫學進行嬰兒性別篩選的行爲有關。根據上述，
下列推論何者正確？

(A) 現代人喜歡生女兒，因爲女兒比較貼心，這反映在嬰兒出生性別比的數值

(B) 雖然許多父母比較想生兒子，但醫學上目前並無法讓父母可選擇不生女兒

(C) 從嬰兒性別篩選的後果，可以看出社會上對男嬰的偏好勝過對女嬰的偏好

(D) 第三胎性別失衡較嚴重，乃因父母已生育兩胎子女，故不在乎第三胎性別

4. 某學者在 2001 年和 2011 年做了兩次抽樣調查，詢問受訪民衆的態度，是贊成或者反對以下陳述：
「當已婚婦女有份全天（職）的工作，家庭生活總是會受到妨害」。研究結果顯示，對上述問題表示「反對」看法的百分比如表一。若此研究代表臺灣社會在這十年間的價值變遷，以下陳述何者正確？

表一　　單位：%

	2001	2011
男性	30	45
女性	32	40
全體	31	43

(A) 兩次調查中，女性持反對意見的比例，一直都比男性持反對意見的比例高

(B) 在這十年間，男性持反對意見的比例，其增加的幅度超過女性增加的幅度

(C) 從調查的數據變化可知，已婚婦女的工作與其家庭生活間的衝突越來越嚴重

(D) 這十年間，認爲已婚婦女擁有全職工作會妨害家庭生活的民衆有增加的趨勢

5. 所謂「置入性行銷」是媒體製作者將對自身或付費的委託者有利的特定訊息，包裝成新聞或節目流程的一部分。關於「置入性行銷」，以下敘述何者正確？

(A) 置入性行銷其實對觀衆有好處，因爲觀衆可以很輕鬆地得到重要的生活資訊

(B) 「公民新聞」雖然經常報導主流媒體不感興趣的議題，但也屬於置入性行銷

(C) 執政者進行施政績效的置入性行銷，將降低民衆對政府績效的獨立判斷能力

(D) 因爲閱聽大衆仍然可以自由選擇是否接受，故對置入性行銷的作爲不必限制

6. 社會安全係指透過政府的各項積極性措施，讓人民在面對各種生活風險與個人發展需求時，得以免於陷入經濟困境與物質匱乏的一種狀態。下列有關社會安全的敘述，何者正確？

(A) 社會救助是社會安全的最後防護，保障陷於困境的經濟弱勢者，如災民等的基本生活需求

(B) 社會保險是一種法定保險，探風險分攤原則，民衆通常可依個人需求，自行選擇是否參加

(C) 職業災害保險是針對非自願失業者提供的有期限失業給付，保障其本人與家屬適度的生活水準

(D) 社會福利服務的對象爲社會弱勢者，包括婦幼、老人、身心障礙者等，屬於慈善救濟措施的一種

7. 小王是位銀行職員，平日除了參與「銀行員工福利會」和「橋藝社」的活動外，也擔任「社區發展協會」的巡守隊志工，假日還會參與「消費者文教基金會」舉辦的公益活動。下列關於小王參與活動的敘述何者正確？

(A) 橋藝社是以促進公益爲主的民間聯誼團體

(B) 參加社區發展協會的巡守隊屬於社區居民間的志願行爲

(C) 銀行的員工福利會是銀行為提升服務顧客的水準而組成的團體

(D) 消費者文教基金會發行並販售消費者月刊雜誌，是營利性的非政府組織

8. 有學者認為，全球化的文化力量將使得世界各地的文化特色消失，價值趨向單一，但在各地的文化交流過程中，並不一定如此，全球化有時也反向促使在地特色的全球發展。以下敘述何者符合上述觀察？

(A) 臺灣的「雲門舞集」，成為世界知名的舞蹈團體

(B) 臺灣生產的電子產品，品質優良且能行銷至世界各地

(C) 臺灣的電視新聞節目，直播美國有線電視新聞網的新聞

(D) 美國配方的碳酸飲料，購買臺灣的「偶像劇」時段做廣告

9. 有兩個鄰近且居民數大約相同的小村落，其中甲村落街上整潔乾淨、公共設施看起來維持得很好，而民眾參與里民大會很踴躍，村上的涼亭廟口也常有居民泡茶或遊藝同歡。相反地，乙村落則街道髒亂，路燈或指示牌毀損，路邊的廢棄物也長期沒人清理，村裡的里民大會很少人參加，公園或涼亭則幾乎沒有人聚在一起，顯得荒涼。有一犯罪學家針對兩個村落小偷行竊的頻率進行比較。請問下面哪個陳述最可能是該犯罪學家的發現與推論？

(A) 乙村的居民因為都比較貧窮，比較容易會有偷竊的行為

(B) 小偷喜歡在乙村犯罪，因為乙村的居民比較不守望相助

(C) 甲村的居民比較愛整潔，而愛整潔的人通常不容易偷竊

(D) 小偷比較喜歡在甲村犯罪，因為甲村居民平均收入較高

10. 警察未依照規定監聽犯罪集團的電話，此舉可能侵害人民下列何種基本權利？

(A) 自由權　　(B) 平等權　　(C) 參政權　　(D) 社會權

11. 假定我國《集會遊行法》某條文，於施行後發現有重大瑕疵，被
　　批評者評為惡法。下列何者更正方式<u>不符合</u>我國現行法制？
　　(A) 依《公民投票法》，透過公民投票決定該法律條文的存廢
　　(B) 法官於審判涉及該法之案件時，宣布該法律條文違憲失效
　　(C) 經司法院大法官會議解釋該法律條文違憲並宣布失效
　　(D) 人民以請願方式要求立法院修正或廢止該法律條文

12. 大明在開車途中，不小心與騎自行車的國中生發生擦撞，造成汽
　　車刮傷毀損，但雙方皆未受傷。依上述情況判斷，下列何者正確？
　　(A) 僅汽車刮傷而無人受傷，不會產生刑事責任問題
　　(B) 如起因於大明違規紅燈右轉，大明應負刑事責任
　　(C) 如起因於國中生騎車搶快，其父母應負刑事責任
　　(D) 無論原因為何，未成年者不須負民事或刑事責任

13. 1996 年臺灣發生一女童命案，原來認定的嫌犯，在偵訊時遭刑求
　　而自白認罪，法院依據自白判決死刑定讞隨後並執行槍決。後來
　　發現本案確定為冤罪，犯罪者其實另有其人。請問下列敘述何者
　　正確？
　　(A) 法官不應只被動判案，也要主動追查犯罪，以避免類似事件
　　　　再發生
　　(B) 自白是最有公信力的證據，自己承認犯罪是造成判決錯誤的
　　　　原因
　　(C) 追訴犯罪雖然是國家的責任，但偶爾錯誤可以容忍
　　(D) 冤罪者的家屬可以依法請求國家給付金錢作為救濟

14. 我國某位前大法官曾寫了一封公開信，提醒青年法律人要注意擁
　　有公權力時的危險。他說：「權力意味著對他人的宰制」，「法
　　律是一門非常專業的學科，法律人的職業也很容易產生權威性

格，而流於專斷」，而權力擁有者常可能受到誘惑，有意無意去侵犯人民的基本人權，這是讓人憂心的事。因此他說：「愈擁有別人不懂的專業，愈須謙虛；愈掌有令人敬畏的公權力，愈須謹慎」。依據上述這位大法官的勉勵的觀點，將<u>不包括</u>下面哪一個選項？

(A) 人權很容易被侵犯，當司法機關執行公權力時，必須隨時保持謙虛之態度

(B) 盡忠職守的司法人員必須替天行道，對重大的刑案要限期追訴並速審速決

(C) 即使犯罪行為極端殘忍，激起廣大民憤時，法官審理時仍須堅守無罪推定的原則

(D) 當檢警為偵查犯罪而必須進行搜索、扣押、監聽時，要在侵害最小且必要的範圍內進行

15. 我國現行憲法對於司法院院長之任命，下列敘述何者正確？
(A) 司法院院長之任期隨總統任期結束而終止
(B) 司法院院長須由總統提名，監察院同意
(C) 司法院院長必須同時具有大法官身份
(D) 司法院院長必須具有法官任用資格

16. 我國《公平交易法》之目的在於維護交易秩序與消費者權益，確保公平競爭。下列何者屬於該法之規範範圍？
(A) 業者製造瑕疵商品造成消費者權益受損
(B) 網路購物的買主可於貨到七日內要求退貨
(C) 兩大知名量販店業者協商結盟合併為一家
(D) 企業制定有利於自己之定型化契約，違反平等互惠及誠實信用原則

17. 《少年事件處理法》之目的在於保障少年健全之自我成長，調整
    其成長環境，並矯治其性格。下列選項何者正確？
    (A) 14 歲的小敬打傷同學，已屬於犯罪行為，應交給檢察官偵辦
    (B) 16 歲的小花常逃學逃家，但因未涉犯罪且屬家庭因素，應由
        家事法庭處理
    (C) 13 歲的小凡偷竊他人物品，但刑法規定不罰，故亦不適用少
        年事件處理法
    (D) 17 歲的小清因觸犯殺人罪被警察逮捕，移送少年法庭調查
        後，交付檢察官偵辦

18. 某電腦公司於網站刊登廣告，但不慎標價錯誤，把原價 30000 元
    電腦，標價為 3000 元，多人下單。該公司認為網路購物契約中
    註明「接訂單後，交易始成立」，故拒絕出貨，遭法院判決敗訴。
    下列何者最不可能是法院的判決理由？
    (A) 電腦公司在網站上將電腦標價，乃屬民法上的要約，消費者
        下單為承諾，所以契約成立
    (B) 這屬於《消費者保護法》的郵購買賣，有猶豫期，所以電腦
        公司不能主張契約不成立
    (C) 電腦公司的網路購物契約，屬定型化契約，顯失公平部分無效
    (D) 網路購物雖屬於新型態交易，但仍適用民法買賣契約規定

19. 憲法保障人民的契約自由。惟大法官會議曾做過解釋，認為：「但
    因個人生活技能強弱有別，可能導致整體社會生活資源分配過度
    不均，為求資源之合理分配，國家可以在比例原則範圍內，以法
    律限制人民締約之自由，進而限制人民之財產權。」下列何種法
    律之立法意旨最合乎上述解釋文？
    (A) 《社會救助法》   (B) 《教育基本法》
    (C) 《消費者保護法》   (D) 《犯罪被害人保護法》

20. 某汽車駕駛人因路邊電線桿安置錯誤而發生車禍，重傷送醫，無
    法工作。該名司機提出下列何項請求較可能成立？
    (A) 得因工務單位執行職務過失致不法侵害人民權利，請求權益
        補償
    (B) 得因工務單位執行職務故意不法侵害人民權利，請求損害賠償
    (C) 得因公有公共設施的設置或管理不當或缺失，請求權益補償
    (D) 得因公有公共設施的設置或管理不當或缺失，請求損害賠償

21. 1912 年中華民國成為亞洲第一個民主共和國，但「民主」與「共
    和」並不完全等同。有些民主國家並非共和政體，反之亦然。以
    下關於當代各國的敘述，何者正確？
    (A) 日本（日本國）是民主國家，但不是共和國
    (B) 美國（美利堅合眾國）是民主國家，但非共和國
    (C) 北韓（朝鮮人民民主主義共和國）是民主國家，也是共和國
    (D) 英國（大不列顛及北愛爾蘭聯合王國）是民主國家，也是共
        和國

22. 我國自 1987 年解除戒嚴後，即開啟民主轉型的過程。關於此，下
    列敘述何者正確？
    (A) 政府解除戒嚴後即宣布國會全面改選
    (B) 歷經多次修憲，將政府體制改為總統制
    (C) 第一次總統直選同時完成首次的政黨輪替
    (D) 黨經常以國家認同的訴求來爭取選民支持

23. 為使政策方案獲得合法地位所歷經的法定程序稱之為「政策合法
    化」。下列關於政策合法化的描述何者正確？
    (A) 除了立法與行政部門，司法及考試等部門亦有政策合法化
        功能

(B) 重要外交政策的合法化，如條約的簽訂，由行政部門批准即可

(C) 地方政府由於層級較低，其推動的政策不須經過合法化的程序

(D) 政策合法化的任務，主要是立法部門的職責，與行政部門無關

24. 美國總統大選採「選舉人團制」，選舉過程大致可分兩階段，第一是由人民將選票投給各州的選舉人，第二階段再由選舉人投給總統。除少數州外，當某候選人在第一階段取得該州勝利時，就獲得該州所有的選舉人票。根據上述，請問美國總統選舉較接近下列何種制度？
(A) 兩輪決選制 　　　　　　(B) 單一選區兩票制
(C) 比例代表制 　　　　　　(D) 間接選舉

25. 根據《公職人員選舉罷免法》的規定，我國的民意代表可區分為在中央的立法委員以及在地方各級機關的民意代表。針對立法委員與各級民意代表選舉方式的比較，下列敘述何者正確？
(A) 皆以單一選區制的方式產生
(B) 皆有關於婦女保障名額的規定
(C) 任期皆為四年，得連選連任一次
(D) 皆有部分名額由比例代表制選出

26. 嘉平目前與父母同住，每個月必要之生活費為 1 萬元，工作收入 2 萬 5 千元。最近有一間新的公司要雇用嘉平，月薪 3 萬 5 千元。嘉平目前沒有搬家的打算，但搭車前往新公司將使生活費提高為 1 萬 5 千元。根據以上條件，請問嘉平選擇新工作的機會成本是多少？
(A) 2 萬元　　(B) 3 萬元　　(C) 4 萬元　　(D) 5 萬元

27. 若政府針對在河川地種植西瓜的果農，課徵每顆西瓜新臺幣五百
   元的租稅，使瓜農的生產成本增加。這種措施將會對西瓜市場帶
   來何種結果？
   (A) 供給減少　　　　　　　(B) 供給增加
   (C) 需求減少　　　　　　　(D) 需求增加

28. 雞蛋有多種用途，可販售給麵包店加工爲蛋糕、用來孵出小雞、
   供人購買烹煮後食用，甚至有蛋農與物流業者合作，直接將雞蛋
   出口外銷。根據國內生產毛額的概念，下列何者正確？
   (A) 麵包店以雞蛋生產蛋糕屬投資行爲，計入國內生產毛額
   (B) 人們購買雞蛋烹煮後食用屬消費行爲，計入國內生產毛額
   (C) 蛋農將雞蛋銷往國外，屬國際貿易，故不計入國內生產毛額
   (D) 孵化小雞的雞蛋雖屬中間商品，對國內生產有貢獻，故計入
       國內生產毛額

29. 行政院主計處會定期公布消費者物價指數，透過此指數的變化，
   可瞭解維持基本生活水準所需支出的情形。下列政策，何者會直
   接影響消費者物價指數？
   (A) 提高交通違規的罰鍰　　(B) 開徵證券交易所得稅
   (C) 降低奶粉的進口關稅　　(D) 開放外資買商業大樓

30-31爲題組

   近年來我國與中國大陸間不論在經貿與社會文化交流均極爲快速
   與全面，最受關注的「兩岸經濟合作架構協議」（ECFA）亦已
   在 2011 年元旦正式啓動。請回答以下問題：

30. 下列敘述何者不屬於這波開放所出現的政策或現象？
   (A) 臺灣虱目魚於上海賣場上販賣

(B) 爲促進和平，兩岸簽訂和平協議

(C) 臺北動物園許多遊客觀賞熊貓

(D) 各大學出現了許多大陸學生就讀

31. ECFA 正式生效後，相關部門因應的作爲屬於公共政策的哪階段？
   (A) 議題設定　　　　　　　　　(B) 政策規劃
   (C) 政策執行　　　　　　　　　(D) 政策合法化

32-33爲題組

「冷戰」是指美國和蘇聯及其盟邦於 1945 年至 1990 年代間，主要在政治外交、經濟與意識型態等的對抗與競爭。而隨著東歐垮臺與蘇聯解體，世界進入了「後冷戰」時期。關於此，請回答以下問題：

32. 下列關於「冷戰」的敘述何者正確？
   (A) 過去我國的反共國策，也是冷戰體系的一部分
   (B) 北大西洋公約組織是以蘇聯爲首的重要國際組織
   (C) 冷戰主要是意識形態對抗，故沒有發生眞正的戰爭
   (D) 在兩強對峙下，世界上所有的國家不是親美就是親蘇

33. 下列關於冷戰結束後意識形態的敘述，何者正確？
   (A) 共產主義失敗，世界上再也無國家以共產主義爲其政策依據
   (B) 晚近阿拉伯世界爆發的反政府示威與革命，代表伊斯蘭基本教義派的勝利
   (C) 目前我國與中國大陸的政治分歧，最主要來自共產主義與資本主義的歧異
   (D) 金融海嘯後，美國的金融管制作爲與自由主義強調的政府不應干涉市場有所矛盾

34-35為題組

　　臺灣加入世界貿易組織（WTO）後，因為貿易自由化，讓民眾可以買到更便宜的產品，同時國內各產業也受到程度不一的影響，其中以農業所受衝擊最為嚴重。

34. 以下何者為臺灣加入 WTO 後，讓消費者可以買到更便宜進口品的主要原因？
　　(A) 經濟成長加速，使本國及外國產品價格下降
　　(B) 臺灣國民所得提高，消費者更有能力購買
　　(C) 臺灣消費者對進口品需求增加
　　(D) 國外進口品的關稅下降

35. 以下何者為臺灣加入 WTO 後，讓農業遭遇嚴重衝擊的主要原因？
　　(A) 農民所得較低　　　　　　(B) 農產品種類較少
　　(C) 農產品銷售管道不足　　　(D) 生產成本相對較高

36-37為題組

　　日本 311 地震造成該國鰻魚產量驟減，只能供應內需。臺灣是日本唯一的鰻魚進口國，且鰻魚品質相當高，價錢也合理，於是日本大量從臺灣進口鰻魚。

36. 兩國間的鰻魚貿易，對於臺灣經濟影響之敘述，下列何者正確？
　　(A) 鰻魚價格上升，國內生產毛額上升
　　(B) 鰻魚價格上升，國內生產毛額下降
　　(C) 鰻魚價格下降，國內生產毛額上升
　　(D) 鰻魚價格下降，國內生產毛額下降

37. 若貿易後兩國鰻魚的市場都達到均衡，則臺灣對日本的鰻魚出口量會等於下列何者？
    (A) 日本鰻魚的消費量
    (B) 日本鰻魚的供給量
    (C) 日本鰻魚消費量與供給量之和
    (D) 日本鰻魚消費量與供給量之差

38-39為題組

所謂暴利稅（windfall tax）為針對非透過提供勞力或其他生產要素而獲取之所得，譬如彩券、樂透等所得，課徵高稅率的租稅。

38. 有關暴利稅性質的敘述，下列何者正確？
    (A) 樂透中獎繳納的稅，是針對交易行為課徵的間接稅
    (B) 樂透中獎人被課稅，是因為發行樂透公司將租稅轉嫁給消費者
    (C) 樂透中獎人會被課稅，但人們可以選擇不購買，故符合效率原則
    (D) 樂透中獎人被課的稅率，高於一般勞動者所得的稅率，符合公平原則

39. 政府將部分暴利稅收入，用來補貼農漁民的油電支出，此屬於何種財政支出？
    (A) 購買性支出
    (B) 移轉性支出
    (C) 投資支出
    (D) 地方補助

二、多選題（22分）

說明：第 40 題至第 50 題，每題有 5 個選項，其中至少有一個是正確的選項，請將正確選項畫記在答案卡之「選擇題答案區」。各題之選項獨立判定，所有選項均答對者，得 2 分；答錯 1 個選項者，得 1.2 分；答錯 2 個選項者，得 0.4 分；答錯多於 2 個選項或所有選項均未作答者，該題以零分計算。

40. 表二顯示 10 年來大學以上女學生所占比例，與大專校院女學生在三大分類科系所占比例的變化。若僅根據表中資料分析，下列何者為正確的敘述？

表二　　　　　　　　　　　　　　　　　單位：%

學年度	大學以上女學生所占比例			大專校院女學生在三大分類科系所占比例		
	學士班	碩士班	博士班	人文類	社會類	科技類
89	49.33	34.72	21.99	70.42	68.04	32.46
99	48.88	43.30	28.91	68.57	61.70	32.33

(A) 大專校院科系甄試學生的過程呈現性別偏見

(B) 就讀社會類科碩士班女學生比例有明顯增加的現象

(C) 隨教育程度增加，男女學生的比例並沒有明顯的性別差異

(D) 表中數據呈現十年內，受碩博士教育的學生中女性比例有些成長

(E) 大專科系性別分布呈現「科技類男多女少，人文社會類女多男少」的現象

41. 社會運動是由公民主動發起，透過公開且集體的倡議或行動，持續努力以改變體制的作為。下列何者符合前述社會運動的定義？

(A) 原住民族走上街頭，不斷提出「還我土地」的訴求

(B) 居住在某化工廠附近的居民，連署要求工廠改善廢棄物的排放

(C) 政府在媒體刊登廣告動員民眾參加「萬人牽手護河川」的活動

(D) 國營企業配合政府鼓勵生育政策，辦理「生一個獎十萬」活動

(E) 愛護動物人士聯合影劇名人，長期宣導「愛牠就不棄養」活動

42. 小華外出時，不幸遭大明開車撞傷。下列哪些選項是小華向大明主張侵權行爲損害賠償請求權的成立要件？
    (A) 大明之行爲具不法性
    (B) 小華必須有權利受到損害
    (C) 大明不一定要有故意或過失
    (D) 大明的行爲與小華的損害間具有因果關係
    (E) 小華必須同時受有財產和非財產之損害

43. 有學者呼籲媒體自律，並要求媒體從業人員應與政治及商業利益保持一定的距離。以下何種行爲逾越媒體從業人員的分際？
    (A) 媒體記者出任政府行政部門顧問
    (B) 電視台的新聞主播和法官結爲夫妻
    (C) 媒體記者兼任某立法委員辦公室的助理
    (D) 平面媒體的採訪主任兼任廣告部門主管
    (E) 電視台的新聞記者擔任公職候選人的發言人

44. 民意調查受到各級政府廣泛依賴，成爲政府機關在施政過程中的參考。以下關於民意調查的敘述何者正確？
    (A) 可進行政策評估，這是出自服務民眾的思維
    (B) 可瞭解民眾最關心的議題，以爲政策議程設定的參考
    (C) 可進行滿意度調查，反映民眾對於行政部門的主觀評鑑
    (D) 一般而言，網路問卷調查要比電話調查更能反映民眾的意見
    (E) 政府機關自行調查並公布的民調結果，應較民間機構更有公信力

45. 《世界是平的》一書描寫經貿全球化的現象，然而全球化並不僅限於經濟領域，更表現在政治、社會與文化等多種層面。下列哪些現象符合以上敘述？

(A) 歐洲主權債務危機，衝擊全球經濟

(B) 在臺灣本島購買到金門製造的貢糖

(C) 智慧型手機所使用的零組件來自世界各國

(D) 2011 年在各地發生的「佔領華爾街」與類似運動

(E) 巴西雨林的開墾，造成全球二氧化碳含量的提高

46. 美國廠牌電腦與臺灣代工廠商，所生產智慧型手機之市場占有率愈來愈高，並帶動我國經濟成長。下列有關經濟成長之敘述何者正確？

(A) 我國廠商新建的廠房，是影響經濟成長的人造資本

(B) 生產手機使用的稀有金屬，是影響經濟成長的自然資本

(C) 政府規劃科技園區及基礎建設，是影響經濟成長的社會資本

(D) 我國廠商員工間的信任與合作，是影響經濟成長的人力資本

(E) 我國廠商確立開發新技術的方向，是影響經濟成長的企業才能

47-48為題組

支持經濟全球化的人士認為，消除關稅障礙，促進貨物、資金、人員的自由流動，讓市場機制得以發揮，終將帶來財富增加的效果。但反過來，經濟全球化也會帶來常見的社會抗議與社會運動。

47. 以臺灣國內的生產者為例，下列何種產業與員工，最能說明支持經濟全球化人士的看法？

(A) 位於鄰里巷弄的傳統雜貨店

(B) 從事水稻、蔬菜生產的自耕農

(C) 托兒照顧服務產業的雇主與員工

(D) 從事觀光旅遊服務業的企業與員工

(E) 以晶圓、筆電等為代表的資訊產業與員工

48. 以臺灣為例，下列何種主張可以歸因於經濟全球化的壓力引發的衝突？
    (A) 反對提高全民健保費率
    (B) 反對擴大引進外國籍勞工
    (C) 反對提高法定最低基本工資
    (D) 反對將農地徵收為科技園區用地
    (E) 反對向軍人、中小學教師開徵所得稅

49-50為題組

消費者發現新型平板電腦剛上市時定價都很高，甚至需要預購才能買到；但幾個月後，該產品的價格便開始下跌。

49. 造成新型平板電腦剛上市價格偏高的原因可能為何？
    (A) 供貨廠商的出貨數量有限
    (B) 新型平板電腦功能較先進
    (C) 消費者預期未來價格下降
    (D) 同時有其他新型平板電腦推出
    (E) 新遊戲、軟體只與新型平板電腦相容

50. 導致後來平板電腦價格下跌的原因可能為何？
    (A) 市場出現新產品
    (B) 營業稅稅率提高
    (C) 消費者所得提高
    (D) 應用軟體的增加
    (E) 生產技術的提升

101年度指定科目考試公民與社會考科試題詳解

一：單擇題

1. **C**

   【解析】 所謂『職業聲望分數』，是指社會大眾對於特定職業的評價，分數越高的職業，代表社會地位越高。因此可用於研究社會地位的不平等。

2. **B**

   【解析】 (A) 我國在民主化的趨勢下，社會逐漸開放，促進了多元文化的發展。

   (C) 在臺灣，本土文化與多元文化或有對立，但也有融合。

   (D) 透過維護少數族群的文化，才能實現文化的多樣性。

3. **C**

   【解析】 (A) 由題目中無法判斷，現代人是否喜歡生女兒。

   (B) 目前醫療技術，已可進行嬰兒性別篩選。

   (C) 『男女嬰出生性別比為 1.09』，可見目前男嬰出生率高於女嬰。

   (D) 由題意『國人在生第三胎的男女性別比，比前兩胎明顯高出許多』，可見國人更在乎第三胎的性別。

4. **B**

   【解析】 (A) 兩次調查中，2001 年女性持反對意見比例高於男性，2011 年則低於男性。

(B) 在這十年間，男性持反對意見的比例，由『30 提升到 45』，而女性則只由『32 提升到 40』。

(C) (D) 從調查的數據變化可知，無論男女，都認為婦女工作與其家庭生活間的衝突越來越『不嚴重』。

5. **C**

【解析】 (A) 置入性行銷可能使觀眾，看不到獨立的、可信的資訊。

(B) 「公民新聞」與報導對象間並無利益交換，因此並非置入性行銷。

(D) 置入性行銷易使觀眾誤將廣告當成新聞，故仍應適度限制。

6. **A**

【解析】 (B) 社會保險是一種法定保險，因此採『強制納保』。

(C) 『職業災害保險』，應改為『就業保險』，才是針對非自願失業者提供的有期限失業給付。

(D) 社會安全是以是一種以社會集體力量，如社會保險等方式來保障社會弱勢者，因此與慈善救濟不同。

7. **B**

【解析】 (A) 橋藝社只是一般的聯誼團體，與公益無關。

(C) 員工福利會，目的應在提升員工福利。

(D) 消基會，目的在推動消費者權利的維護，屬非營利性的非政府組織。

8. **A**

【解析】 (A)「雲門舞集」將台灣本土文化,透過全球化傳遞到世界各地。

(B) 臺灣電子產品行銷至世界,並非文化的輸出。

(C)(D) 臺灣的電視台直播美國新聞網的新聞,或美國飲料商來臺打廣告,都只會促成全球化。

9. **B**

【解析】 本題主軸在於『社區意識』,有社區意識的社區,居民關心社區發展與環境維護,反之則否,因此 (A)(D) 社區意識的有無,與經濟條件無關 (C) 愛整潔與容不容易偷竊無關,關鍵還是在是否具有『社區意識』。

10. **A**

【解析】 警察未依照規定監聽犯罪集團的電話,侵害憲法所保障的『秘密通訊自由』。

11. **B**

【解析】 (A) 可依《公民投票法》,進行法律的創制或複決。

(B)(C) 我國的違憲審查權,是專屬於司法院大法官的權利,各級法院法官不能進行違憲審查。

12. **A**

【解析】 (A) 刑法 354 條『毀棄、損壞前二條以外之他人之物或致令不堪用,足以生損害於公眾或他人者…』,若是輕微刮傷未必為成立毀損罪,且毀損罪並無處罰過失犯之規定,因此,不會產生刑事責任問題。

(B) 若單純只是違規紅燈右轉，僅會因違反交通法規，負起行政責任。

(C) 法定代理人的連帶賠償責任，為民事上責任，父母無須負擔刑事責任。

(D) 依題意對方已為國中生，因此屬民事之『限制行為能力人』及刑事之『限制責任能力人』，仍應負民事或刑事責任。

13. **D**

【解析】 (A) 法官應遵守『不告不理』原則，應由檢察官主動追查犯罪。

(B) 『自白』，不得作為判決有罪的唯一證據。

(C)(D) 追訴犯罪務必做到『勿枉勿縱』，若發生錯誤，國家應負起『刑事補償責任』。

14. **B**

【解析】 (B) 司法人員對於任何案件，都應遵守『程序正義』即『正當法律程序』，因此即使是重大的刑案，仍應依法維護加害者及受害者的基本人權，不能因社會關注或任何壓力，而有所偏失。

15. **C**

【解析】 (A)(B) 司法院院長產生方式，由總統提名，經立法院同意後任命，因此司法院長為『政務官』無任期保障。

(D) 大法官任用資格十分多元，依『司法院組織法』第三條：『大法官應具左列資格之一：一、曾任最

高法院法官十年以上而成績卓著者。二、曾任立
法委員九年以上而有特殊貢獻者。三、曾任大學
法律主要科目教授十年以上而有專門著作者。
四、曾任國際法庭法官或有公法學或比較法學之
權威著作者。五、研究法學，富有政治經驗，聲
譽卓著者。具有前項任何一款資格之大法官，其
人數不得超過總名額三分之一。』。

16. **C**

【解析】 (A)(B)(D) 皆屬『消費者保護法』之規範。

(C) 兩大知名量販店業者協商結盟合併爲一家，屬公
平交易法中規範之『結合行爲』。

17. **D**

【解析】 依少事法規定，所犯爲『最輕本刑爲五年以上有期徒
刑之罪者』，屬『少年刑事案件』，需移送地檢署；反
之若所犯爲『最重本刑爲五年以下有期徒刑之罪者』，
屬『少年保護事件』，則直接由少年法院審理，因此

(A) 14 歲的小敬打傷同學，雖觸犯刑法傷害罪，但屬
輕罪直接由少年法院審理，不須交給檢察官偵辦。

(B) 16 歲的小花常逃學逃家，屬少事法中的『虞犯』，
爲預防其犯罪，應由少年法院審理。

(C) 13 歲，爲刑法中之無責任能力人，因此刑法規定
不罰，但仍應適用少年事件處理法。

(D) 殺人罪爲十年以上重罪，屬『少年刑事案件』，依
法移送少年法庭調查後，交付檢察官偵辦。

18. **B**

【解析】 (B) 消保法所規定特種買賣，包含郵購買賣、訪問買賣等，消費者擁有七天之猶豫期，意即七日內消費者可將所收受之商品原裝退回。因此就本題廠商不願出貨，消費者並未取得貨品，本選項與猶豫期完全無關。

19. **C**

【解析】 消費者保護法之立法目的，在於促進消費安全、提升消費生活品質而制定，其中交易對象必須為『企業經營者』，主要考量企業在經濟、資訊、財力各方面，皆較一般消費者具有優勢，因此訂立消費者保護法來保障相費者，此與題意中「國家可以在比例原則範圍內，以法律限制人民締約之自由⋯。」，之概念相符。

20. **D**

【解析】 **國家賠償的原因：**

1. 公務員於執行職務、行使公權力時，因故意或過失不法侵害人民自由或權利。

2. 公務員怠於執行職務，致人民自由或權利遭受損害。

3. 公共設施因設置或管理欠缺，致人民生命、身體或財產蒙受損害。因此依題意『因路邊電線桿安置錯誤而發生車禍』，屬公有公共設施的設置或管理不當或缺失，請求損害賠償。

21. **A**

【解析】 (A) (D) 日本及英國皆為『君主立憲』國家，因此不是共和國。

    (B) 美國爲世界第一個民主共和國

    (C) 北韓爲獨裁共和國家。

22. **D**

    【解析】 (A) 我國於民國 76 年解除戒嚴，於民國 80 年透過修憲才宣布國會全面改選。

        (B) 歷經多次修憲，我國政府體制傾向雙首長制。

        (C) 第一次總統直選爲民國 85 年，由國民黨的李連配當選，並未政黨輪替。

23. **A**

    【解析】 (A)(D) 立法與行政部門，皆可進行政策合法化，其中司法及考試等部門亦有政策合法化功能，例如透過行政訴訟，司法機關可介入審查行政機關的政策是否允當。

        (B) 重要外交政策，如條約的簽訂，依據憲法必須送交立法院批准。

        (C) 地方政府其推動的政策，仍須經由縣市議會進行合法化的程序。

24. **D**

    【解析】 美國選舉在形式上設計有「選舉人團制」，因此並非由人民直接選出總統，故形式上爲『間接選舉』，但因「選舉人團」並不能表達自由意志，只能依選民所託進行投票，因此實質上爲『直接選舉』。

25. **B**

【解析】 (A) 立法委員爲單一選區制，各級民意代表則爲複數選區制。

(B) 兩者皆有關於婦女保障名額的規定，其中立法委員選制婦女保障名額設計在『不分區立委』中。

(C) 任期皆爲四年，無連任限制。

(D) 僅有立法委員選制中的『不分區立委』，有比例代表制之設計。

26. **B**

【解析】 機會成本即爲『選擇的代價』，因此嘉平若在兩份工作間選擇新工作（月薪 3 萬 5 千元），其必須放棄原工作（收入 2 萬 5 千元），但因工作會增加五千元的生活費（1 萬 5 千元減去 1 萬元），故新工作的機會成本爲（原工作 2 萬 5 千元 + 增加的生活費五千元），共計三萬。

27. **A**

【解析】 對瓜農課稅將會使瓜農生產成本上升，因此供給曲線將會左移。

28. **B**

【解析】 國內生產毛額 GDP，指一國國內在「一定期間」內所生產的「最終物品與勞務」之「市場交易總價值」，因此

(A) 麵包店以雞蛋生產蛋糕，雞蛋爲『中間商品』，不計入國內生產毛額。

(B) 人們購買雞蛋烹煮後食用，雞蛋屬『最終商品』也爲消費行爲，計入國內生產毛額。

(C) 因雞蛋在國內生產，再銷往國外，應計入國內生產
毛額。

(D) 孵化小雞的雞蛋屬中間商品，為避免『重複計算』
因此不計入國內生產毛額。

29. **C**

【解析】 消費者物價指數，是以各類與人民生活相關的產品及
勞務價格，來進行統計，因此 (A) 交通罰鍰 (B) 稅捐
(D) 開放外資買商業大樓，都與產品及勞務價格無關。
只有 (C) 降低奶粉的進口關稅，會影響奶粉售價。

30-31 為題組

30. **B**

【解析】 (B) 雖有政治人物提倡兩岸應簽訂和平協議，但至今
尚未實現。

31. **C**

【解析】 ECFA 正式生效後，相關部門依據協議執行各類政策或
配套，屬『政策執行』的範疇。

32-33 為題組

32. **A**

【解析】 (A) 在美蘇冷戰期間，國共之間各自尋求美蘇的支持，
因此兩岸關係也是冷戰體系的一部分。

(B) 北大西洋公約組織是由美國與西歐國家組成。

(C) 冷戰主要是意識形態對抗，但仍發生許多零星的
『區域衝突』，如韓戰、越戰、八二三砲戰等。

(D) 除親美與親蘇的集團外，仍有許多第三世界國家，如非洲、拉丁美洲國家不願加入美蘇對峙。

33. **D**

【解析】 (A) 共產主義雖失敗，但仍有部分共產國家存在，如北韓、古巴。

(B) 阿拉伯世界爆發的反政府示威與革命，主要是反對長期執政的獨裁政權，與伊斯蘭基本教義派無直接關係。

(C) 我國與中國大陸的政治分歧，在過去主要是意識型態之爭，但在『目前』主要在於『主權』的爭議。

<u>34-35 為題組</u>

34. **D**

【解析】 世界貿易組織（WTO），致力於推動貿易自由化，意即各國間能減少貿易障礙，依照比較利益的精神，生產各自擅長的商品，透過貿易使各國都能獲得又便宜又好的產品，因此『臺灣加入 WTO 後，讓消費者可以買到更便宜進口品的主要原因』，是因 (D) 國外進口品的關稅下降。

35. **D**

【解析】 承上所述，依照比較利益的精神，我國在農業的生產上，人力、土地成本相較其他國家來的高，因此面對國外低價農產品的競爭，國內農民的收益將會受到影響。

<u>36-37 為題組</u>

36. **A**

【解析】 依題意日本在地震後大量由臺灣進口鰻魚，因此在需
求上升，供給不變下 (A) 鰻魚價格會上升，而鰻魚由
國內生產，外銷到日本，將使我國國內生產毛額上升。

37. **D**

【解析】 若貿易後兩國鰻魚的市場都達到均衡，且僅有兩國間
進行貿易，我國出口到日本的鰻魚數量將等於 (D) 日
本鰻魚消費量與供給量之差，例如日本鰻魚消費量為
100 公噸，但日本國內供給量僅為 70 公噸，消費量與
供給量之差的 30 公噸就必須由我國進口補足差額。

<u>38-39 為題組</u>

38. **D**

【解析】 (A) 依題意『暴利稅為針對非透過提供勞力或其他生
產要素而獲取之所得』，因此暴利稅是依所得課稅，
所以非『針對交易行為課徵』。

(B) 樂透中獎的納稅義務人為中獎者非樂透公司，因
此無轉嫁的問題。

(C) 所謂『效率原則』，是指政府能以最小的費用獲得
最大的稅收收入，並且要減少對經濟發展的妨礙，
因此若民眾因為不想被課稅，而減少購買樂透，
就是一種對經濟活動的妨礙。

39. **B**

【解析】　依題意『政府將暴利稅收入，用來補貼農漁民的油電
　　　　　支出』，屬於 (B) 移轉性支出，所謂『移轉性支出』，
　　　　　指政府基於協助或者輔導而對企業或個人單向給付財
　　　　　貨或勞務，包含失業救濟金、購屋貸款補貼、產業補
　　　　　助⋯⋯等。

二：多選題

40. **DE**

【解析】　(A) 由上表資料只能知道女性在各科系的比例，但無
　　　　　　　法得知申請者的性別與人數，因此無從判斷大專
　　　　　　　校院在甄試學生的過程中是否有因性別偏見，而
　　　　　　　影響女性錄取該科系。

　　　　　(B) 女性就讀碩士班人數的確增加，但資料中無法判
　　　　　　　讀是否為『社會類科碩士班』。

　　　　　(C) 隨教育程度增加，大學中女生所佔比例約 50%，
　　　　　　　但博士班女生比例下降至 28%，因此男女學生的
　　　　　　　比例仍有差異。

41. **ABE**

【解析】　(A) 原住民提出「還我土地」的訴求。

　　　　　(B) 居民連署要求工廠改善。

　　　　　(E) 愛護動物人士宣導「愛牠就不棄養」活動，上述皆
　　　　　　　為『公民主動發起，透過公開且集體的倡議』。

　　　　　(C) (D) 則為政府及國營企業的宣傳活動。

42. **ABD**

【解析】 依民法 184 條（侵權行為）：『因故意或過失，不法侵害他人之權利者，負損害賠償責任。故意以背於善良風俗之方法，加損害於他人者亦同。』；

(C) 必須有故意或過失；

(E) 侵權行為可能造成財產或非財產（如名譽）之損害，因此兩者各自獨立，不須同時受有損害。

43. **ACDE**

【解析】 (B) 結為夫妻為人民的婚姻自由，關鍵在於雙方是否遵守職業倫理，例如即使為配偶，仍不得對對方透露個人於職業上之秘密。

44. **ABC**

【解析】 (A) (B) (C) 透過民調瞭解民眾對於公共政策的滿意程度（政策評估的方式之一），可瞭解公共政策是否符合民眾的需求，或使執政者瞭解民眾的需求。

(D) 網路問卷或電話調查，都只是民調的方式之一，網路問卷並不一定更能反映民眾的意見。

(E) 政府機關自行調查並公布的民調結果，可能會因特定立場，而發生『球員兼裁判』的情況。

45. **ACDE**

【解析】 《世界是平的》強調全球化之下，國際間在經貿、政治等面向，相互影響，相互合作，宛如地球村，因此 (A) 歐債危機 (C) 智慧型手機，生產全球化 (D) 發起自

美國的「佔領華爾街」，透過全球化影響各國 (E) 環保
問題也已成為全球共通的議題，(B) 臺灣與金門同屬一
個國家，因此全球化無關。

46. **ABE**

　【解析】 (A) 人造的生產設備，屬人造資本。

　　　　　(B) 陽光、土地、森林、礦產等，屬自然資本。

　　　　　(C) 政府提供基本建設、教育、醫療與日常生活功能
　　　　　　　等的效率與能力，屬政府效能。

　　　　　(D) 社會上**人與人間的互信、共同價值**等，**屬社會資本**

　　　　　(E) 企業才能，指企業家的**創新**能力。

47-48 為題組

47. **DE**

　【解析】 支持經濟全球化，可能帶來：(1) 商品全球流動 (2) 生
　　　　　產全球化 (3) 跨國企業興盛 (4) 全球金融市場活絡等優
　　　　　點，但也可能出現如：(1) 商品流動不均衡 (2) 企業成
　　　　　長不均衡 (3) 生產分工不均衡等缺失，因此 (A) 傳統雜
　　　　　貨店 (B) 自耕農 (C) 托兒照顧產業的雇主與員工，較容
　　　　　易受到跨國產業或勞動人口外流等因素的衝擊，反之
　　　　　(D) 觀光旅遊服務業 (E) 電子產業，容易獲得跨國往來
　　　　　密切及生產全球化的益處。

48. **BCD**

　【解析】 (A) 提高全民健保費率，受影響者為國內民眾，與經濟
　　　　　全球化無關。

(B) 本土員工憂心，擴大引進外國籍勞工，將影響其身計。

(C) 若提高法定最低基本工資，將使雇主增加負擔。

(D) 在生產全球化下，我國有大量農地紛紛轉做科技園區用地，但此舉卻會影響農民生計。

(E) 向軍人、中小學教師開徵所得稅，屬內政事務，與經濟全球化無關。

49-50 為題組

49. **ABE**

【解析】 (C) 消費者若預期未來電腦價格會下降，此時將會減少需求，因此會使電腦價格下降。

(D) 若同時有其他新型平板電腦推出，將會使電腦的供給增加，使價格下降。

50. **AE**

【解析】 (A) 市場出現新產品，會使供給增加，價格下跌。

(B) 營業稅稅率提高，會使成本上升，價格提高。

(C) 消費者所得提高，消費者購買力可能上升，需求增加價格會上升。

(D) 應用軟體增加，需求會增加，使價格上升。

(E) 生產技術提升，可能使供給增加或成本下降，使價格下跌。

101 年大學入學指定科目考試試題
物理考科

第壹部分：選擇題（佔 80 分）

一、單選題（60 分）

說明：第 1 題至第 20 題，每題有 5 個選項，其中只有一個是正確或最適當的選項，請畫記在答案卡之「選擇題答案區」。各題答對者，得 3 分，答錯、未作答或畫記多於一個選項者，該題以零分計算。

1. 一孤立在空氣中的點波源，發出固定頻率的聲波，每週期輸出的平均功率不變。假設聲波能量沒有轉換為其他形式的能量，則對於球心均位於點波源，但半徑分別為 R 與 $2R$ 的甲、乙兩個球面而言，下列敘述何者正確？
   (A) 在甲、乙兩球面處的聲波波長比為 $1:2$
   (B) 在甲、乙兩球面處的聲波波長比為 $2:1$
   (C) 每週期內通過甲、乙兩球面的聲波總能量相等
   (D) 甲、乙兩球面單位面積通過的聲波能量，彼此相等
   (E) 甲、乙兩球面單位面積通過的聲波能量，其比為 $2:1$

2. 一個連續週期繩波向 $+x$ 的方向傳播，如圖 1 所示，若細繩上的各質點在原位置每分鐘上下振盪 12 次，則下列敘述何者正確？
   (A) 此週期波的波長為 15cm

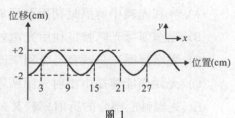

圖 1

(B) 此週期波的振幅為 4cm

(C) 此週期波的頻率為 12Hz

(D) 此週期波的波速為 2.4cm/s

(E) 此週期波由位置 3cm 處傳播到 27cm 處需時 18s

3. 在一條沿 x 軸拉緊的均勻
細繩上，有甲與乙兩個脈
波，以波速 v 分別向右與
向左行進，當時間 $t = 0$
時，兩波的波形如圖 2 所
示。圖中的兩個三角形均
為等腰，且高度 H 遠小於

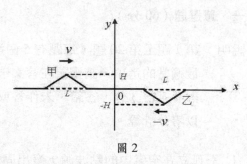

圖 2

底邊的長度 L（未依比例繪製）。若重力的影響可忽略不計，則
下列有關這兩個脈波的敘述，何者正確？

(A) 位於甲、乙兩脈波上的小段細繩均沿 x 方向運動

(B) 位於甲、乙兩脈波上的小段細繩，其動能均為零

(C) 當兩脈波完全重疊的瞬間，細繩成一直線

(D) 當兩脈波完全重疊的瞬間，繩波動能為零

(E) 當兩脈波完全重疊後，繩波就永遠消失

4. 2009 年諾貝爾物理獎的一半是頒發給科學家高錕，以表彰他對光
纖應用的貢獻。下列有關光纖的敘述，何者正確？

(A) 光在光纖中傳播是利用全反射原理

(B) 光纖傳播光訊號是利用光電效應

(C) 光纖傳播光訊號容易受到周圍環境電磁波的影響

(D) 光纖僅能傳播由雷射光源所產生的光波

(E) 光纖軸心部分的折射率較其外圍部分的折射率小

5. 有一質量為 m、比熱為 s 的金屬小珠子自高處靜止落下，由於空氣阻力的緣故，珠子落地前以等速度 v 下降。假設空氣對珠子的阻力所導致的熱全部由珠子吸收，而不考慮珠子的熱散失，令重力加速度為 g，且所有物理量均採 SI 制，則在珠子落地前以等速度 v 下降時，珠子的溫度每單位時間升高多少？

(A) $\dfrac{gv}{ms}$　　(B) $\dfrac{gv}{s}$　　(C) $\dfrac{mv}{gs}$　　(D) $\dfrac{gs}{v}$　　(E) $\dfrac{v}{gs}$

6. 有一汽車輪胎，內含約 10 公升的空氣，胎內空氣可視為理想氣體。已知胎內壓力比胎外壓力約多 3 個大氣壓。假設輪胎內外溫度皆等於室溫（300K），且取波茲曼常數 $k = 1.38 \times 10^{-23}$ J/K，1 大氣壓 $= 1.01 \times 10^5$ N/m^2，則該輪胎內約有多少個氣體分子？（已知外界大氣壓力為一大氣壓）

(A) 10^{10}　　(B) 10^{20}　　(C) 10^{24}　　(D) 10^{28}　　(E) 10^{30}

7. 某生用白光光源做「干涉與繞射」實驗，以同一雙狹縫干涉的裝置進行三次實驗時，將雙狹縫分別以僅可通過紅色、藍色、綠色的單色濾光片遮蓋，則使用不同顏色濾光片所產生干涉條紋的間距，由大至小排列為下列何者？

(A) 紅、藍、綠　　(B) 紅、綠、藍　　(C) 藍、綠、紅
(D) 綠、紅、藍　　(E) 藍、紅、綠

8. 考慮可視為質點的甲、乙兩原子，甲固定於原點，乙只在 x 軸上運動，乙受甲的原子力 F 只與距離 x 有關，且 F 以沿 $+x$ 方向為正，F 與 x 的關係，在 2.2×10^{-10} m $\leq x \leq 5.0 \times 10^{-10}$ m 間如圖 3 所示。乙由靜止自 P 點開始移動，假設乙除原子力 F 外不受其他外力作用，則下列敘述何者正確？

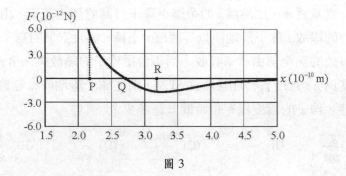

圖 3

(A) 乙原子到達 Q 點時，動能最大

(B) 乙原子到達 R 點時，動能最大

(C) 乙原子到達 Q 點後便靜止於該處

(D) 乙原子到達 R 點後便靜止於該處

(E) 乙原子到達 R 點時，速度一定指向 –x 方向

9. 一輛小貨車的質量爲 2000 公斤，在車輪不打滑的情況下，以等速度爬一坡度爲 7° 的公路斜坡，若空氣阻力與機件引起的力學能損失皆可忽略，取重力加速度爲10m/s²，sin 7° = 0.12，而引擎輸出功率固定爲 80000 瓦特，則小貨車的速率約爲多少公里/小時？

   (A) 60　　　(B) 80　　　(C) 90　　　(D) 100　　　(E) 120

10. 已知月球表面的重力加速度爲地球表面重力加速度 g 的六分之一。在月球的水平面上有一質量爲 m 的物體受水平推力 F 作用，而作加速度爲 $2g$ 的等加速度運動，已知物體與水平面之動摩擦係數爲 0.5，則推力 F 的量值爲下列何者？

    (A) $\dfrac{5}{2}mg$　(B) $\dfrac{25}{12}mg$　(C) $\dfrac{23}{12}mg$　(D) $\dfrac{5}{6}mg$　(E) $2mg$

11. 一內壁光滑的環形細圓管，鉛直的固定於一基座頂部的水平表面
上，環的半徑爲 r，細管的內徑遠小於 r 而可忽略。在圓管中有
一質量爲 m 的質點，能繞行圓管作完整
的圓周運動，已知當質點經過最低點時
的速率爲 v_0，如圖 4 所示。則該質點通
過圓管的最低點與最高點時，圓管施於
基座頂部的力，其鉛直分量相差多少？

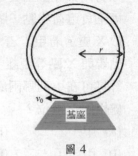

圖 4

(A) $\dfrac{2mv_0^2}{r} - 4mg$　　(B) $\dfrac{2mv_0^2}{r} + 4mg$

(C) $\dfrac{mv_0^2}{r}$　　　　　(D) $\dfrac{2mv_0^2}{r}$　　　　(E) 0

12. 甲、乙爲質量相等的兩質點，在光滑水平面上以同一速率 v，沿著
不同方向分別作等速度運動。隨後它們彼此碰撞而結合成一體，
並以速率 $v/2$ 沿 x 軸方向前進。已知在過程中外力的合力爲零，
則甲質點在碰撞前的運動方向與 x 軸夾角是多少？

(A) 0°　　(B) 30°　　(C) 45°　　(D) 60°　　(E) 90°

13. 圖 5 中兩個正方形的邊長均爲 1m，
圖中 P 點處有 $2\mu C$ 之電荷，在 R 點
處有 $-2\mu C$ 之電荷，則甲、乙、丙、
丁、戊五點中，何處電場的量值最
大？

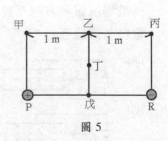

圖 5

(A) 甲　　(B) 乙　　(C) 丙

(D) 丁　　(E) 戊

14. 圖 6 為「等電位線與電場」實
    驗的示意圖,圖中 +Q 與 −Q
    分別代表等量正負電荷。X 為
    兩正負電荷中點,將一探針置
    於 X 處。若甲、乙、丙、丁四
    點皆與 X 點等距離,則另一探
    針將可在下列哪兩處測得與 X
    處相同之電位?

    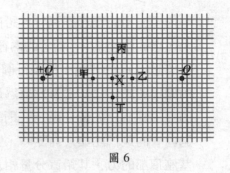
    圖 6

    (A) 甲、乙　　　(B) 乙、丁　　　(C) 甲、丙
    (D) 甲、丁　　　(E) 丙、丁

15-16 題為題組

    帶電粒子的速率可利用速度選擇器來測量,速度選擇器是由一對
    狹長金屬平板內相互垂直的均勻電場與均勻磁場所構成的,當電
    場與磁場匹配時可讓特定速率的帶電粒子直線通過,而測得其速
    率。本題組僅考慮帶電粒子受電磁力作用,而忽略其他作用力。

15. 設符號×代表磁場的方向為垂直穿入紙面,而符號 • 代表磁場的方
    向為垂直穿出紙面;q 為帶電粒子所帶的正電量,v 為其速度。下
    列電場或磁場方向互異的速度選擇器,何者可讓入射的 q 或 -q 帶
    電粒子直線通過?

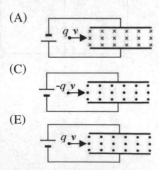

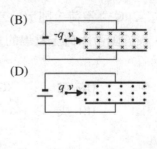

16. 若速度選擇器的兩平行板間距為 d，所接電池的端電壓為 V，均勻磁場的量值為 B，則電量為 q 的粒子，可直線通過此速度選擇器的速率為下列何者？

(A) $\dfrac{Bd}{V}$ 　(B) $\dfrac{V}{Bd}$ 　(C) $\dfrac{qBV}{d}$ 　(D) $\dfrac{qV}{Bd}$ 　(E) $\dfrac{qBd}{V}$

17. 如圖 7 所示，在 xy 水平面上有一長方形的金屬導體線圈，位於其左邊的無限長直導線，載有沿著 $+y$ 方向的電流 I。當此線圈以等速度 $\vec{v}$ 移動時，下列有關線圈迴路中感應電流的敘述，何者正確？

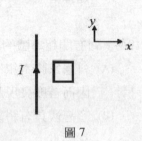

圖 7

(A) 若 $\vec{v}$ 沿 $+y$ 方向向前，則感應電流為零

(B) 若 $\vec{v}$ 沿 $+x$ 方向向前，則感應電流為零

(C) 若 $\vec{v}$ 沿 $+y$ 方向向前，則感應電流愈來愈大

(D) 若 $\vec{v}$ 沿 $+x$ 方向向前，則感應電流是不為零的定值

(E) 若 $\vec{v}$ 沿 $+y$ 方向向前，則感應電流是不為零的定值

18. 如圖 8 所示，有一鉛直豎立且兩長邊極長的固定ㄇ形金屬線，置於一垂直此ㄇ形平面的均勻磁場 B 中。現有一段電阻為 R、長度為 l 的導線，其兩端套在此ㄇ形金屬線的兩長邊上，並持續保持良好接觸，使導線和金屬線形成迴路。在忽略摩擦力、空氣阻力、地磁、迴路電流產生的磁場及ㄇ形金屬線電阻的情況下，讓該導線自靜止狀態向下滑落，則導線在掉落過程中的運動，下列敘述何者正確？

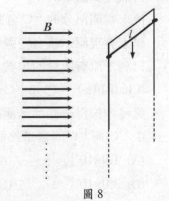

圖 8

(A) 導線持續等加速掉落

(B) 導線先加速掉落，而後減速至靜止

(C) 導線加速掉落至一最大速度後，等速掉落

(D) 導線先加速掉落，而後減速至靜止，再反向上升至初始位置

(E) 導線先加速掉落至一最大速度，再減速至一最後速度後，等速掉落

19. 下列有關超導體的敘述，何者**錯誤**？

(A) 科學家將水銀冷卻至液態氦的溫度，發現水銀的電阻消失，因而首度發現超導現象

(B) 超導體具有將外加磁力線排除於外的性質，可以被應用在磁浮列車上

(C) 由於電能在傳輸過程中，有些會變成熱能，若改用超導體來當電力輸送線，將可減少傳輸電能的損耗

(D) 高溫超導體在室溫下即具有超導現象

(E) 朱經武和吳茂昆兩位物理學家，使用特種金屬氧化物而發現高溫超導現象，在超導的發展史中，有著重要的貢獻

20. 自然界活體中的 ^{14}C 與 ^{12}C 的含量比值恆為 1.2×10^{-12}，活體死亡後未腐爛部分的 ^{12}C 含量不變，但 ^{14}C 將因衰變而含量日減。科學家發現原子核衰變過程中，不論開始時數量有多少，其衰變到只剩下原有數量的半數，所需的時間都相等，這時間稱為半衰期（half-life）。已知 ^{14}C 的半衰期為 5730 年，某考古學者在考古遺跡中探得一樣品，測得此樣品的年代約為 22920 年，則此樣品中 ^{14}C 與 ^{12}C 的含量比值為何

(A) 1.9×10^{-11} (B) 4.8×10^{-12} (C) 1.2×10^{-12}

(D) 3.0×10^{-13} (E) 7.5×10^{-14}

二、多選題（占 20 分）

說明：　第 21 題至第 24 題，每題有 5 個選項，其中至少有一個是正確
的選項，請將正確選項畫記在答案卡之「選擇題答案區」。各
題之選項獨立判定，所有選項均答對者，得 5 分；答錯 1 個選
項者，得 3 分；答錯 2 個選項者，得 1 分；答錯多於 2 個選項
或所有選項均未作答者，該題以零分計算。

21. 當物體所受合力爲零時，下列選項所描述的物體運動或狀態，哪
些是**不可能**的？

(A) 靜止　　　　　　　　　　(B) 等速度運動

(C) 等加速運動　　　　　　　(D) 軌跡爲拋物線的運動

(E) 地表附近的自由落體運動

22. 一重量爲 W 的均勻圓柱體，半徑爲 R，中心
軸通過重心 O，靜止置於一水平地板上。以
一沿半徑通過 O 點的水平力 f 作用於圓柱體
左側，使其右側緊靠著一鉛直的牆壁，並在
f 的作用點處施一向上之鉛直力 F，使圓柱
體仍與地板接觸而且保持靜力平衡，如圖 9
所示。若地板與牆壁均非光滑，且所有的力
矩均以 O 點爲參考點，則下列敘述哪些正確？

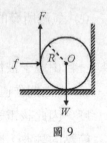

圖 9

(A) 作用於圓柱體的靜摩擦力，其總力矩的量值爲 FR

(B) 作用於圓柱體的靜摩擦力，其總力矩爲零

(C) F 所產生的力矩量值爲 FR

(D) W 所產生的力矩量值爲 WR

(E) F 與 W 的量值一定相等

23. 氫原子在其能階間躍遷時可發出
光，因此可當作光源，稱作氫燈，
現以圖 10 所示的裝置利用氫燈
來做雙狹縫干涉實驗，濾光鏡只
能讓特定波長的光波通過。已知
雙狹縫的間距為 100μm，雙狹縫
和屏幕的距離為 1.00m，屏幕上

圖 10

觀察到的兩相鄰暗紋的距離為 6.56mm，則下列哪些選項正確？

(A) 圖中狹縫 S_0 的目的是為了先做單狹縫繞射實驗，再做雙狹
縫干涉實驗

(B) 氫燈所發的光，有一部分的波長為 656nm

(C) 濾光鏡的顏色為藍色

(D) 氫燈發光係氫原子由高能階狀態躍遷到低能階狀態

(E) 氫燈所發的光譜為不連續光譜

24. 一自由電子被侷限在位置坐標 $x = 0$ 與
$x = a$ 之間作直線運動，而 a 為奈米尺
度，因此該電子的物質波形成兩端為
節點的駐波，圖 11 為 $n = 1$ 與 $n = 2$ 的
駐波狀態。設 h 為普朗克常數、m 為
電子質量，則下列有關該電子物質波性
質的敘述。哪些正確？

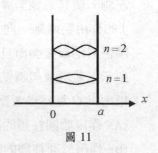

圖 11

(A) 該電子的物質波為電磁波

(B) 該電子處於第 n 個駐波狀態時的物質波波長 $\lambda = \dfrac{2a}{n}$

(C) 該電子處於第 n 個駐波狀態時的物質波波長 $\lambda = \dfrac{na}{2}$

(D) 該電子處於第 n 個駐波狀態時的動能 $E_k = \dfrac{1}{2m}\left(\dfrac{nh}{2a}\right)^2$

(E) 該電子處於第 n 個駐波狀態時的動能 $E_k = \dfrac{1}{2m}\left(\dfrac{2h}{na}\right)^2$

第貳部分：非選擇題（佔 20 分）

說明：本部分共有二大題，答案必須寫在「答案卷」上，並於題號欄標明大題號（一、二）與子題號（1、2、……）。作答時不必抄題，但必須寫出計算過程或理由，否則將酌予扣分。作答務必使用筆尖較粗之黑色墨水的筆書寫，且不得使用鉛筆。每一子題配分標於題末。

一、圖 12(a) 為「電流天平」的示意圖，將電流天平的 U 形導線放入螺線管中，在未接通電流前使電流天平歸零，即天平呈現水平的平衡狀態，之後將電流天平線路與螺線管線路分別接通直流電源，假設流經電流天平的電流為 I_1、流經螺線管的電流為 I_2，w 為質量很小的小掛勾之總重量，而電流天平的 U 形導線的長與寬分別為 ℓ_a 與 ℓ_b（如圖 12 (b)）。

1. 簡述通電流 I_1 與 I_2 後，維持電流天平平衡的原理為何？（2 分）

2. 某生實驗時，先固定電流天平的電流 I_1 為 2.0 安培，增加質量均相等的小掛勾個數，逐次調整螺線管的電流 I_2，使電流天平恢復平衡；如此取得對應的 w（以小掛勾個數表示之）、I_2 五組數據如下表：

小掛勾個數	1	2	3	4	5
I_2（安培）	0.5	1.0	1.4	2.1	2.5

　　　　請在答案卷作圖區畫出上表中小掛勾個數與 I_2 關係的圖線，
　　　　再依據圖線的結果，寫下你對螺線管內磁場量值與 I_2 關係的
　　　　結論。（5分）

3. 利用此實驗方法，可以測量出螺線管內部磁場分布情形。簡述
　　如何設計實驗以利用圖 12(a) 之 U 形導線與螺線管可分離的電
　　流天平（注意：電流天平可以任意移動以改變與螺線管的距
　　離），量測螺線管中沿軸方向磁場強度的分布。（3分）

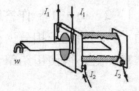 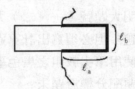

　圖 12(a) 電流天平實驗示意圖　　　　圖 12(b) 電流天平的 U 形導線

二、如圖 13 所示，於無摩擦的水平桌面
　　上，有大小相同、質量分別為 M、
　　m 的兩均勻木塊，以質量可忽略、
　　力常數（彈力常數）為 k、未受力
　　時長度為 L 的彈簧，連接兩木塊的質心。

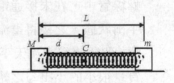

圖 13

1. 求 M、m 的系統質心 C 到 M 的距離 d。（3分）

2. 如將 m 固定在桌面，使 M 向左移動一小段距離 ΔL，然後放開
　　使 M 作簡諧運動，當 M 的動能等於彈簧的彈性位能時，彈簧
　　的伸長量為何？（4分）

3. 現 M、m 位置皆不固定，並將 M、m 拉開，使彈簧伸長一小段
　　距離 ΔL，此過程中質心 C 的位置不變，然後同時放開處於靜
　　止的兩木塊，則 M、m 皆會在此桌面上對固定不動的質心 C 做
　　簡諧運動，求 M 之簡諧運動的振幅。（3分）

101年度指定科目考試物理科試題詳解

第壹部分：選擇題

一、單選題

1. **C**

【解析】 (A)(B) $\lambda = \dfrac{v}{f}$ 相同 $\Rightarrow 1:1$

(C) 總能量 $E \times 4\pi^2 = P$ 相等

(D)(E) $E \propto \dfrac{1}{r^2} \Rightarrow 4:1$

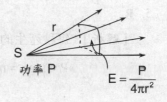

2. **D**

【解析】 (A) $\lambda = 15 - 3 = 12\text{cm}$

(B) $R = 2\text{cm}$

(C) $f = \dfrac{12}{60} = 0.2\text{Hz}$

(D) $v = f\lambda = 0.2 \times 12 = 2.4\text{cm/s}$

(E) $t = \dfrac{s}{v} = \dfrac{27-3}{2.4} = 10\text{s}$

3. **C**

【解析】 (A) 不隨波沿 x 方向前進，只垂直 x 方向振動

(B) 有振動動能

(C) 恰抵消成一直線

(D) 動能最大

(E) 不會永遠消失

4. **A**

【解析】

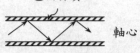

包面介質

軸心

利用全反射，軸心部分折射率大於外面部分折射率

5. **B**

【解析】 每秒產生的熱（功率）

$$P = mgv = ms\Delta t \quad \Rightarrow \text{每秒上升} \Delta t = \frac{gv}{s}$$

6. **C**

【解析】 $N = \frac{pv}{kT} = \frac{(4 \times 1.01 \times 10^5)(10 \times 10^{-3})}{1.38 \times 10^{-23} \times 300} \approx 10^{24}$ 個分子

7. **B**

【解析】 $\Delta y = \frac{r\lambda}{d} \propto \lambda$

因波長由大至小順序為紅＞綠＞藍

8. **A**

【解析】 (A) (C) 曲線面積為功 $\Rightarrow E_{KQ} = W$ 最大，速率最大

(B) $E_R < E_Q$

(D) (E) $E_R \neq 0$ 仍為 $E_R > 0$，繼續向 $+x$ 方運動

9. **E**

【解析】　$P = Fv = mg \sin\theta \times v$

$$\Rightarrow v = \frac{P}{mg \sin\theta} = \frac{80000}{2000 \times 10 \times 0.12} = \frac{400}{12} \, m/s$$

$$= \frac{400}{12} \times 3.6 = 120 km/hr$$

10. **B**

【解析】　$F - 0.5 \times \frac{1}{6} mg = m \times 2g \quad \Rightarrow F = \frac{25}{12} mg$

11. **A**

【解析】　
$$\begin{cases} mg - N_1 = \dfrac{m(v_0^2 - 4gr)}{r} = \dfrac{mv_0^2}{r} - 4mg \\ N_2 - mg = \dfrac{mv_0^2}{r} \end{cases}$$

$$\Rightarrow N_2 - N_1 = \frac{2mv_0^2}{r} - 4mg$$

12. **D**

【解析】　$2mv\cos\theta = 2m \times \dfrac{v}{2} \quad \Rightarrow \cos\theta = \dfrac{1}{2} \Rightarrow \theta = 60^\circ$

13. **E**

【解析】　戊點電場 $F = 2(\dfrac{kq}{r^2})$ 最大

14. **E**

【解析】　$+Q$ 與 $-Q$ 連線的中垂線為一等位線（電位 $V = 0$）

15. **D**

【解析】 (A) F_B、F_E 均向上　　(B) F_B、F_E 均向下

(C) F_B、F_E 均向上　　(D) F_B 向下、F_E 向上

(E) F_B、F_E 均向下

16. **B**

【解析】 $qvB = qE = q(\dfrac{V}{d}) \Rightarrow v = \dfrac{V}{Bd}$

17. **A**

【解析】 (A)(C)(E) $\Delta\phi_B = 0 \Rightarrow$ 感應 $i = 0$

(B) 感應電流 i 順時針方向

(D) 感應電流 i 漸小

18. **C**

【解析】 $\dfrac{\varepsilon^2}{R} = Fv_T$

$\Rightarrow \dfrac{(\ell B v_T)^2}{R} = mgv_T \Rightarrow V_T = \dfrac{mgR}{\ell^2 B^2}$ 等速下降

19. **D**

【解析】 非室溫，約 $-78°C$

20. **E**

【解析】 $1.2 \times 10^{-12} (\dfrac{1}{2})^{22920/5730} = 1.2 \times 10^{-12} \times \dfrac{1}{16} = 7.5 \times 10^{-14}$

二、多選題

21. **CDE**

【解析】 若 $\bar{F} = 0 \Rightarrow \bar{v} = $ 常量

22. **AC**

【解析】(A) (B) (C) $(f_s + f'_s) \times R = FR$

(D) $\tau = 0$

(E) $F + N = W$

23. **BDE**

【解析】(A) 當線狀光源用

(B) $\Delta y = \dfrac{\lambda r}{d} \Rightarrow \lambda = \dfrac{d\Delta y}{r} = \dfrac{100 \times 10^{-6} \times 6.56 \times 10^{-3}}{1}$

$= 656 \times 10^{-9} \, m = 656nm$

(C) 橙色光

(D) (E) 明線不連續光譜

24. **BD**

【解析】(A) 非電磁波

(B) (C) $a = n(\dfrac{\lambda}{2}) \Rightarrow \lambda = \dfrac{2a}{n}$

(D) (E) $E_k = \dfrac{h^2}{2m\lambda^2} = \dfrac{1}{2m}(\dfrac{nh}{2a})^2$

第貳部分：非選擇題

一、【解析】 1.

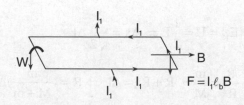

$F = I_1 \ell_b B$

當 $W = F = I_1 \ell_b B$ 時，電流天平維持平衡

2.

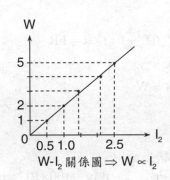

W-I_2 關係圖 ⇒ W ∝ I_2

又因 $W = F = I_1 \ell_b B \Rightarrow B = \dfrac{W}{I_1 \ell_b} \propto W \propto I_2$

⇒ 螺線管內磁場 B 與 I_2 成正比

3. (1) 固定電流天平的電流 I_1 與螺線管電流 I_2

 (2) 移動 U 形導線 ℓ_b 邊在螺線管中不同位置，量測使
 電流天平平衡時，另一端所加掛小掛鉤 W，利用

 $B = \dfrac{W}{I_1 \ell_b}$ 測磁場強度 B 值

二、【解析】 1. $\dfrac{d}{d_1} = \dfrac{m}{M}$ ， $d + d' = L \Rightarrow d = (\dfrac{m}{m+M})L$

2. $E_K = U = \dfrac{1}{2}E \Rightarrow \Delta x = \dfrac{1}{\sqrt{2}}\Delta L$

3. $\dfrac{R}{R'} = \dfrac{m}{M}$ ， $R + R' = \Delta L \Rightarrow R = (\dfrac{m}{M+m})\Delta L$

101 年大學入學指定科目考試試題
化學考科

說明：下列資料，可供回答問題之參考

一、元素週期表（1～36 號元素）

1 H 1.0																	2 He 4.0
3 Li 6.9	4 Be 9.0											5 B 10.8	6 C 12.0	7 N 14.0	8 O 16.0	9 F 19.0	10 Ne 20.2
11 Na 23.0	12 Mg 24.3											13 Al 27.0	14 Si 28.1	15 P 31.0	16 S 32.1	17 Cl 35.5	18 Ar 40.0
19 K 39.1	20 Ca 40.1	21 Sc 45.0	22 Ti 47.9	23 V 50.9	24 Cr 52.0	25 Mn 54.9	26 Fe 55.8	27 Co 58.9	28 Ni 58.7	29 Cu 63.5	30 Zn 65.4	31 Ga 69.7	32 Ge 72.6	33 As 74.9	34 Se 79.0	35 Br 79.9	36 Kr 83.8

二、理想氣體常數 $R = 0.08205$ L atm $K^{-1}mol^{-1} = 8.31$ J $K^{-1}mol^{-1}$

第壹部分：選擇題（佔 84 分）

一、單選題（佔 36 分）

說明：第 1 題至第 12 題，每題有 5 個選項，其中只有一個是正確或
　　　最適當的選項，請畫記在答案卡之「選擇題答案區」。各題答
　　　對者，得 3 分，答錯、未作答或畫記多於一個選項者，該題
　　　以零分計算。

1-2題為題組

　　黑火藥燃燒時的化學反應式如下：

　　　$2KNO_{3(s)} + 3C_{(s)} + S_{(s)} \rightarrow K_2S_{(s)} + N_{2(g)} + 3CO_{2(g)}$........(1)

在一個內容量為 8.2 升的炸彈型容器內，在常溫常壓，裝入由硝酸鉀 2200 克（21.8mol），碳 360 克、硫粉 340 克（10.6mol）磨成的均勻混合物與引信。假設黑火藥一經引燃，就依式 (1) 反應，溫度快速升高，容器內的壓力隨之增大，溫度最高可達 1000K，而產生的氣體均可視同理想氣體，未反應的剩餘物均以固體的狀態留存。據此回答 1-2 題。

1. 若裝黑火藥的容器可耐壓 200 大氣壓，則引燃後容器爆炸時的壓力（單位：大氣壓），最接近下列的哪一數值？

   (A) 100　　(B) 200　　(C) 300　　(D) 400　　(E) 500

2. 若裝黑火藥的容器可耐壓 500 大氣壓，則引燃後的最大壓力（單位：大氣壓），最接近下列的哪一數值？

   (A) 100　　(B) 200　　(C) 300　　(D) 400　　(E) 500

3. 表 1 為週期表的一部分，試問下列有關該五種元素及其化合物性質的敘述，哪一項正確？

   (A) As 屬於金屬元素

   (B) 電負度最大者為 Ga

   (C) 第一游離能最小者為 B

   (D) 非金屬性質最強者為 P

   (E) 氫氧化鋁可溶於酸性溶液，但不溶於鹼性溶液

表1

B	
Al	P
Ga	As

4. 下列相同質量的制酸劑，哪一個能中和最多的鹽酸？

   （式量：$NaHCO_3 = 84$、$CaCO_3 = 100$、$Mg(OH)_2 = 58$、$AlPO_4 = 122$、$[Al(H_2O)_5(OH)]SO_4 = 230$）

   (A) $NaHCO_3$　　　(B) $CaCO_3$　　　(C) $Mg(OH)_2$

   (D) $AlPO_4$　　　(E) $[Al(H_2O)_5(OH)]SO_4$

5. 碳與某元素 X 所形成的 CX_n 分子中，各原子的電子總數為 74，而價殼層電子（最外層電子）總數為 32，則 n 等於下列的哪一數值？（參考題本封面的週期表）

　(A) 1　　　(B) 2　　　(C) 3　　　(D) 4　　　(E) 5

6. 某生探討下列反應：$X + Y \rightleftharpoons Z$

觀察得知反應速率會隨反應物的初始濃度的不同而變化，如表 2 所示。

表2

反應物 X 的初始濃度（M）	反應物 Y 的初始濃度（M）	產物 Z 濃度達到0.0042 M 所需的時間（秒）
0.10	0.10	0.60
0.20	0.10	0.15
0.20	0.05	0.30

試問下列有關此反應的反應速率，哪一項敘述正確？

　(A) 與 [X] 成正比且與 [Y] 成正比
　(B) 與 [X] 成正比但與 [Y] 無關
　(C) 與 $[X]^2$ 成正比且與 [Y] 成正比
　(D) 與 $[X]^2$ 成反比且與 $[Y]^2$ 成反比
　(E) 與 $[X]^2$ 成反比且與 [Y] 成反比

7. 在 25℃，某非離子型樹脂在水中的溶解度為 0.1%（重量百分率濃度）。已知水的 K_b 為 0.512℃/m，K_f 為 1.86℃/m。

表3

物理性質	數值
沸點	100.0℃
凝固點	0.0℃
滲透壓（298K）	7.6 mmHg

表 3 所列為該樹脂飽和水溶液所測得的物理性質。試問該樹脂的平均分子量（克/莫耳），最接近下列哪一數值？

　(A) 1500　　(B) 2500　　(C) 3500　　(D) 4500　　(E) 5500

8. 表 4 為各種化學鍵的鍵能。

表4

化學鍵	N－N	N＝N	N≡N	F－F	N－F
鍵能（kJ/mol）	160	420	940	150	270

根據表 4 所列資料，則 $NF_{3(g)}$ 的莫耳生成熱（kJ/mol）最接近下列哪一數值？

$$N_{2(g)} + F_{2(g)} \rightarrow NF_{3(g)} \quad （反應式未平衡）$$

(A) －820　　(B) －505　　(C) －425　　(D) －230　　(E) －115

9. $NO_{3(aq)}^{-}$、$N_{2(g)}$、$MnO_{2(s)}$ 的標準還原電位分別為

$$NO_{3(aq)}^{-} + 4H_{(aq)}^{+} + 3e^{-} \rightarrow NO_{(g)} + 2H_2O_{(l)} \qquad E° = 0.96V$$

$$N_{2(g)} + 5H_{(aq)}^{+} + 4e^{-} \rightarrow N_2H_{5(aq)}^{+} \qquad E° = -0.23V$$

$$MnO_{2(s)} + 4H_{(aq)}^{+} + 2e^{-} \rightarrow Mn_{(aq)}^{2+} + 2H_2O_{(l)} \qquad E° = 1.23V$$

若各物質在標準狀態下進行上述各反應或逆反應，則下列敘述哪一項正確？

(A) 氧化力的強弱順序為 $MnO_{2(s)} > N_{2(g)} > NO_{3(aq)}^{-}$

(B) 氧化力的強弱順序為 $N_{2(g)} > NO_{3(aq)}^{-} > MnO_{2(s)}$

(C) 還原力的強弱順序為 $N_2H_{5(aq)}^{+} > NO_{(g)} > Mn_{(aq)}^{2+}$

(D) 還原力的強弱順序為 $Mn_{(aq)}^{2+} > NO_{(g)} > N_2H_{5(aq)}^{+}$

(E) 還原力的強弱順序為 $NO_{(g)} > N_2H_{5(aq)}^{+} > Mn_{(aq)}^{2+}$

10. 維生素 C（分子量＝176）又名抗壞血酸，其結構如圖 1 所示。維生素 C 易被氧化，若以 0.200M 的碘溶液滴定 1.76g 維生素 C 時，須加入 50.00 毫升碘溶液，才能使澱粉指示劑顯現藍色。已知維生素 C 的五員環上的每個羥基被氧化成羰基時，會

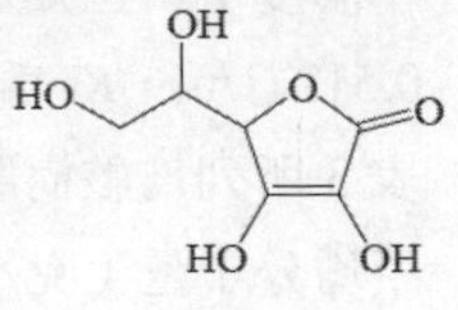

圖1

失去一個電子。試問下列哪一個化合物是維生素 C 經上述滴定反應後的產物？

(A)　(B)　(C)

(D)　(E)

11. 下列有關順丁烯二酸與反丁烯二酸的敘述，哪一個<u>不正確</u>？
    (A) 順丁烯二酸會形成分子間氫鍵
    (B) 反丁烯二酸的熔點低於順丁烯二酸
    (C) 順丁烯二酸比反丁烯二酸更易形成分子內氫鍵
    (D) 在適當的條件下，順丁烯二酸與反丁烯二酸，分別與 1 莫耳的氫氣反應，可得到相同的產物
    (E) 將順丁烯二酸與反丁烯二酸各 0.1 克，分別溶於 100 毫升的水中，以酸鹼廣用試紙測試，二者均會呈現酸性物質的顏色特徵

12. 圖 2 為某反應的反應途徑與能量變化的關係。
    根據圖 2，試問下列敘述，何者正確？
    （甲）此反應為放熱反應
    （乙）此反應的能量變化 $\Delta E = a - d$
    （丙）正反應的活化能 $= b$
    (A) 只有甲　　　　(B) 只有乙
    (C) 只有丙　　　　(D) 甲與乙
    (E) 甲與丙

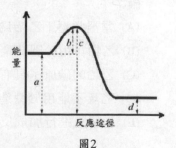

圖2

二、多選題（佔 48 分）

說明： 第 13 題至第 24 題，每題有 5 個選項，其中至少有一個是正確的選項，請將正確選項畫記在答案卡之「選擇題答案區」。各題之選項獨立判定，所有選項均答對者，得 4 分；答錯 1 個選項者，得 2.4 分；答錯 2 個選項者，得 0.8 分；答錯多於 2 個選項或所有選項均未作答者，該題以零分計算。

13. 保麗龍球與竹籤可用來製作分子模型（球-棍），保麗龍球的尺寸分別代表不同原子的大小，竹籤則代表原子間的鍵結，並以竹籤的數目代表化學鍵的多寡。試問下列敘述，哪些正確？
    (A) 甲烷的模型需用五個保麗龍球與五支竹籤製作
    (B) 丙烷的模型需用十一個保麗龍球與十支竹籤製作
    (C) 甲烷的模型中，碳的保麗龍球尺寸大於氫的保麗龍球尺寸
    (D) 乙炔的模型需用四個保麗龍球與四支竹籤，且各球的球心呈一直線
    (E) 乙烯的模型需用六個保麗龍球與六支竹籤，且各球的球心皆在同一平面

14. 大自然很奧妙，可藉由簡單分子調節重要生化反應，以乙烯為例，它是植物激素，可催熟果實。試問下列有關乙烯的敘述，哪些正確？
    (A) 常溫常壓下乙烯為液態
    (B) 乙烯可用於製造聚合物
    (C) 乙烯的碳原子具有 sp^2 混成軌域
    (D) 乙烯不能用於製造乙醇
    (E) 乙烯可進行加成反應

15. 張同學嘗試用下列方法檢驗有機化合物，試問哪些會有明顯的顏色變化？

    (A) 用溴的四氯化碳溶液檢驗環己烯

    (B) 用斐林試劑檢驗丙醇

    (C) 用氯化鐵水溶液檢驗柳酸

    (D) 用過錳酸鉀水溶液檢驗丁酮

    (E) 用二鉻酸鉀水溶液檢驗 2- 甲基 -2- 丙醇

16. 下列五個反應式，何者同時具有（甲）、（乙）所敘述的性質？

    （甲）當反應達平衡後，增加反應容器的體積，可使反應向右移動。

    （乙）若將反應溫度由 300K 提高到 600K，其壓力平衡常數和濃度平衡常數的比值（K_p / K_c）變為原來的兩倍。

    (A) $N_2O_{4(g)} \rightleftharpoons 2NO_{2(g)}$

    (B) $2NH_{3(g)} \rightleftharpoons N_{2(g)} + 3H_{2(g)}$

    (C) $2SO_{2(g)} + O_{2(g)} \rightleftharpoons 2SO_{3(g)}$

    (D) $CaCO_{3(s)} \rightleftharpoons CaO_{(s)} + CO_{2(g)}$

    (E) $C_2H_{4(g)} + H_{2(g)} \rightleftharpoons C_2H_{6(g)}$

17. 王同學準備了 10.0 克氫氧化鈉與 500 毫升容量瓶，想要配製 500 毫升 0.5M 的氫氧化鈉溶液。王同學將氫氧化鈉加蒸餾水溶解後倒入容量瓶中，液面高度如圖 3 箭頭處所示。下列有關圖 3 所示溶液的敘述，哪些正確？

    (A) 此溶液中含有 0.5 莫耳的氫氧化鈉

    (B) 容量瓶中氫氧化鈉溶液的濃度為 0.5M

500 mL

液面→

圖3

(C) 容量瓶中氫氧化鈉溶液的濃度略高於 0.5M

(D) 若欲使容量瓶中氫氧化鈉溶液的濃度為 0.5M，需再加蒸餾水，使溶液液面至容量瓶刻度為 500 毫升處

(E) 若欲使容量瓶中氫氧化鈉溶液的濃度為 0.5M，需再加氫氧化鈉，使溶液液面至容量瓶刻度為 500 毫升處

18. 金礦常出現於山區，區內小溪亦常可發現砂金，都可用於煉金。試問下列有關金的敘述，哪些正確？

(A) 金可溶於濃硝酸

(B) 金的還原電位高，故化性活潑

(C) 在純金中添加少量銅，可增加其硬度

(D) 金奈米粒子比一般金粒子化性活潑

(E) 某十八開金的飾品，其重量為 480 毫克，則金含量為 320 毫克

19. 瘦肉精是某一種藥物類型的稱呼，並不是直接使用在人體的藥物，而是被加在飼料中供動物食用時，可促進蛋白質的合成，讓動物多長精肉（瘦肉）、少長脂肪。萊克多巴胺（Ractopamine）的分子式為 $C_{18}H_{23}NO_3$，屬於瘦肉精之一。已知萊克多巴胺的一分子中含有多個羥基。試問萊克多巴胺的結構中可能含有何種官能基？

(A) $-NO_2$　　　　(B) $-COONH_2$　　　　(C) $RNHR'$

(D) $-COOH$　　　　(E) $-OH$

20. 二氯乙烯的化學式為 $C_2H_2Cl_2$，因氯位置不同，可有下列三種結構式（化合物）。

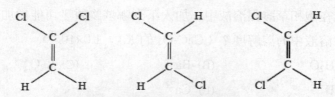

根據這些結構式，試問下列敘述，哪些正確？

(A) 三種化合物均可使溴的四氯化碳溶液褪色

(B) 三種化合物互為同分異構物

(C) 三種化合物中，反 -1,2- 二氯乙烯的極性最大

(D) 三種化合物均可經由加成聚合反應，生成聚合物

(E) 三種化合物進行氫化反應後，會得到三種不同的產物

21. 某生秤取 0.095g 混雜有硫酸鈣的硫酸亞鐵（$FeSO_4$ 式量 = 152）後，將其溶於 20 毫升、0.5M 的熱硫酸溶液中，隨即以 0.001M 的 $KMnO_4$ 溶液滴定。當加入 25.00 毫升 $KMnO_4$ 時，達滴定終點。已知滴定反應式如下：

$$MnO_{4(aq)}^{-} + 5Fe_{(aq)}^{2+} + 8H_{(aq)}^{+} \rightarrow Mn_{(aq)}^{2+} + 5Fe_{(aq)}^{3+} + 4H_2O_{(l)}$$

假設該硫酸亞鐵中之不純物，不含上列反應式中的任何離子，試問下列有關該滴定的敘述，哪些正確？

(A) 溶液中的 $[Fe^{3+}]$ 恆等於 $5[Mn^{2+}]$

(B) 溶液中的 $[Fe^{2+}]$ 恆等於 $5[MnO_4^-]$

(C) 該硫酸亞鐵的純度約為 20%（重量百分率）

(D) 以硫酸作為溶劑主要是避免鐵（II）離子沉澱

(E) 為保持溶液酸性，可以用 1M 的 $HCl_{(aq)}$ 取代硫酸

22. 在 25℃ 時，草酸鋇微溶於水，其反應式及其溶度積常數 K_{sp} 如下：

$$BaC_2O_{4(s)} \rightleftharpoons Ba_{(aq)}^{2+} + C_2O_{4(aq)}^{2-} \qquad K_{sp} = 1.0 \times 10^{-6}$$

試問在飽和草酸鋇溶液中，加入下列哪些物質，可能增加草酸鋇在該溶液中的溶解度？（CaC_2O_4 的 $K_{sp} = 1.0 \times 10^{-9}$）

(A) H_2O　　　　(B) Ba^{2+}　　　　(C) $C_2O_4^{2-}$

(D) H^+　　　　(E) Ca^{2+}

23. 錯合物 $K_n[Fe(CN)_6]$，在反應中可作為氧化劑，下列有關此錯合物的敘述，哪些正確？

    (A) 分子式中 n = 4

    (B) 其配位子含有兩對孤電子對

    (C) 該錯合物可以和維生素 C 反應

    (D) 該錯合物中鐵離子的電子組態為 $[Ar]3d^34s^2$

    (E) 當作氧化劑反應後，其所生成的錯合物非常不穩定

24. 麩胺酸的構造如圖 4，具有兩個羧基，其 K_a 值分別為 6.5×10^{-3} 與 5.6×10^{-5}。麩胺酸的單鈉鹽就是味精，為麩胺酸的一個羧基與 1 當量的氫氧化鈉作用後的產物。下列有關麩胺酸與味精的敘述，哪些正確？

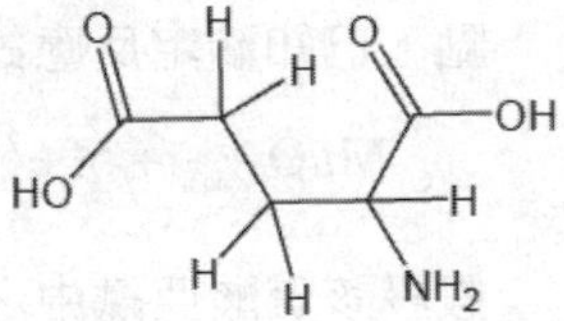

圖4

    (A) 麩胺酸有兩個羧基，所以<u>不是</u>一個胺基酸

    (B) 麩胺酸可與鹼反應，但不可與酸反應

    (C) 兩個麩胺酸縮合反應後，其結構就有一個肽鍵

    (D) 味精溶於水呈弱鹼性

    (E) 味精在中性水溶液中，大部分以 $^-OOCCH_2CH_2CH(NH_3^+)COO^-$ 的形式存在

第貳部分：非選擇題（佔 16 分）

說明： 本部分共有二大題，答案必須寫在「答案卷」上，並於題號欄
標明大題號（一、二）及子題號（1、2、……），作答時不必
抄題。計算題必須寫出計算過程，最後答案應連同單位劃線標
出。作答務必使用筆尖較粗之黑色墨水的筆書寫，且不得使用
鉛筆。每一子題配分標於題末。

一、 在 25℃ 及 1 大氣壓的條件下，由實驗測量直鏈烷類化合物的燃
燒熱（ΔH），其結果如表 5：

表5

碳數 N	5	6	7	8
$-\Delta H$（單位：kJ/mol）	3509	4163	4817	5470

1. 用碳數（N）為 X-軸，以 N = 0 為起點；燃燒熱為 Y-軸，
在答案卷作圖區的方格紙作出 $-\Delta H$ 與 N 的關係圖。（2分）

2. 若烷類的碳數 N 與燃燒熱 ΔH 的關係，可近似於右式：
$-\Delta H = aN + b$
試求 a 與 b（最接近的整數值）。（2分）

3. 在圖上，(1)點出 N = 10 時，$-\Delta H$ 的位置，(2)寫出 N = 10時，
$-\Delta H$ 的大約數值。（2分）

4. 從化學的觀點，簡答所繪圖中的線條不通過原點（亦即在 Y-
軸的截距不為零）的意義為何？（2分）

二、 陳老師在上「物質的性質」之前，做了一個演示實驗，分別取出
X 與 Y 各約 5 克的物質：X 為金屬（銀灰色粉末）；Y 為非金屬
（黑紫色，易碎），然後做了下列實驗：

步驟一：混合 X 與 Y 後研磨，在短時間內不見有明顯的化學反應。

步驟二：將混合物移入錐形瓶後，倒入 5mL 的蒸餾水，即見劇烈反應，冒出紅紫色氣體與水蒸氣，瓶壁有黃褐色附著物，瓶底有銀灰色粉末。

步驟三：過了數分鐘，陳老師讓學生觸摸瓶壁，仍感覺有餘溫。

步驟四：陳老師用蒸餾水沖洗瓶壁的黃褐色附著物，流入瓶子的底部後，搖一搖瓶子，過數分鐘即變為無色透明的澄清液，而瓶底仍有銀灰色粉末。

步驟五：吸取澄清液數滴置於塑膠墊板上，採用簡易電解的方式，以金絲與鉑絲為電極，電解數秒後，電極上分別附有銀灰色與黃褐色固體。

演示後陳老師說，電極上的附著物，是日常生活中可用得到的物質。其中之一用於電池；另一見於家用急救箱。試根據以上敘述，回答下列問題：

1. 寫出步驟二中的最主要化學反應式，且應註明物質狀態並平衡？（2分）

2. 簡答在步驟二，瓶壁上的黃褐色附著物是什麼？（2分）

3. 簡答在步驟四，為什麼黃褐色附著物洗入溶液後，就變為無色的溶液？（2分）

4. 寫出步驟五的 (1) 陽極半反應式；(2) 陰極半反應式。（2分）

101年度指定科目考試化學科試題詳解

第壹部分：選擇題

一、單選題

1. **B**

【解析】

$$2KNO_3 \;+\; 3C \;+\; S \;\rightarrow\; K_2S \;+\; N_2 \;+\; 3CO_2$$

21.8	30	10.6			
-20	-30	-10	10	10	30
				10	30

$$PV = nRT$$
$$P \times 8.2 = 40 \times 0.082 \times 1000$$
$$P = 400atm > 200atm（在未達到 400atm 時已爆炸）$$

2. **D**

【解析】 $P' = 400atm < 500atm$

3. **D**

【解析】 (A) As 屬於類金屬

(B)

　　↓小　　電負度，Ga 最小

(C)

　　↓小　　游離能，Ga 最小

(D) Al(OH)$_3$ 兩性物質之氫氧化物，溶於強酸、強鹼

4. **C**

　　【解析】 當量最小者

　　　　　(A) $\dfrac{84}{1}=84$

　　　　　(B) $\dfrac{100}{2}=50$

　　　　　(C) $\dfrac{58}{2}=29$

　　　　　(D) $\dfrac{122}{3}=40.6$

　　　　　(E) Al^{3+} 爲六配位　　∴ 無法中和 HCl

5. **D**

　　【解析】 X：共有 17 個電子，參封面之週期表，

　　　　　X 爲 $Cl(7A) \Rightarrow CCl_4$

6. **C**

　　【解析】 $r \propto [X]^a \cdot [Y]^b$

　　　　　①,② $4=(2)^2$, $a=2$

　　　　　②,③ $\dfrac{1}{2}=(\dfrac{1}{2})^b$, $b=1 \Rightarrow r \propto [X]^2 \cdot [Y]^1$

7. **B**

　　【解析】 $\pi = Cm \times RT \times i$

　　　　　$\dfrac{7.6}{760}=\dfrac{0.1}{\overline{M}}\times\dfrac{1000}{100}\times0.082\times298\times1$, $\overline{M}=2450$

8. **E**

　【解析】 $\dfrac{1}{2}N_2 + \dfrac{3}{2}F_2 \rightarrow NF_3$

　　　　$\Delta H:$ 生 $NF_3 - \dfrac{1}{2}$ 生 $N_2 - \dfrac{3}{2}$ 生 $F_2 = \dfrac{1}{2}$

　　　　鍵 $N_2 + \dfrac{3}{2}$ 鍵 $F_2 -$ 鍵 NF_3

　　　　$(N \equiv N) \quad (F-F) \quad 3(N-F)$

　　　　$\Rightarrow$ 生 $NF_3 - 0 - 0 = \dfrac{1}{2}(940) + \dfrac{3}{2}(150) - (3 \times 270)$

　　　　生 $NF_3 = -115$

9. **C**

10. **B**

　【解析】 I_2 的當量數 = 維生素 C 的當量數

　　　　$0.2 \times 0.05 \times 2 = \dfrac{1.76}{176} \times \pi$

　　　　$\pi = 2$；又依題意，當「環上」羥基被氧化時會失去電子，故選 (B)

11. **B**

　【解析】 (A) (C) (D) (E) 正確

　　　　(B) 反＞高，$\because$ 反式有分子間氫鍵

　　　　　　$\therefore$ m.p.、b.p. 較高

12. **E**

　【解析】 (乙) $\Delta E = d - a$（放熱 $\Delta H < 0$）

二、多選題

13. **BCE**

【解析】

(A) 球：5；籤：4

(B) 球：4；籤：5

14. **BCE**

【解析】 (A) 氣態

(B) $C_2H_2 + H_2O \xrightarrow{H_2SO_4} C_2H_5OH$（乙醇）

15. **AC**

【解析】 (A) 橘橙→無色

(B) 不反應

(C) 褐→紫

(D) 不反應

(E) 2-甲基-2-丙醇為 3 級醇，不與 $K_2Cr_2O_7$ 反應

16. **AD**

【解析】 (甲) 右側氣體係數和大

(乙) $Kp = Kc \times (RT)^{\Delta n}$，$\Delta n = 1$，前後氣體係數和差 1

故選 (A) (D)

17. **CD**

【解析】 (A) $\dfrac{10}{40} = 0.25 \text{mole}$

(B) $C_M = \dfrac{n}{V(l)} = \dfrac{0.25}{V(l)} > 0.5M$

(E) 加水至 500ml

18. **CD**

【解析】 (A) 金只溶於王水（$HNO_3 + 3HCl$）

(B) 金化性安定

(D) 表面積大，反應速率大，較活潑

(E) $480 \times \dfrac{18}{24} = 360 \text{(mg)}$

19. **CE**

【解析】 分子式：$C_{18}H_{23}NO_3$，又依題意：有多個羥基

（多於 1 個）

(A) 若有 NO_2，則最多有一個 OH

(B) 不可能有 -COONH₂

(D) 不可能有 -COOH

20. **ABD**

【解析】 (A) 皆有雙鍵，皆可使溴褪色

(C) 1 , 1- 二氧乙烯 極性最大

(D) 有雙鍵

21. **AC**

【解析】 (A) Fe^{3+}, Mn^{2+} 之係數比爲 $1:1$

(D) 提供 H^+

(E) 只可用 H_2SO_4

22. **DE**

【解析】 (A) 溶解量變大

(B) 溶解量變小

(C) 溶解量變小

(A) (B) (C) 皆不影響溶解度

(D) $C_2O_4^{2-} + H^+ \rightarrow CO_2$

(E) $C_2O_4^{2-} + Ca^+ \rightarrow CaC_2O_4$

23. **BC**

【解析】 可作氧化劑：Fe^{3+}

(A) $n = 3$

(D) $[Ar]3d^5$

(E) 錯合物穩定

24. **CDE 或 CE**

【解析】 (A) 是胺基酸

(B) 味精是弱鹼

第貳部分：非選擇題

一、【解析】 1.

N	5	6	7	8
$-\Delta H$	3509	4163	4817	5470

可知 N 差 1，ΔH 差 654，$N = 0$ 時 $-\Delta H$ 為 239

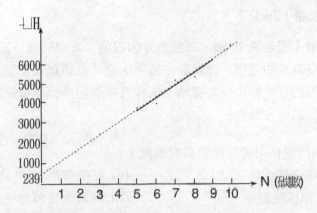

2. $-\Delta H = 654N + 239$

3. (2) $-\Delta H = 654 \times 10 + 239 = 6779$

4. 當 $n = 0$，y 截距為 H_2 之燃燒熱

二、【解析】 1. $Zn + 3I_2 \xrightarrow{H_2O} Zn(I_3)_2$　（ H_2O 當催化劑 ）

2. $Zn(I_3)_2$

3. Zn 過量

$2Zn + Zn(I_3)_2 \longrightarrow 3Zn^{3+} + 6I^-$ （ 皆無色 ）

4. (1) 陽：$2I^- \rightarrow I_2 + 2e^-$

$Zn^{2+} + 2I_2 + 2I^- \rightarrow Zn(I_3)_2$

(2) 陰：$Zn^{2+} + 2e^- \rightarrow Zn$

101年大學入學指定科目考試試題
生物考科

第壹部分：選擇題（佔72分）

一、單選題（20分）

說明：第1題至第20題，每題有4個選項，其中只有一個是正確或
最適當的選項，請畫記在答案卡之「選擇題答案區」。各題
答對者，得1分；答錯、未作答或畫記多於一個選項者，該
題以零分計算。

1. 下列何種作用的終產物為丙酮酸？
   (A) 糖解作用　　　　　　　　(B) 發酵作用
   (C) 檸檬酸循環　　　　　　　(D) 呼吸電子傳遞鏈

2. 下列哪一物質的合成產物是植株乾重的主要來源？
   (A) Ca　　　　　　　　　　(B) H_2O
   (C) CO_2　　　　　　　　　(D) 由土壤中吸收的有機物

3. 雄老鼠的性聯疾病基因可傳遞給他的哪些子代？
   (A) 所有的雌老鼠　　　　　　(B) 所有的雄老鼠
   (C) 1/2 的雌老鼠　　　　　　(D) 1/2 的雄老鼠

4. 政府多年來一直推動母乳哺育新生兒運動。下列與母乳相關的敘
   述何者正確？
   (A) 產生乳汁的腺體屬於內分泌腺
   (B) 嬰兒吸吮母乳時所引發的神經衝動有助於乳汁製造及排出
   (C) 催產素可抑制乳汁分泌
   (D) 母乳含有母親的抗體，嬰兒可藉此獲得終生的免疫力

5. 下列何種生物的基因，可以在 mRNA 轉錄未完成時即進行轉譯作用？
   (A) 人類　　　　(B) 稻米　　　　(C) 酵母菌　　　　(D) 大腸桿菌

6. 下列何種物質屬於蛋白質？
   (A) 睪固酮　　　　　　　　　(B) 維生素 A
   (C) 動情激素　　　　　　　　(D) 生長激素

7. 下列對於粒線體的敘述，何者正確？
   (A) 粒線體擁有自己的 DNA，不需要依賴細胞核 DNA 所表現出的蛋白質
   (B) 粒線體可表現出自己的 RNA
   (C) 粒線體基質中的克氏循環需 NADH、FADH₂ 等分子提供能量才能進行
   (D) 糖解作用是發生在粒線體中

8. 若胚芽鞘受到其右邊單側照光刺激時（如圖 1 所示），則在甲乙丙丁四區域中，何者會產生最高量的生長素？
   (A) 甲　　　　　(B) 乙
   (C) 丙　　　　　(D) 丁

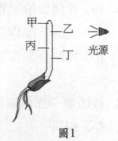

圖1

9. 對一個糖尿病病人而言，下列何項藥物處理最有用？
   (A) 抑制腸澱粉酶　　　　　　(B) 抑制單醣分解酶
   (C) 抑制雙醣分解酶　　　　　(D) 抑制單醣合成酶

10. 綠色植物進行光合作用，其電子傳遞過程中的電子由何處來？
    此電子最後將會傳給何物？

    (A) CO_2；NADPH   (B) CO_2；$NADP^+$

    (C) H_2O；$NADP^+$ (D) H_2O；NADPH

11. 某生觀察一植物時，發現它的氣孔於夜間張開。下列何者是此一
    現象的合理推測？

    (A) 此植物栽培於高溫環境   (B) 此植物栽培於高溼度環境

    (C) 此植物為 CAM 植物   (D) 此植物為 C3 植物

12. 植物可由空氣中獲得下列哪一必需元素？

    (A) 氫   (B) 氮   (C) 磷   (D) 碳

13. 下列有關發酵作用的敘述，何者正確？

    (A) 酒精發酵作用比乳酸發酵多釋出一分子二氧化碳，所以可產
    生較多 ATP

    (B) 酒精發酵過程，會在粒線體內膜二側建立質子濃度梯度

    (C) 乳酸發酵作用過程，NADH 將丙酮酸還原

    (D) 乳酸發酵作用過程，能量會在粒線體內膜上產生

14. 根的哪一部位與根瘤菌有最多的交互作用？

    (A) 根冠   (B) 頂端分生組織

    (C) 延長區   (D) 成熟區

15. 下列何者是人體內耳的聽覺（接）受器？

    (A) 毛細胞   (B) 聽細胞

    (D) 桿細胞   (D) 游離神經細胞末梢

16. 依現行高中生物課本的論述，下列哪一種過程<u>沒有</u>蛋白質參與？
    (A) 由 DNA 產生 mRNA 的過程
    (B) 二氧化碳經擴散作用進入細胞內部
    (C) 複製後的染色體在細胞分裂過程中分離至細胞二端
    (D) 脂肪的乳化與分解

17. 下列有關控制消化作用的敘述，何者正確？
    (A) 胰泌素會促進胰臟分泌胰液但不會影響肝臟分泌膽汁
    (B) 蛋白質或多肽類會抑制胃泌素之分泌
    (C) 酸性食糜刺激肝臟分泌膽囊收縮素
    (D) 食糜中乳化的脂肪，刺激十二指腸分泌腸抑胃泌素

18. 下列有關植物養分的產生與運輸，何者正確？
    (A) 植物養分來自於分生組織
    (B) 篩管內運輸的主要養分是蔗糖
    (C) 莖部的有機養分向上輸送
    (D) 葉片中運輸養分無需靠篩管

第 19 至 20 題為題組

流行性感冒病毒 H1N1 亞型是第一個被鑑定出的流行性感冒病毒，之後即不斷地有新亞型的報導。圖 2 為流行性感冒病毒構造示意圖，其中甲（英文簡稱 H）與病毒進入細胞有關；乙（英文簡稱 N）則與病毒粒子出細胞有關。抗病毒藥物「克流感」主要是抑制乙的作用。

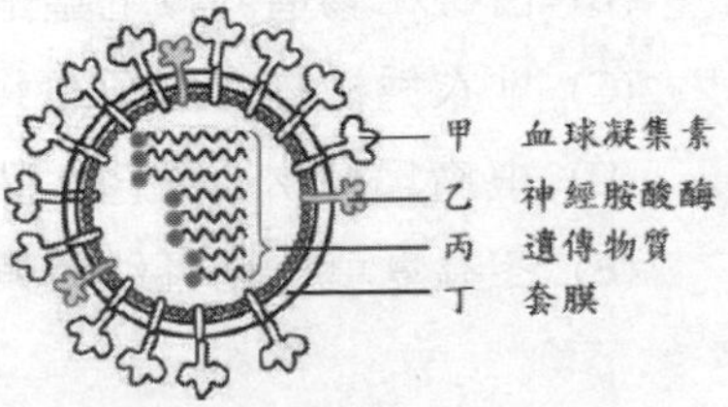

甲　血球凝集素
乙　神經胺酸酶
丙　遺傳物質
丁　套膜

圖2

19. 下列有關流行性感冒病毒之敘述，何者正確？
    (A) 遺傳物質為 8 段 DNA
    (B) 套膜（或稱被膜）主要由蛋白質組成
    (C) 甲和乙為決定本病毒亞型的構造
    (D) 本病毒可用自己的酵素轉錄轉譯出蛋白質

20. 「克流感」主要是阻斷本病毒增殖時的哪一過程？
    (A) 病毒入侵細胞   (B) 病毒的核酸複製
    (C) 病毒粒子的組裝   (D) 子病毒釋出細胞

二、多選題（30 分）

說明：第 21 題至第 35 題，每題有 5 個選項，其中至少有一個是正確
　　　的選項，選出正確選項畫記在答案卡之「選擇題答案區」。各
　　　題之選項獨立判定，所有選項均答對者，得 2 分；答錯 1 個選
　　　項者，得 1.2 分；答錯 2 個選項者，得 0.4 分；答錯多於 2 個選
　　　項或所有選項均未作答者，該題以零分計算。

21. 下列有關生物間關係的敘述，哪些正確？
    (A) 菌根為植物與細菌之間的共生體
    (B) 白蟻和腸道內鞭毛蟲是動物和原生生物間的共生
    (C) 地衣為植物與藻類的共生體
    (D) 根瘤為植物與細菌之間的共生體
    (E) 冬蟲夏草為昆蟲幼蟲與真菌的共生體

22. 下列有關地球上生命起源與演化的敘述，哪些正確？
    (A) 異營性生物較自營性生物先出現
    (B) 生源論可說明地球最早的生命的起源

(C) DNA 是地球上最早出現的遺傳物質

(D) 大氣中氧濃度逐漸累積後，使地球上生物的代謝歧異度增加

(E) 族群中遺傳變異的發生是演化的必要條件

23. 在下列哪些情況下，較可能觀察到植物的泌液（溢）作用？
    (A) 根壓超過蒸散作用　　　　(B) 呼吸作用增強時
    (C) 光合作用增強時　　　　　(D) 強風的環境
    (E) 潮濕的環境

24. 下列有關植物光敏素的敘述，哪些正確？
    (A) 光敏素為帶有顏色的蛋白質　(B) 光敏素為細胞膜脂質
    (C) Pfr 具有生理活性　　　　(D) Pfr 吸收紅光
    (E) Pfr 與 Pr 的轉換為不可逆

25. 下列有關人體細胞中的轉錄與 DNA 複製之敘述，哪些正確？
    (A) 皆需 DNA 聚合酶　　　　(B) 皆需 DNA 接合酶
    (C) 轉錄初始產物會再經剪接
    (D) 所產生的多核苷酸鏈由 5'→3' 合成
    (E) 所產生的多核苷酸鏈與 DNA 模板（股）互補

26. 下列生物現象中，哪些與光刺激有關？
    (A) 植物的背地性　　　　　　(B) 植物的開花
    (C) 植物的觸發運動　　　　　(D) 植物莖的節間生長
    (E) 動物的生理時鐘

27. 真核細胞的胞器中，有些可能來自獨立生活的原核生物，因進入真核細胞與該細胞共生而存留下來，下列哪些現象可以支持內共生說？

(A) 真核細胞具胞器　　　　　　(B) 粒線體內有酵素

(C) 葉綠體與細胞的複製週期不同步

(D) 粒線體具有雙層膜

(E) 葉綠體內 DNA 與藍綠菌 DNA 相似

28. 下列哪些物質的傳輸經由主動運輸完成？

(A) 植物根部吸收水分

(B) 植物吸收無機鹽進入根毛

(C) 動物小腸壁上皮細胞吸收胺基酸

(D) 溶於血液中的二氧化碳進入紅血球

(E) 腎臟遠曲小管再吸收鈉離子

29. 合成葡萄糖分子前，光合作用所產生的能量會暫存在下列哪些分子中？

(A) NADH　　　　　(B) NADPH　　　　　(C) ATP

(D) ADP　　　　　(E) AMP

30. 圖 3 所示為女性動情素及黃體素在血液中濃度變化週期，甲～丁分別代表著不同的時間區段。下列敘述哪些正確？

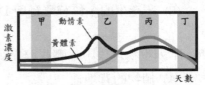

圖3

(A) 丙會有促性腺素釋放素（GnRH）突增的現象

(B) 血液中的濾泡刺激素（FSH）濃度在丁最高

(C) 乙是四個時間區段中，最有可能受精的時候

(D) 甲的子宮內膜厚度比丙厚

(E) 丙可以觀察到黃體

31. 植物面臨缺水時，會產生下列哪些生理反應？
    (A) 光合作用效率降低　　　　(B) 抑制根的生長
    (C) 促進吉貝素的產生　　　　(D) 氣孔關閉
    (E) 篩管內有機養分運輸減緩

32. 下列哪些細胞的生物分子中，接受到光刺激時能將光能轉換成其他形式的能，並產生特定的生理功能？
    (A) 視網膜光受器的受光分子
    (B) 使植物莖具向光性的生長素
    (C) 綠色植物葉肉細胞所含的葉綠素
    (D) 植物的光週期細胞所含的花青素
    (E) 哺乳動物松果體對光週期反應所分泌的褪黑激素

33. 下列有關呼吸系統的敘述，哪些正確？
    (A) 血紅素對一氧化碳的親和力比氧高，因此吸入一氧化碳易引起中毒
    (B) 大部分二氧化碳受血漿中的碳酸酐酶作用，與水合成碳酸並分解成 HCO_3^- 在血漿中運送
    (C) 橋腦的呼吸中樞偵測血液的二氧化碳濃度變化，控制呼吸頻率
    (D) 頸動脈與主動脈壁的化學受器會感應血液中的氧分壓變化，控制呼吸頻率與深度
    (E) 休息狀態下，肋間肌收縮將胸骨與肋骨向下牽引，產生呼氣作用

34. 「抗蛇毒血清」的生產方式是將減毒處理的蛇毒注射到馬，重複幾次這過程後，再從這些馬的血液中獲得「抗蛇毒血清」。被毒

蛇咬傷的患者，醫生會注射「抗蛇毒血清」至患者體內，藉以減輕蛇毒的毒性。下列有關「抗蛇毒血清」之敘述，何者正確？
(A) 「抗蛇毒血清」的生產原理，主要是利用馬的被動免疫
(B) 「抗蛇毒血清」中，中和蛇毒的分子主要是抗體
(C) 毒蛇咬傷的治療方式是利用患者的主動免疫機制
(D) 注射到患者體內的「抗蛇毒血清」，可刺激患者的 T 細胞產生抗蛇毒的細胞免疫
(E) 重複將蛇毒注射至馬體的目的是增加馬的體液免疫系統對蛇毒的反應

35. 下列有關腎臟調控體液恆定的敘述，哪些正確？
(A) 血液流經腎小球時發生過濾作用，進入近曲小管形成濾液
(B) 近曲小管利用主動運輸進行葡萄糖、胺基酸及水分的再吸收
(C) 腎小管管壁可進行耗能的分泌作用，加速身體排除氫離子與藥物
(D) 血液溶質濃度過低會抑制下視丘調控抗利尿激素分泌，降低腎小管再吸收水分
(E) 腎小管經由再吸收 HCO_3^-，協助血液酸鹼值調控

三、閱讀題（22 分）

說明： 第 36 題至第 44 題，包含單選題與多選題，單選題有 4 個選項，多選題有 5 個選項，每題選出最適當的選項，標示在答案卡之「選擇題答案區」。單選題各題答對得 2 分，答錯、未作答或畫記多於 1 個選項者，該題以零分計算。多選題所有選項均答對者，得 3 分；答錯 1 個選項者，得 1.8 分；答錯 2 個選項者，得 0.6 分；答錯多於 2 個選項或所有選項均未作答者，該題以零分計算。

閱讀一

　　在美洲熱帶森林中，切葉蟻因爲會在蟻巢中「豢養」能產生糖的眞菌而聞名。切葉蟻將植物葉片切成小塊帶回巢穴中，經咀嚼後讓它成爲一種特殊眞菌的養分來源，形成一處「眞菌農場」，而切葉蟻會將新生的菌絲餵養其幼蟲。切葉蟻的存在，不僅會促進植物新葉生長，也會加速養分循環。而在近幾年的研究中，科學家們發現細菌在這個「切葉蟻－植物－眞菌」間也扮演了十分重要的角色。卡麥隆．庫瑞博士首先發現在切葉蟻的背上，生長著一種鏈黴菌，這種細菌會產生一種抗生素，抑制其他種眞菌的生長。若切葉蟻將「眞菌農場」棄之不顧，則會生長出各式不同的雜類眞菌。在最近的研究中，科學家們又發現在美洲切葉蟻巢中，還有另一種共生細菌-克氏菌，此菌能幫助固定空氣中的氮。克氏菌生長在「眞菌農場」內所固定下來的氮，可以爲眞菌所吸收，進而被切葉蟻所利用。依本文所述及相關知識，回答下列問題：

36. 下列哪一類的生物未參與本文所述之共生關係？
　　(A) 細菌　　　(B) 原生生物　　　(C) 節肢動物　　　(D) 眞菌

37. 本文所提之細菌對於切葉蟻來說，具有哪些功能？
　　(A) 產生糖以提供切葉蟻利用餵養其幼蟲
　　(B) 減少切葉蟻的「眞菌農場」長出雜類眞菌
　　(C) 其固氮作用使切葉蟻間接受惠
　　(D) 行光合作用以提供切葉蟻「豢養」的眞菌所需養分
　　(E) 提供切葉蟻所需之特殊胺基酸

38. 下列何者不涉及提供產糖眞菌養分的來源？
　　(A) 植物　　　(B) 鏈黴菌　　　(C) 克氏菌　　　(D) 切葉蟻

閱讀二

　　2012 年 2 月臺灣研究團隊在科學期刊發表了震驚世界的科學研究成果，以下是有關於此研究的相關資訊。「不穩定的短期記憶(short-term memory, STM)如何轉化成長期記憶 (long-term memory, LTM) ？」一直是人們非常好奇且感興趣的生命現象。雖然有研究指出人類大腦的海馬迴與 LTM 形成有關，但脊椎動物腦部神經結構與細胞訊息傳遞路徑過於複雜，非常難釐清脊椎動物的腦部有哪些神經元參與 LTM 的形成過程。然而研究學者發現果蠅的記憶形成過程與人類相似，可經由重複學習搭配適度休息，得以達到 LTM 的形成。再者，果蠅腦部神經網絡較脊椎動物簡單，且由於生活史短、繁殖力強、基因體也被解碼等因素，許多學者利用果蠅進行 LTM 相關實驗。在臺灣團隊的報導前，科學家大都認為果蠅腦部負責學習及記憶的部位為具有數千個神經元的蕈狀體。

　　RICIN 為蓖麻(一種植物)所具有的毒素蛋白，藉由破壞 28S rRNA 得以影響新生蛋白質的合成。由於 LTM 的形成與蛋白質的新生成相關，臺灣的研究團隊利用基因工程技術，將 RICIN 表現在果蠅腦部不同的神經元中，以釐清哪些神經元參與果蠅 LTM 的形成過程。出乎意料地，他們發現當 RICIN 表現在腦部稱為 DAL 的兩個神經元時，會阻止 LTM 的形成與儲存，但表現在蕈狀體則不會有影響。這個研究結果顯示，DAL 神經元應為 LTM 形成與儲存的部位，而非蕈狀體。他們也發現，果蠅在學習搭配適度休息後，*CaMKII* 與 *period* 兩種基因會在 DAL 被活化，因此推測此兩種基因參與在 LTM 形成與儲存的過程。以上實驗結果顯示了 LTM 形成與儲存的可能機制。

依本文所述及相關知識，回答下列問題：

39. 下列有關於長期記憶形成與儲存的敘述，哪些正確？

　　(A) 重複學習搭配適度休息有助於長期記憶的形成

　　(B) 臺灣研究團隊發現長期記憶形成與儲存的部位不在蕈狀體

(C) 長期記憶的形成與儲存不需新合成蛋白質的參與

(D) 臺灣研究團隊發現長期記憶形成與儲存是由腦部數千個神經元主控

(E) 根據推測 *CaMKII* 與 *period* 和長期記憶的形成與儲存有關

40. 下列關於 RICIN 的敘述，哪些正確？

(A) 正常果蠅體內即具有的毒素

(B) 會阻斷細胞的轉譯作用

(C) 會活化果蠅神經元的 *CaMKII* 與 *period* 基因

(D) 是一種探究果蠅 LTM 的良好工具

(E) 當只表現在蕈狀體時，果蠅長期記憶的形成與儲存仍然正常

41. 下列關於 DAL 的敘述，何者正確？

(A) DAL 的蛋白質新合成發生在蕈狀體

(B) 果蠅在學習搭配休息後，可在 DAL 觀測到與長期記憶形成與儲存相關的基因表現

(C) DAL 可藉由 RICIN 進行調控長期記憶形成與儲存相關基因的蛋白質新生成

(D) 28S rRNA 只存在於 DAL 中

閱讀三

　　臨床上有一種疾病稱為睡眠呼吸中止症候群，病人在睡眠時一夜重複多次呼吸暫停與上呼吸道阻塞，血氧濃度會隨呼吸暫停而降低，二氧化碳濃度則增加，患者認知與心血管功能異常。在動物實驗中，間歇性的低氧會使中樞神經中的某些神經元釋放過多的麩胺酸，造成認知及睡眠相關神經元過度興奮，分泌與發炎有關的細胞激素如 IL-1 與 TNFα；此外，這些神經元會產生過多的 ROS（氧化壓力的指標產

物），致神經元容易凋亡。實驗中還發現動物的交感神經活性增強，低氧訊息被週邊化學受器偵測後，傳到延腦，再傳到下視丘，使下視丘投射到延腦吻端的神經末梢增加抗利尿激素的釋放，以致延腦吻端下行到交感神經節前神經元的活性增強，導致血管阻力增加，心跳加快。因此阻斷延腦吻端的抗利尿激素受器，會改善高血壓病情。依據上文內容和習得的知識，回答下列各題：

42. 下列哪些因素與病人血壓增高的關係密切？
    (A) 交感神經活性增強　　　　　　(B) 血氧濃度上升
    (C) 小動脈血管平滑肌收縮
    (D) 交感與副交感神經產生過多的氧化物質
    (E) 延腦吻端的神經元興奮增強

43. 抗利尿激素在這篇短文的作用是甚麼？
    (A) 作為內分泌激素　　　　　　　(B) 作為神經傳遞物質
    (C) 當作抗氧化壓力的激素　　　　(D) 引起延腦吻端的神經元發炎

44. 依這篇短文所討論的內容來判斷，下列何種策略對於改善這種睡眠呼吸中止症候群將有幫助？
    (A) 服用降血壓的藥物
    (B) 使用抗利尿激素受器阻斷劑
    (C) 改善呼吸並給予病人抗氧化的藥物
    (D) 設法移除呼出氣體所含二氧化碳以利新陳代謝

第貳部分：非選擇題（佔 28 分）

說明：本部分共有四大題，答案必須寫在「答案卷」上，並於題號欄標明大題號（一、二、……）與子題號（1、2、……），作答時不必抄題。作答務必使用筆尖較粗之黑色墨水的筆書寫，且不得使用鉛筆。每一子題配分標於題末

一、植物學家測量某一約 8 公尺高的喬木之樹幹內水分輸送的平均速
　　度。由測量結果中得知：在中午期間，水分由主幹基部輸送至枝
　　梢約需 2 至 3 小時，此植物學家將所得數據繪成圖4。
　　試回答下列問題：

　　1. 在白天，此喬木樹幹內水分輸送的主要動力是來自於何種作
　　　 用？（2分）

　　2. 在夜間，此喬木樹幹內水分向上推擠之力爲何？（2分）

　　3. 此喬木主幹與枝條水分輸送的速度
　　　 不同，試問圖 4 中的甲和
　　　 乙曲線，何者代表主幹的水分輸送
　　　 速度？（2分）

　　4. 早上 9 時枝條的水分輸送的速度爲
　　　 何？（2分）

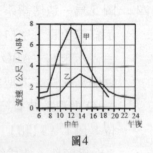
圖4

二、臺灣的農業非常發達，農民的勤奮和高知識水準是重要的因素。
　　當他們遇到下列農業上的難題時，可以用哪種植物荷爾蒙來幫忙
　　解決。

　　1. 當葡萄長得又小又密集時（2分）＿＿＿＿＿＿＿

　　2. 切花的葉子老化太快速時（2分）＿＿＿＿＿＿＿

　　3. 水果太青綠時（2分）＿＿＿＿＿＿

三、一多肽鏈經蛋白酶處理後被切成下列 A、B、C 三個寡肽鏈，其
　　胺基酸序列如下：
　　A. 苯胺酸（Phe）－甘胺酸（Gly）－纈胺酸（Val）
　　B. 色胺酸（Trp）－精胺酸（Arg）－蘇胺酸（Thr）－賴胺酸（Lys）
　　C. 甲硫胺酸（Met）－絲胺酸（Ser）－酪胺酸（Tyr）

試回答下列問題：

1. 在蛋白酶處理前該多肽鏈共有多少胺基酸？（2分）

2. 該多肽鏈自起始端算來的第二個胺基酸為何？（2分）

3. 產生該多肽鏈的 mRNA 若自起始密碼子算起至終止密碼子，共有多少個核苷酸？（2分）

四、圖5為一遺傳譜系，其中斜線表示紅綠色盲，空白表示正常，灰色表示未知，ABO 表示血型，圓圈為女性，方型為男性。又 ABO 血型系統有三個主要的等位基因 I^A、I^B 和 i，I^A 和 I^B 對 i 均為顯性。造成紅綠色盲的基因 g 為隱性，其正常的對偶基因為 G。

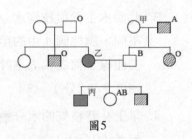

圖5

試回答下列問題：

1. 甲的血型基因型為何？（2分）

2. 甲的紅綠色盲基因型為何？（2分）

3. 乙為紅綠色盲的機率為何？（2分）

4. 丙為 O 型且又有紅綠色盲的機率為何？（2分）

101年度指定科目考試生物科試題詳解

第壹部分：選擇題

一、單選題

1. **A**

【解析】 (A) 糖解作用可以將葡萄糖分解為 2 分子的丙酮酸

(B) 發酵作用會將丙酮酸還原為乳酸或酒精與二氧化碳

(C) 檸檬酸循環會將丙酮酸分解產生的乙醯輔酶 A 完全分解，並產生二氧化碳

(D) 電子傳遞鏈最終會產生水

2. **C**

【解析】 植物的乾重主要為纖維素，其主要元素來源為 CO_2

3. **A**

【解析】 在雄老鼠 X 染色體上的性聯遺傳疾病基因，一定會傳給所有的雌老鼠子代。

➡ 本題題幹沒有清楚定義為 X 染色體上的性聯基因，因此容易造成學生疑惑，因為若為 Y 染色體上的性聯基因，則會傳給所有的雄性子代，因此本題命題上有瑕疵。

4. **B**

【解析】 (A) 乳腺為外分泌腺

抑制乳抑素 ⟶ 泌乳激素分泌 ⟶ 乳腺分泌乳汁

(B) 嬰兒吸吮母乳 ⟶ 下視丘

促進催產素的分泌 ⟶ 乳腺排出乳汁

(D) 母乳含有母親的抗體僅能提供嬰兒被動免疫，無法
　　獲得終身免疫

5. **D**

【解析】　大腸桿菌爲原核生物不具有核膜，轉錄和轉譯都在細
　　　　　胞質進行，而且，可以同時進行轉錄和轉譯。

　　➡ 人類、稻米、酵母菌均爲眞核生物，無法同時進行轉錄和
　　　轉譯。

6. **D**

【解析】　生長激素屬蛋白質構成的激素。

　　➡ (A) 睪固酮和 (C) 動情激素都屬於類固醇激素，(B) 維生素
　　　則爲小分子有機物

7. **B**

【解析】　(A) 粒線體的 DNA 僅含有部份自己的基因，其大部分
　　　　　　　的基因存在細胞核內，所以，粒線體內大部分的
　　　　　　　蛋白質是由細胞核內的基因控制合成的。

　　　　　(B) 粒線體基質內的 DNA 可以轉錄出自己的 RNA，
　　　　　　　並有核醣體可以轉譯出部分自己的蛋白質。

　　　　　(C) NADH 和 $FADH_2$ 是克氏循環的產物，不是反應
　　　　　　　物，兩者可再經過電子傳遞鏈轉換爲 ATP。

　　　　　(D) 糖解作用發生在細胞質。

8. **A**

【解析】　甲爲芽鞘，乙丙丁均爲莖，因爲光照會影響生長素的
　　　　　運輸載體作用，所以會促使生長素往背光的方向運輸，
　　　　　因此，丙處的生長素會最多，故應選 C。

9. **C**

　【解析】　因為糖尿病患者有血糖過高的現象，而雙醣酶則會增加葡萄糖的產生量，所以，抑制雙醣酶作用的藥物可以有效減少葡萄糖的產生，對糖尿病患最有用。

10. **C**

　【解析】　植物的電子傳遞鏈需要水提供電子，並會將電子傳給 $NADP^+$ 而產生 NADPH，然後 NADPH 再進入卡爾文循環而將電子釋出，所以，應選 (D)。

11. **C**

　【解析】　氣孔在夜間張開的植物，屬於需要適應日夜溫差極大的沙漠環境植物，故應選 (C) CAM 植物。

12. **D**

　【解析】　空氣中的二氧化碳為光合作用的原料，而提供植物碳和氧的元素，故應選 (D)。

13. **C**

　【解析】　(A) 酒精發酵與乳酸發酵都只能獲得 2 分子 ATP

　　　　　　(B) 在粒線體內膜二側建立質子濃度梯度是發生在電子傳遞鏈，不是酒精發酵

　　　　　　(C) 乳酸發酵作用過程，NADH 可以釋出電子和氫來將丙酮酸還原為乳酸

　　　　　　(D) 乳酸發酵全程在細胞質進行，能量也在細胞質產生

14. **D**

　　【解析】　根瘤菌會與植物根的皮層細胞共生，並促進皮層細胞
　　　　　　　增生產生根瘤，而皮層的分化是在植物根的成熟部才
　　　　　　　會出現，故應選 (D)。

15. **A**

　　【解析】　聽覺受器稱為柯蒂氏器，由毛細胞、支持細胞和覆膜
　　　　　　　（膠質物質）共同組成，位於內耳耳蝸管的基底膜上，
　　　　　　　其中毛細胞為真正的受器細胞，故應選 (A)。

16. **B**

　　【解析】　(A) 由 DNA 產生 mRNA 的過程，稱為轉錄，需要蛋白
　　　　　　　　　質構成的 RNA 聚合酶參與
　　　　　　　(B) 二氧化碳經擴散作用進入細胞內部，屬於一種簡單
　　　　　　　　　擴散，不需要運輸蛋白參與，故沒有蛋白質參與
　　　　　　　(C) 複製後的染色體在細胞分裂過程中分離至細胞二
　　　　　　　　　端，需要蛋白質構成的紡錘絲協助牽引
　　　　　　　(D) 脂肪的乳化需要膽鹽協助，而脂肪的分解則需要蛋
　　　　　　　　　白質構成的脂肪酶參與

17. **D**

　　【解析】　(A) 胰泌素會促進胰臟分泌含碳酸氫鈉較多的胰液，
　　　　　　　　　也會影響肝臟分泌大量膽汁儲存在膽囊
　　　　　　　(B) 蛋白質或多肽類會促進胃泌素之分泌
　　　　　　　(C) 酸性食糜會刺激十二指腸細胞分泌膽囊收縮素和
　　　　　　　　　胰泌素

　　(D) 食糜中乳化的脂肪，會刺激十二指腸分泌胰泌素和膽囊收縮素來抑制胃液分泌，故兩者合成為腸抑胃泌素

18. **B**

　　【解析】 (A) 養分來自光合作用細胞，分生組織不行光合作用

　　　　　　(C) 莖部可以將有機養分隨植物的需要向上或向下運輸

　　　　　　(D) 葉片的有機養分運輸仍然需要靠篩管進行

19. **C**

　　【解析】 (A) 流感病毒為 RNA 病毒

　　　　　　(B) 套膜主要由磷脂質模組成

　　　　　　(D) 病毒不會自行轉錄和轉譯蛋白質

20. **D**

　　【解析】 克流感主要在阻止病毒釋出細胞的作用

二、複選題

21. **BD**

　　【解析】 (A) 菌根是植物與真菌的共生不是與細菌

　　　　　　(C) 地衣是真菌與藻類或藍綠菌的共生，與植物無關

　　　　　　(E) 是寄生關係不是共生

22. **ADE**

　　【解析】 (B) 只能解釋目前的生物都是由生物產生，無法解釋地球最早的生命起源

　　　　　　(C) RNA 比 DNA 更早成為地球上的遺傳物質

23. **AE**

【解析】 當吸水量大於蒸散量時才容易觀察到泌液作用，因此
選 (A) 根壓超過蒸散作用；(E) 潮濕的環境

24. **AC**

【解析】 (B) 光敏素是蛋白質不是脂質

(D) Pfr 吸收遠紅光才對

(E) Pfr 與 Pr 的轉換為可逆

25. **CDE**

【解析】 (A) 轉錄需要 RNA 聚合酶不需要 DNA 聚合酶

(B) DNA 複製需要 DNA 接合酶，轉錄不需要

26. **BDE**

【解析】 (A) 植物的背地性與地心引力有關

(C) 植物的觸發運動與機械性刺激有關

27. **CDE**

【解析】 (C) 表示葉綠體原先是自我獨立複製的個體，因此可
自我獨立複製

(D) 表示內層的膜原本是粒線體的細胞膜，外層膜是
吞噬的真核生物細胞膜

(E) 表示葉綠體與藍綠菌相似都是都擁有自己的遺傳
物質

28. **BCE**

【解析】 (A) 水分的吸收都是被動的滲透作用

(D) 二氧化碳進出膜都是利用簡單擴散，屬於被動運輸

29. **BC**

【解析】 換句話說就是光反應的產物，故選 (B) NADPH 和
(C) ATP

30. **CE**

【解析】 (A) 丙時期黃體激素增加，會負項回饋使 GnRH 分泌
量減少

(B) FSH 會在動情激素第一次高峰後一天達到高峰，
不是丁時期

(D) 甲時期動情激素與黃體激素量都很低，是月經來
潮期，子宮內膜最薄

31. **ADE**

【解析】 (A)(D) 缺水導致氣孔關閉，二氧化碳近來少，光合作
用效率低

(B) 缺水會促進根的生長以獲得更多水源

(C) 缺水會促進離素的合成不是吉貝素

(E) 篩管內養分的運輸也需要水分的協助，植物體內
水分缺乏，運輸受到影響

32. **AC**

【解析】 (B) 生長素是激素，不是直接接受光線刺激的物質

(D) 花青素與光週期的調控無關，因為光敏素

(E) 褪黑激素是激素，不是直接接受光線刺激的物質

33. **AD**

【解析】 (B) 碳酸酐酶存在紅血球內，不是在血漿中

(C) 延腦才可偵測血液中二氧化碳濃度

(E) 肋間肌收縮將胸骨與肋骨向上牽引，產生吸氣作用

34. **BE**
　　【解析】　(A) (C) 「抗蛇毒血清」含有馬對抗蛇毒的抗體，屬於
　　　　　　　　馬的主動免疫
　　　　　　　(E) 重複注射「抗蛇毒血清」將使患者產生嚴重過敏，
　　　　　　　　可能死亡

35. **ACDE**
　　【解析】　(B) 水分的再吸收是滲透作用屬於被動運輸

三、閱讀題

36. **B**
　　【解析】　(A) 鏈黴菌屬於細菌；(B) 文章沒有提到原生動物
　　　　　　　(C) 螞蟻屬於節肢動物；(D) 螞蟻養的就是真菌

37. **BC**
　　【解析】　(A) (D) (E) 文中的細菌提到可產生抗生素與協助固氮，
　　　　　　　　沒有產生糖分、光合作用、提供胺基酸的功能

38. **B**
　　【解析】　(B) 鏈黴菌是提供抗生素抑制其他雜菌生長

39. **ABE**
　　【解析】　(C) 「破壞 28S rRNA 得以影響新生蛋白質的合成。」
　　　　　　　　會影響長期記憶產生，因此長期記憶與蛋白質合
　　　　　　　　成有關
　　　　　　　(D) 是臺灣團隊研究前就有的認知

40. **BDE**

【解析】 (A) RICIN 是蓖麻（一種植物）所具有的毒素蛋白。
　　　　 不是正常果蠅內所具有

　　　　 (C) RICIN 會抑制蠅神經元的 CaMKII 與 period 基因，
　　　　 但在適當休息後又可被活化

41. **B**

【解析】 (A) DAL 和蕈狀體是不同的部位

　　　　 (C) RICIN 會抑制長期記憶的產生不是促進

　　　　 (D) 28S rRNA 存在所有的果蠅細胞中

42. **ACE**

【解析】 (B) 血氧濃度上升不會促進心跳，故不會促進血壓上升

　　　　 (D) 文中提到的 ROS 是氧化壓力指標產物，不是氧化
　　　　 物質，故無關

43. **B**

【解析】 文章提到抗利尿激素是神經末梢釋放，故屬於神經傳
　　　　 遞物質。

44. **C**

【解析】 改善睡眠呼吸中止症候群就是要 (C) 改善呼吸並給予
　　　　 病人抗氧化的藥物 (A) 當改善睡眠呼吸中止後，其所
　　　　 造成的高血壓自然會改善

四、非選題

一、【解答】 1. 蒸散作用
2. 根壓（因為此時葉片的氣孔關閉，蒸散作用會停止進行）
3. 乙（因為主幹較粗導管較多，水份運輸的途逕較多，所以上升的速度慢）
4. 4.4 小時/1 公尺

二、【解答】 1. 吉貝素
2. 細胞分裂素
3. 乙稀

三、【解答】 1. 10 胺基酸
2. 絲胺酸
（因為甲硫胺酸為起始密碼所決定的胺基酸，故多肽鏈的第一個胺基酸必為甲硫胺酸）
3. 33 核苷酸
（共有 10 胺基酸，需要 10 組密碼子決定，故需要 30 個核苷酸，另外再加終止密碼子，所以總需要 33 個核苷酸）

四、【解答】 1. $I^B i$
2. Gg
3. 0%
4. 1/8

101 年大學入學指定科目考試試題
國文考科

第壹部分：選擇題（佔 55 分）

一、單選題（34 分）

說明：第 1 題至第 17 題，每題有 4 個選項，其中只有一個是正確或最適當的選項，請畫記在答案卡之「選擇題答案區」。各題答對者，得 2 分；答錯、未作答或畫記多於一個選項者，該題以零分計算。

1. 下列各組「」內的字，讀音相同的選項是：
   (A) 令人發「噱」／「遽」然而逝
   (B) 同心「戮」力／「蓼」莪成行
   (C) 寒「螿」鳴秋／「鶉」居荒野
   (D) 「瓠」巴鼓瑟／簞「瓢」屢空

2. 下列文句「」內詞語的運用，最適當的選項是：
   (A) 領導者必須「目光如炬」，通觀全局，洞察先機
   (B) 李爺爺的身體硬朗，如「松柏後凋」，老而彌堅
   (C) 父母要子女專精一種才藝，常落得「梧鼠技窮」
   (D) 兒童科學營活動，學員「群賢畢至」，齊聚一堂

3. 閱讀下文，依序選出最適合填入□內的選項：

   　　仙岩有三個瀑布，梅雨瀑最低。走到山邊，便聽見花花花花的聲音；擡起頭，□在兩條溼溼的黑邊兒裏的，一□白而發亮的水便呈現於眼前了。我們先到梅雨亭。梅雨亭正對著那條瀑布；坐在亭邊，不必仰頭，便可見牠的全體了。亭下深深的便是梅雨

潭。這個亭□在突出的一角的岩石上，上下都空空兒的；彷彿一隻蒼鷹展著翼翅浮在天宇中一般。三面都是山，像半個環兒擁著；人如在井底了。（朱自清〈溫州的蹤跡〉）

(A) 夾／帶／盤　　　　　　　(B) 夾／畦／踞

(C) 鑲／畦／盤　　　　　　　(D) 鑲／帶／踞

4. 下列文句，依文意選出排列順序最適當的選項：

「危微之幾，惟明君子而後能知之。故人心譬如槃水，

甲、微風過之

乙、正錯而勿動

丙、則足以見鬚眉而察理矣

丁、湛濁動乎下，清明亂於上

戊、則湛濁在下，而清明在上

則不可以得大形之正也。」（《荀子・解蔽》）

(A) 甲丁乙戊丙　　　　　　　(B) 甲戊丙乙丁

(C) 乙戊甲丁丙　　　　　　　(D) 乙戊丙甲丁

5. 閱讀下列楹聯，依序選出最適合填入□內的選項：

讀書取正，讀易取變，讀騷取幽，讀莊取□，讀漢文取堅，最有味□□歲月；與菊同野，與梅同□，與蓮同□，與蘭同芳，與海棠同韻，定自稱花裏神仙。

(A) 達／卷中／疏／潔　　　　(B) 道／卷中／疏／逸

(C) 達／篇外／寒／潔　　　　(D) 道／篇外／寒／逸

6. 使用「題辭」，必須考量相應的社交場合。如：甲，適用於新婚，以表達道賀之意；乙，適用於長輩壽慶，以表達慶賀之意；丙，適用於教育機構開辦，以表達祝賀之意。

上文甲、乙、丙中，依序最適合填入的選項是：

(A) 五世其昌／齒德俱尊／啓迪有方

(B) 宜爾室家／椿萱並茂／杏林春暖

(C) 珠聯璧合／福壽全歸／英才淵藪

(D) 琴瑟重調／松鶴延齡／時雨春風

7. 下列有關「記」的敘述，正確的選項是：

(A) 陶淵明〈桃花源記〉採倒敘手法，從漁人的角度追憶自我無意中發現美好世界的過程

(B) 柳宗元〈始得西山宴遊記〉以「始得」二字凸顯主旨，首段開門見山，細數宴遊見聞

(C) 范仲淹〈岳陽樓記〉旨在刻畫滕子京浮沉宦海、修葺岳陽樓之原委始末，雖名為樓記，實為史傳

(D) 歐陽脩〈醉翁亭記〉首段採用「由景而人」的手法，勾連山、水、亭、人物，終而拈出「樂」字

8. 下列有關「小說」的敘述，正確的選項是：

(A) 劉義慶《世說新語》是一部情節完整的志人小說

(B) 杜光庭〈虯髯客傳〉是一篇結構完整的志怪小說

(C) 曹雪芹《紅樓夢》是一部以家族大團圓為結局的言情小說

(D) 劉鶚《老殘遊記》是一部反映政治黑暗與關心民生疾苦的章回小說

9. 《論語》：「子謂顏淵曰：『用之則行，舍之則藏，唯我與爾有是夫！』」反映古代士大夫對於「出仕」或「退隱」的態度，下列文意和這種態度最不相關的選項是：

(A) 邦有道，則仕；邦無道，則可卷而懷之

(B) 滄浪之水清兮，可以濯吾纓；滄浪之水濁兮，可以濯吾足

(C) 臣本布衣，躬耕於南陽，苟全性命於亂世，不求聞達於諸侯

(D) 夫人之相與，俯仰一世，或取諸懷抱，晤言一室之內；或因寄所託，放浪形骸之外

10. 閱讀下文，選出最符合文意的選項：

　　《讀畫錄》云：「（陳老蓮）搨杭州府學龍眠七十二賢石刻，閉門摹十日，盡得之，出示人曰：『何若？』曰：『似矣！』則喜。又摹十日，出示人曰：『何若？』曰：『勿似也！』則更喜。蓋數摹而變其法，易圓以方，易整以散，勿得辨也。」老蓮這一遺事，於書畫之道，極有意義。因爲學習書畫，總得從臨摹入手，以擷取前人的精神與法度；若拘於臨摹，以「拷貝」爲能事，則失去了自己。老蓮摹李龍眠，似矣喜，勿似更喜；這就是老蓮之所以爲老蓮。（改寫自臺靜農〈看了董陽孜書法後的感想〉）

(A) 陳老蓮臨摹李龍眠筆法，愈近似則愈感覺喜悅

(B) 學習書畫應經由「似」，再進一步追求「勿似」

(C) 陳老蓮的學習歷程可以用「邯鄲學步」來形容

(D) 《讀畫錄》藉「易圓以方」說明李龍眠的畫風

11. 閱讀下文，選出敘述正確的選項：

　　武平產猿，猿毛若金絲，閃閃可觀；猿子尤奇，性可馴，然不離母。母黠，不可致。獵人以毒傅矢，伺母間射之。母度不能生，灑乳於林飲子；灑已，氣絕。獵人取母皮向子鞭之，子即悲鳴而下，斂手就制，每夕必寢皮乃安。甚者，輒抱皮跳擲而斃。嗟夫！猿且知有母，不愛其死，況人也耶！（宋濂〈猿說〉）

(A) 本文藉猿來諷勸世人當愛其子

(B) 小猿機靈活潑，母猿很難制伏

(C) 小猿生性戀母，獵人加以利用而得逞

(D) 獵人趁母猿的疏忽，用毒箭偷襲小猿

12. 閱讀下列兩首宋詞，選出敘述正確的選項：

甲、碧雲天，黃葉地，秋色連波，波上寒煙翠。山映斜陽天接水，
　　芳草無情，更在斜陽外。黯鄉魂，追旅思，夜夜除非，好夢
　　留人睡。明月樓高休獨倚，酒入愁腸，化作相思淚。

乙、紅葉黃花秋意晚，千里念行客。看飛雲過盡，歸鴻無信，何
　　處寄書得？淚彈不盡臨窗滴，就硯旋研墨。漸寫到別來，此
　　情深處，紅箋為無色。

(A) 均以避世離俗作為主題

(B) 均表現濃厚的離愁別緒

(C) 均採用先情後景的寫作手法

(D) 均描寫臨別時刻的場景與心情

13. 閱讀下列散曲，選出敘述不正確的選項：

　　在官時只說閒，得閒也又思官。直到教人做樣看。從前的試
觀，那一個不遇災難？楚大夫行吟澤畔，伍將軍血污衣冠，烏江
岸消磨了好漢，咸陽市乾休了丞相。這幾個百般，要安、不安，
怎如俺五柳莊逍遙散誕！（張養浩〈沽美酒帶太平令〉）

(A) 「伍將軍血污衣冠」指有功於吳國卻被賜劍自裁的伍子胥

(B) 「咸陽市乾休了丞相」指受趙高誣陷而被斬於咸陽的李斯

(C) 「在官時只說閒，得閒也又思官」寫出無官一身輕的閒適

(D) 「怎如俺五柳莊逍遙散誕」反映作者嚮往陶潛的隱居生活

14-15為題組

閱讀下列短文，回答 14-15 題。

　　那一夜，大雨如注。老人冒雨從外面回來，進入臥房，在燈
亮起來的剎那，他發現沙發上坐著一個青年，手執左輪槍，正對

準著他。「不許聲張！給我錢和你的汽車鑰匙！」老人一眼認出那把手槍是他自己的。他從容地關上門，傍著茶几坐了下來。「好大的雨，淋得我直打哆嗦，先讓我喝杯咖啡再商量吧！」「你敢耍花招！」「我不敢，我只是想暖暖身，你也來一杯吧。」老人倒了兩杯熱呼呼的咖啡。在喝的同時，他指著對方一身灰色的囚衣說：「哦，你是逃犯呀！好小子，我也在監牢裡待了三十年呢！」「想不到你這傢伙竟然也──」接著一陣冷笑。突然，外面一部汽車駛近。兩雙皮靴響上臺階，在門口停住。青年一躍而起，拿槍抵住老人腦袋：「開門你就別想活！」「外面是誰？」「是我們，趙英和李金，報告典獄長，109 號新來的囚犯越獄逃跑。」「知道了，你們守住通道口，不許隨便離開！」「是，長官。」兩雙皮靴響下臺階。汽車在雨中遠去。「你瞧，我沒騙你吧！我也在監牢裡待了三十年。」老人趁勢奪下青年手中的槍：「孩子，你從來沒玩過手槍吧！我這把手槍已經二十年不上子彈了。」然後他把另一杯咖啡遞給對方。「喝掉它吧，乖乖地回到監獄去，我不會讓他們為難你的。」青年捧起杯子，艱難地嚥盡最後一口咖啡。他朝門走去時，老人塞給他一把雨傘，拍拍他的肩：「孩子，我明天一早去看你。」（改寫自 Cabinson Borges 作、丁樹南譯〈雨夜〉）

14. 依據上文，敘述<u>不正確</u>的選項是：
    (A) 青年是逃犯，老人是典獄長
    (B) 青年不知道這把手槍根本未裝子彈
    (C) 老人不讓趙英和李金入內強迫青年就範，是害怕青年開槍
    (D) 老人從青年手中奪下手槍並勸其自動返獄，展現老人的愛心

15. 關於上文主旨的敘述，最適當的選項是：
    (A) 生活充滿危機　　　　　(B) 感化勝於強制
    (C) 犯罪必須預防　　　　　(D) 妥協代替對立

16-17為題組

閱讀下列短文，回答 16-17 題。

　　丞之職，所以貳令，於一邑無所不當問。其下主簿、尉，主
簿、尉乃有分職。丞位高而偪，例以嫌不可否事。文書行，吏抱
成案詣丞，卷其前，鉗以左手，右手摘紙尾，雁鶩行以進，平立，
睨丞曰：「當署。」丞涉筆占位，署惟謹，目吏問可不可。吏曰：
「得」，則退；不敢略省，漫不知何事。官雖尊，力勢反出主簿、
尉下。諺數慢，必曰丞，至以相訾謷。丞之設，豈端使然哉！

　　博陵崔斯立，種學績文，以蓄其有，泓涵演迤，日大以肆。
貞元初，挾其能，戰藝於京師，再進再屈千人。元和初，以前大
理評事言得失黜官，再轉而爲丞茲邑。始至，喟曰：「官無卑，
顧材不足塞職。」既噤不得施用，又喟曰：「丞哉！丞哉！余不
負丞而丞負余！」則盡枿去牙角，一躡故跡，破崖岸而爲之。

　　丞廳故有記，壞漏污不可讀；斯立易桷與瓦，墁治壁，悉書
前任人名氏。庭有老槐四行，南牆鉅竹千梃，儼立若相持；水㶁
㶁循除鳴，斯立痛掃漑，對樹二松，日哦其間。有問者，輒對曰：
「余方有公事，子姑去。」

　　考功郎中知制誥韓愈記。（韓愈〈藍田縣丞廳壁記〉）

> 偪：侵迫。訾謷：詆毀。枿：絕。㶁㶁：水聲。

16. 依據上文，下列文句敘述正確的選項是：

(A) 「不可否事」是表達事無不可爲的積極態度

(B) 「雁鶩行以進，平立」是描寫小吏對縣丞的恭敬

(C) 「種學績文」是以耕田織布比喻崔斯立的勤學善寫

(D) 「水㶁㶁循除鳴，斯立痛掃漑」是藉水聲反映出崔斯立內心
　　的喜悅與痛快

17. 下列文句，前後<u>最不能</u>互相呼應的選項是：
(A) 至以相訾謷／旣嚜不得施用
(B) 其下主簿、尉／力勢反出主簿、尉下
(C) 丞之職，所以貳令／丞之設，豈端使然哉
(D) 於一邑無所不當問／不敢略省，漫不知何事

二、多選題（21 分）

說明：第 18 題至第 24 題，每題有 5 個選項，其中至少有一個是正確
的選項，請將正確選項畫記在答案卡之「選擇題答案區」。各
題之選項獨立判定，所有選項均答對者，得 3 分；答錯 1 個選
項者，得 1.8 分；答錯 2 個選項者，得 0.6 分；答錯多於 2 個選
項或所有選項均未作答者，該題以零分計算。

18. 下列文句，完全<u>沒有</u>錯別字的選項是：
(A) 慶祝建國百年，我們應緬懷先人篳路藍縷，才能開創新局
(B) 現代社會中，富人住豪宅，開名車，窮人卻貧無立錐之地
(C) 百無聊賴時，喝上一口酸酸甜甜的檸檬汁，眞是沁人心脾
(D) 陳家製作油飯的技術一脈相成，每天光顧的食客川流不息
(E) 林小姐經營日本料理店，因爲手藝好，名聲自然不脛而走

19. 下列各組文句，「」內字詞意義相同的選項是：
(A) 以「區區」之宋，猶有不欺人之臣／然秦以「區區」之地，
致萬乘之權
(B) 傴僂「提攜」往來不絕者，滁人遊也／長者與之「提攜」，
則兩手奉長者之手
(C) 一鼓作氣，「再」而衰，三而竭／季文子三思而後行。子聞
之，曰：「再」，斯可矣

(D) 至於「斟酌」損益，進盡忠言，則攸之、禕、允之任也／過門更相呼，有酒「斟酌」之

(E) 日夜望將軍至，豈敢反乎？願伯具言臣之不敢「倍」德也／故事半古之人，功必「倍」之

20. 下列各組文句，「」內文字詞性相同的選項是：

(A) 父義，母慈，「兄」友，弟恭／君為我呼入，吾得「兄」事之

(B) 沛公「軍」霸上，未得與項羽相見／晉「軍」函陵，秦軍氾南

(C) 謂獄中語，乃「親」得之於史公云／每得降卒，必「親」引問委曲

(D) 一妓有殊色，執紅拂，立於前，獨「目」靖／臣以神遇而不以「目」視

(E) 一「觴」一詠，亦足以暢敘幽情／引「觴」滿酌，頹然就醉，不知日之入

21. 下列詩句中，藉由江水表達「物是人非」之慨嘆的選項是：

(A) 移舟泊煙渚，日暮客愁新。野曠天低樹，江清月近人

(B) 餘霞散成綺，澄江靜如練。喧鳥覆春洲，雜英滿芳甸

(C) 閒雲潭影日悠悠，物換星移幾度秋。閣中帝子今何在，檻外長江空自流

(D) 曲終收撥當心畫，四絃一聲如裂帛。東船西舫悄無言，唯見江心秋月白

(E) 青春衣繡共稱宜，白首垂絲恨不遺。江上幾回今夜月，鏡中無復少年時

22. 文學作品中，可運用層層遞進手法，來增加文意的層次感。下列屬於此種用法的選項是：

(A) 天有情，天亦老；春有意，春須瘦；雲無心，雲也生愁

(B) 所謂老教授不過是新來的講師變成，講師曾是新刮臉的學生

(C) 地名可以忘記，地方不會忘記；地方可以忘記，事件不會忘記

(D) 求木之長者，必固其根本；欲流之遠者，必浚其泉源；思國
之安者，必積其德義

(E) 有些人是特別的善於講價；他有政治家的臉皮，外交家的嘴
巴，殺人的膽量，釣魚的耐心

23. 閱讀下列各詩，選出敘述正確的選項：

甲、讓我把你潮濕的憂傷，一點，一滴，收藏（宇文正〈除濕機〉）

乙、其實一切都可以重來，那些曾經錯誤的，就用微笑掩蓋
（心誼〈立可白〉）

丙、火山的灰燼，擁抱後的溫柔碎片──人類偉大的暫存技術
（何亭慧〈暖暖包〉）

丁、守護著你每一個腳步，一路讓你出氣宣洩，最後拱你登上
巔峰（路寒袖〈登山鞋〉）

(A) 上列四首詩皆為以人擬物的詠物詩

(B) 「一點，一滴，收藏」雙重呼應除濕功能以及眼淚滴落的情狀

(C) 「那些曾經錯誤的，就用微笑掩蓋」展現正面積極的生活態度

(D) 「人類偉大的暫存技術」是指暖暖包發熱後帶給人溫暖的功能

(E) 「最後拱你登上巔峰」是指人踩著登山鞋最後得以登上最高峰

24. 閱讀下文，選出符合文意的選項：

舞蹈是一種身體的表現運動，桌球是一種體能運動的辯證舞
蹈。杜甫看公孫大娘舞劍，有這麼兩句：「觀者如山色沮喪，天
地為之久低昂」。中國文化傳統中居然還有這種為「身體的表現
藝術」產生巨大震動的場面，簡直令人難以置信。待看到陳靜打

球，才忽然體會，杜公此詩，並非應酬之作。她低身發球時冷眼覷著對方的神氣，有威懾感，她的反手快彈，命中率高，突然性強，經常打亂對方節奏。她的似從容實迅速的步法移位，她的正手拉球，基本上都是爲反手的這一板做準備。比賽中的陳靜，都以反手的這一板作爲成敗得失的焦點。她發球後，她的回擊準備位置，立即以反手拍的攻擊板型爲重心，身體的其餘部位，從眼睛到腳尖，都爲此配合。她的反手拍就是她的劍尖，她的全部意識都集中在這個致命武器最犀利的一點上。一九八八年漢城奧運會上，陳靜拿金牌的那一仗，這種反手帶出的威懾感，發揮到極致。那種威懾感，不是純機械的技術，而是氣勢，一如當年杜甫筆下公孫大娘的舞劍。（改寫自劉大任〈陳靜反手彈〉）

(A) 文中所引杜詩，以公孫大娘的內心悸動摹寫舞劍場面

(B) 桌球跟舞劍同屬於身體的表現藝術，都能令觀者動容

(C) 陳靜跟公孫大娘一樣，都以反手彈將肢體發揮到極致

(D) 陳靜的反手彈，從眼睛到腳尖的配合，令人措手不及

(E) 陳靜反手彈的威懾感，主要在機械性技術訓練的效果

第貳部分：非選擇題（佔 45 分）

說明：本部分共有二題，請依各題提示作答，答案必須寫在「答案卷」上，並標明題號一、二。作答務必使用筆尖較粗之黑色墨水的筆書寫，且不得使用鉛筆。

一、文章解讀（占 18 分）

　　閱讀框內甲、乙兩段文章之後，請解釋：燭之武爲了達到「言資悅懌」的遊說目的，如何掌握「時利」、「義貞」這兩個重要原則？並分（一）「時利」、（二）「義貞」，依序回答。（一）、（二）合計文長約 200 — 250 字（約 9 — 11 行）。

甲、劉勰《文心雕龍・論說》的「說」，並不是指今人所謂「說明文」的「說」，而是指先秦時代縱橫家對君主所進行的「遊說」。他讚美「燭武行而紓鄭」（燭之武出面說服秦伯，解除了鄭國的危難）；認為「說」要「言資悅懌」（說的話要讓聽者欣然接納），要能隨機應變，解決問題，所以必須針對實際情況，分析利弊，講究方法，切合事宜，掌握「時利」（有利時勢）和「義貞」（持理正大）這兩個重要原則，才能博取君主的認同，以達到遊說的目的。（改寫自王更生《文心雕龍讀本》）

乙、（燭之武）見秦伯曰：「秦、晉圍鄭，鄭既知亡矣。若亡鄭而有益於君，敢以煩執事。越國以鄙遠，君知其難也。焉用亡鄭以陪鄰？鄰之厚，君之薄也。若舍鄭以為東道主，行李之往來，共其乏困，君亦無所害。且君嘗為晉君賜矣，許君焦、瑕，朝濟而夕設版焉，君之所知也。夫晉何厭之有？既東封鄭，又欲肆其西封。若不闕秦，將焉取之？闕秦以利晉，唯君圖之。」（《左傳・燭之武退秦師》）

二、引導寫作（占 27 分）

《論語》：「子貢問曰：『有一言而可以終身行之者乎？』子曰：『其「恕」乎！己所不欲，勿施於人。』」孔子因材施教，指導子貢以「恕」作為終身奉行的一個字。魯迅則以「早」字來自我惕厲，要求時時早，事事早，知在人先，行在人前。你認為有哪一個字是自己可以終身奉行的呢？請以「**我可以終身奉行的一個字**」為題，寫一篇文章。論說、記敘、抒情皆可。

101年度指定科目考試國文科試題詳解

第壹部分：選擇題

一、單選題

1. **C**

   【解析】 (A) ㄐㄩㄝˊ／ㄐㄩˋ　　　(B) ㄉㄨˋ／ㄉㄧㄠˇ

   　　　　 (C) ㄑㄩㄥˊ　　　　　　(D) ㄏㄨˋ／ㄆㄧㄠˊ

2. **A**

   【解析】 (B) 松柏後凋：喻處亂世不改其操守

   　　　　 (C) 梧鼠技窮：喻學不專精

   　　　　 (D) 群賢畢至：乃眾多有才德的人都到了，不適用於
   　　　　　　　 兒童、學員

3. **D**

   【解析】 關鍵在「黑邊兒裏」，故選「鑲」；前一句為「兩條」，
   　　　　 所以「白而發亮的水」就選「帶」；「突出的一角的岩
   　　　　 石上」，故選「踞」

4. **D**

   【解析】 從首句「譬如槃水」，接乙、「正錯而勿動」，然後戊、
   　　　　 『則湛濁在下，而清明在上』，結果為丙、「則足以見
   　　　　 鬚眉而察理矣」；反之甲、「微風過之」，就會丁、「湛
   　　　　 濁動乎下，清明亂於上」，故選 (D)

5. **A**

【解析】 莊子取其通達，由下聯「花裏」判斷上聯□□平仄宜為「卷中」，而梅以疏為雅，蓮之不染取其潔，故選 (A)

6. **A**

【解析】 「琴瑟重調」用於再婚，先刪去 (D)，「福壽全歸」則輓男喪，再刪去 (C)，至於「杏林春暖」用於醫界，故選 (A)

7. **D**

【解析】 (A) 採順敍手法
   (B) 先寫未始，所以非開門見山
   (C) 岳陽樓記藉滕子京謫守重修岳陽樓，抒發「不以物喜，不以己悲」之懷，且非史傳

8. **D**

【解析】 (A) 世說零星記事
   (B) 虬髯客傳為傳奇小說豪俠類
   (C) 紅樓夢以悲劇收場

9. **D**

【解析】 (D) 選項表達人生有限，或抒懷於室內；或放浪形骸之外，所以最不相關

10. **B**

【解析】 (A) 似矣喜，勿似更喜
   (C) 「邯鄲學步」乃一味模倣，最後失其故我
   (D) 「易圓以方」講的是陳老蓮「數摹而變其法」

11. **C**

【解析】 (A) 寫猿子愛其母

(B) 猿子性可馴，不離母

(D) 獵人以毒箭射母猿

12. **B**

【解析】 (A) 以思念為主題　　　　(C) 先景後情

(D) 非臨別時刻

13. **C**

【解析】 (C) 寫的是熱中名利，放不下的做作心態

14-15為題組

14. **C**

【解析】 (C) 從文中看不出來

15. **B**

【解析】 勸逃犯自動返獄乃感化的手段

16-17為題組

16. **C**

17. **A**

【語譯】

　　縣丞一職是用來輔佐縣令的，對全縣沒有什麼不當過問之事。其下是主簿、尉，主簿和尉才各有分職。縣丞職位高過主簿、尉，逼近

縣令，照例爲了避嫌所以對公事不加可否。文書發出前，小吏抱著擬成的案卷拜見丞，卷起前面的內容，用左手夾住，右手摘住紙尾簽名處，像雁鴨行進般地走進來，直立，斜視對縣丞說：「您當簽一下名。」縣丞拿筆望著自己簽名的位置，謹慎地簽上名，看著小吏問：「可以嗎？」小吏說：「就這樣。」然後退下；縣丞不敢稍稍瞭解內容，茫然不知何事。官位雖高，權勢反在主簿、尉之下。諺語列舉閒散多餘的職官，一定說到縣丞，甚至把丞作爲相互詆毀的話。設立縣丞，難道本意就是如此嗎！

　　博陵人崔斯立，勤學善寫，以積累其學，宏深廣闊，每天都有長進而且逐步顯露出來。貞元初，他懷藏本領，在京師與人較量藝文，再次得中、再次折服眾人。元和初，任大理評事，因爲論朝政得失而被貶，再次遷謫，來到這做縣丞。剛到時，他歎息說：「官無尊卑，只怕一己的能力不能稱職。」在只能閉口無言不得作爲的情況下，又感慨地說：「丞啊，丞啊，我沒有對不起丞，丞卻對不起我！」於是完全去掉稜角，一概依舊，平平庸庸地做這縣丞。

　　縣丞的辦公廳原來有一篇壁記，但損壞滲漏而遭汙損，已無法閱讀；崔斯立換椽易瓦，粉刷牆壁，將前任縣丞的名氏全寫上。庭中有老槐四行，南牆有大竹千株，挺立好像相持不下；水聲汩汩繞庭階而鳴，斯立把裏外打掃乾淨，種上兩棵相對的松樹，每日在庭中吟詩。有人問，他就回答說：「我正有公事，請您暫離開。」考功郎中知制誥韓愈記。

二、多選題

18. **ABCE**

　　【解析】 (D) 一脈相「承」

19. **AC**

　　【解析】(A)「區區」皆小小之意

　　　　　　(B) 牽手／拉拔

　　　　　　(C)「再」皆第二次

　　　　　　(D) 權衡／倒酒、飲酒

　　　　　　(E) 背／增加與原數相等的數

20. **BC**

　　【解析】(A) 名詞／副詞　　　　(B) 皆動詞

　　　　　　(C) 皆副詞　　　　　　(D) 動詞／名詞

　　　　　　(E) 動詞／名詞

21. **CE**

　　【解析】(C) 由「閣中帝子今何在，檻外長江空自流」可知

　　　　　　(E) 由「江上幾回今夜月，鏡中無復少年時」可知

22. **BC**

　　【解析】(A) 排比　　　(D) 排比　　　(E) 排比

23. **BCDE**

　　【解析】(A) 上列四首詩皆為以物擬人的詠物詩

24. **BD**

　　【解析】(A) 以觀者的內心悸動，寫公孫大娘舞劍的氣勢

　　　　　　(C) 陳靜的反手快彈

　　　　　　(E) 不是純機械的技術

第貳部分：非選擇題

一、文章解讀

1. 時利：「秦晉圍鄭，鄭知既亡」如何在大國夾縫中求生存？必須製造兩個大國之間的矛盾。燭之武明白晉、秦來勢洶洶，鄭朝不保夕。燭之武於是從事實和假設下手，將利害剖析的淋漓盡致，利用秦晉矛盾衝突，求得秦、鄭聯盟，為鄭求得生存空間，此「時利」也。

2. 義貞：燭之武之辯才，表現在他完全站在秦之立場陳述，說之以理性的是非正誤，辯之以局勢的利害得失，再動之以感性的情感意志，此乃外交辭令不可或缺的技巧，內容委婉曲折，層次井然，避其銳氣，訴諸理性，終使秦、晉二國聯兵而來，分兵而去，字字動心，句句入理，此乃「義貞」也。【楊墨老師撰寫】

二、作文

【範文】

我可以終身奉行的一個字

　　爸爸一生守著祖父留下的這片田，從年輕到年老，我沒聽他抱怨過一個字。鄰居清水伯來家裡泡茶的時候常說：「咱種田人，就是這款命，一世人都要和天在爭！」我隱約聽出他話裡的不滿和哀怨。父親沒有作聲，他緩緩啜一口濃厚苦澀的茶湯，睇起眼望著曬穀場前大片的田地，綠波在霞光裡翻飛，他轉頭看我，慢悠悠地說：「種田人，老實地去做就是了！」

　　父親的話不多：「老實地去做就是了」，如果你問我，這十幾年在鄉間成長的生活和識字無多的農人父親給了我什麼？應該就是一個「實」字了罷！我在父親的生命和種地的辛苦裡，真實體味了這個字的深義。猶記得當年我大考失利落榜，他原本盼望我是這個村莊裡的第一個大學生，我想他的失落感不比我差。我沮喪低落得像雞舍裡發瘟的病雞，垂頭喪氣。那晚我躺在木板床上，漆黑中任眼角的淚水將我淹沒。他輕輕推門進房坐在床沿，拍著我的肩膀：「阿坤，沒啥要緊，一次做不好就再做一次。阿爸種田也有收成不好的時候，做颱風、落大雨、倒伏，生稻熱病也不知都遇過多少回了，阿爸從沒放棄過。我讀書不多，只知種稻和人生一樣，今年不成，盼望來年，老實去做就對了！」準備重考的生活既單調又沉重，像來回擺盪的鐘擺，忽左忽右，有高點也有低潮。父親給我的安慰成了最有力的支撐。那年秋收，他抓起一把金黃的穀子，黝黑的面龐，爬滿歲月的細紋，一抹淡淡的笑裡，我看見了生命裡踏實的力量。就是這股力量，讓我在最低落的時刻，咬牙撐過，最無力的當下，還看見未來，也在漫漫長夜的苦讀中等到曙光。

　　讀過許多傳記，寫下不知多少座右銘，每一次都為那些字句深深感動，但我相信，生命的力量往往來自於實踐。父親一生務農，踏實誠懇，素樸簡單，他不懂什麼人生哲學，如果要從他的生命裡焠煉出精華，影響我們這些兒女，讓我們奉行不渝也只有一個「實」字。簡單、平易，卻最有力。

　　我記不清他一生告訴我多少遍：「種田、做人做事，老實去做就對了！」每一年初夏，我都要去到昔日熟識的鄉間，在燦燦的陽光下望著翻飛的稻浪，那般柔韌、平緩、寧靜，在模糊的淚光中我看見父親拉著我的手一步步，踏實地踩在故鄉的泥土上。

　　　　　　　　【陳興國文語表專任教師　潘　華老師主筆】

大考中心公佈101學年度指定科目考試
國文、英文及數學甲、乙選擇（填）題答案

國文		英文				數學甲		數學乙	
題號	答案	題號	答案	題號	答案	題號	答案	題號	答案
1	C	1	C	27	J	1	3	1	4
2	A	2	C	28	H	2	1	2	5
3	D	3	D	29	G	3	2	3	3
4	D	4	A	30	L	4	5	4	1,2
5	A	5	B	31	B	5	4	5	1,4
6	A	6	D	32	A	6	2,3,4	6	2,4
7	D	7	A	33	D	7	1,3,4	7	2
8	D	8	D	34	E	8	2,5	A 8	1
9	D	9	B	35	F	9	1,2,3	9	2
10	B	10	A	36	C	A 10	0	10	2
11	C	11	D	37	B	11	0	B 11	2
12	B	12	B	38	C	12	5	12	3
13	C	13	A	39	B	13	3	C 13	4
14	C	14	C	40	B	B 14	2	14	0
15	B	15	D	41	D	15	7		
16	C	16	C	42	B				
17	A	17	D	43	C				
18	ABCE	18	D	44	D				
19	AC	19	A	45	D				
20	BC	20	C	46	C				
21	CE	21	F	47	C				
22	BC	22	C	48	A				
23	BCDE	23	D	49	C				
24	BD	24	K	50	C				
		25	B	51	B				
		26	E						

大考中心公佈 101 學年度指定科目考試
歷史、地理、公民與社會選擇（填）題答案

歷	史			地	理			公	民	與	社 會
題號	答案	題號	答案	題號	答案	題號	答案	題號	答案	題號	答案
1	A	27	C	1	D	27	C	1	C	27	A
2	B	28	C	2	B	28	D	2	B	28	B
3	A	29	D	3	A	29	D	3	C	29	C
4	A	30	B	4	C	30	B	4	B	30	B
5	D	31	A	5	B	31	C	5	C	31	C
6	A	32	B	6	C	32	B	6	A	32	A
7	A	33	D	7	A	33	C	7	B	33	D
8	D	34	B	8	C	34	B	8	A	34	D
9	B	35	B	9	B	35	C	9	B	35	D
10	C	36	B	10	A	36	C	10	A	36	A
11	C	37	AE	11	D	37	A	11	B	37	D
12	D	38	ACD	12	C	38	B	12	C	38	D
13	C	39	CDE	13	B	39		13	D	39	B
14	C	40	CE	14	B			14	B	40	DE
15	D			15	A			15	C	41	ABE
16	B			16	B			16	C	42	ABD
17	D			17	D			17	D	43	ACDE
18	D			18	A			18	B	44	ABC
19	C			19	A			19	C	45	ACDE
20	D			20	D			20	D	46	ABE
21	C			21	D			21	A	47	DE
22	D			22	A			22	D	48	BCD
23	D			23	C			23	A	49	ABE
24	A			24	B			24	D	50	AE
25	D			25	B			25	B		
26	B			26	A			26	B		

大考中心公佈 101 學年度指定科目考試
物理、化學、生物選擇題答案

物理		化學		生			物
題號	答案	題號	答案	題號	答案	題號	答案
1	C	1	B	1	A	25	CDE
2	D	2	D	2	C	26	BDE
3	C	3	D	3	A	27	CDE
4	A	4	C	4	B	28	BCE
5	B	5	D	5	D	29	BC
6	C	6	C	6	D	30	CE
7	B	7	B	7	B	31	ADE
8	A	8	E	8	A	32	AC
9	E	9	C	9	C	33	AD
10	B	10	B	10	C	34	BE
11	A	11	B	11	C	35	ACDE
12	D	12	E	12	D	36	B
13	E	13	BCE	13	C	37	BC
14	E	14	BCE	14	D	38	B
15	D	15	AC	15	A	39	ABE
16	B	16	AD	16	B	40	BDE
17	A	17	CD	17	D	41	B
18	C	18	CD	18	B	42	ACE
19	D	19	CE	19	C	43	B
20	E	20	ABD	20	D	44	C
21	CDE	21	AC	21	BD		
22	AC	22	DE	22	ADE		
23	BDE	23	BC	23	AE		
24	BD	24	CDE 或 CE	24	AC		

101 學年度指定科目考試
各科成績標準一覽表

科　目	頂　標	前　標	均　標	後　標	底　標
國　文	69	64	56	47	40
英　文	82	72	54	35	25
數學甲	86	74	53	33	22
數學乙	88	80	64	43	28
化　學	78	70	56	41	30
物　理	86	77	59	41	31
生　物	86	78	63	47	34
歷　史	68	62	52	43	36
地　理	78	72	64	52	42
公民與社會	86	81	73	64	56

※ 以上五項標準均取為整數（小數只捨不入），且其計算均不含缺考生之成績，
計算方式如下：

頂標：成績位於第 88 百分位數之考生成績。
前標：成績位於第 75 百分位數之考生成績。
均標：成績位於第 50 百分位數之考生成績。
後標：成績位於第 25 百分位數之考生成績。
底標：成績位於第 12 百分位數之考生成績。

例： 某科之到考考生為 99982 人，則該科五項標準為

頂標： 成績由低至高排序，取第 87985 名（99982×88%=87984.16，取整數，
小數無條件進位）考生的成績，再取整數(小數只捨不入)。

前標： 成績由低至高排序，取第 74987 名（99982×75%=74986.5，取整數，
小數無條件進位）考生的成績，再取整數(小數只捨不入)。

均標： 成績由低至高排序，取第 49991 名（99982×50%=49991）考生的成績，
再取整數(小數只捨不入)。

後標： 成績由低至高排序，取第 24996 名（99982×25%=24995.5，取整數，
小數無條件進位）考生的成績，再取整數(小數只捨不入)。

底標： 成績由低至高排序，取第 11998 名（99982×12%=11997.84，取整數，
小數無條件進位）考生的成績，再取整數(小數只捨不入)。

101 年指定科目考試英文科成績人數累計表

分　　　數	人　　數	百分比	自高分往低分累計		自低分往高分累計	
			累計人數	累計百分比	累計人數	累計百分比
100.00	0	0.00%	0	0.00%	72162	100.00%
99.00 - 99.99	5	0.01%	5	0.01%	72162	100.00%
98.00 - 98.99	17	0.02%	22	0.03%	72157	99.99%
97.00 - 97.99	50	0.07%	72	0.10%	72140	99.97%
96.00 - 96.99	111	0.15%	183	0.25%	72090	99.90%
95.00 - 95.99	178	0.25%	361	0.50%	71979	99.75%
94.00 - 94.99	244	0.34%	605	0.84%	71801	99.50%
93.00 - 93.99	318	0.44%	923	1.28%	71557	99.16%
92.00 - 92.99	378	0.52%	1301	1.80%	71239	98.72%
91.00 - 91.99	510	0.71%	1811	2.51%	70861	98.20%
90.00 - 90.99	556	0.77%	2367	3.28%	70351	97.49%
89.00 - 89.99	669	0.93%	3036	4.21%	69795	96.72%
88.00 - 88.99	702	0.97%	3738	5.18%	69126	95.79%
87.00 - 87.99	743	1.03%	4481	6.21%	68424	94.82%
86.00 - 86.99	809	1.12%	5290	7.33%	67681	93.79%
85.00 - 85.99	856	1.19%	6146	8.52%	66872	92.67%
84.00 - 84.99	868	1.20%	7014	9.72%	66016	91.48%
83.00 - 83.99	938	1.30%	7952	11.02%	65148	90.28%
82.00 - 82.99	958	1.33%	8910	12.35%	64210	88.98%
81.00 - 81.99	956	1.32%	9866	13.67%	63252	87.65%
80.00 - 80.99	1014	1.41%	10880	15.08%	62296	86.33%
79.00 - 79.99	1026	1.42%	11906	16.50%	61282	84.92%
78.00 - 78.99	955	1.32%	12861	17.82%	60256	83.50%
77.00 - 77.99	1034	1.43%	13895	19.26%	59301	82.18%
76.00 - 76.99	971	1.35%	14866	20.60%	58267	80.74%
75.00 - 75.99	981	1.36%	15847	21.96%	57296	79.40%
74.00 - 74.99	961	1.33%	16808	23.29%	56315	78.04%
73.00 - 73.99	1044	1.45%	17852	24.74%	55354	76.71%
72.00 - 72.99	961	1.33%	18813	26.07%	54310	75.26%
71.00 - 71.99	988	1.37%	19801	27.44%	53349	73.93%
70.00 - 70.99	1020	1.41%	20821	28.85%	52361	72.56%
69.00 - 69.99	975	1.35%	21796	30.20%	51341	71.15%
68.00 - 68.99	954	1.32%	22750	31.53%	50366	69.80%
67.00 - 67.99	976	1.35%	23726	32.88%	49412	68.47%
66.00 - 66.99	1022	1.42%	24748	34.30%	48436	67.12%
65.00 - 65.99	957	1.33%	25705	35.62%	47414	65.70%
64.00 - 64.99	1035	1.43%	26740	37.06%	46457	64.38%
63.00 - 63.99	976	1.35%	27716	38.41%	45422	62.94%
62.00 - 62.99	983	1.36%	28699	39.77%	44446	61.59%
61.00 - 61.99	947	1.31%	29646	41.08%	43463	60.23%
60.00 - 60.99	985	1.36%	30631	42.45%	42516	58.92%
59.00 - 59.99	946	1.31%	31577	43.76%	41531	57.55%
58.00 - 58.99	1021	1.41%	32598	45.17%	40585	56.24%
57.00 - 57.99	970	1.34%	33568	46.52%	39564	54.83%
56.00 - 56.99	915	1.27%	34483	47.79%	38594	53.48%
55.00 - 55.99	975	1.35%	35458	49.14%	37679	52.21%
54.00 - 54.99	981	1.36%	36439	50.50%	36704	50.86%
53.00 - 53.99	1015	1.41%	37454	51.90%	35723	49.50%
52.00 - 52.99	1004	1.39%	38458	53.29%	34708	48.10%

51.00 - 51.99	934	1.29%	39392	54.59%	33704	46.71%
50.00 - 50.99	960	1.33%	40352	55.92%	32770	45.41%
49.00 - 49.99	983	1.36%	41335	57.28%	31810	44.08%
48.00 - 48.99	962	1.33%	42297	58.61%	30827	42.72%
47.00 - 47.99	970	1.34%	43267	59.96%	29865	41.39%
46.00 - 46.99	958	1.33%	44225	61.29%	28895	40.04%
45.00 - 45.99	992	1.37%	45217	62.66%	27937	38.71%
44.00 - 44.99	929	1.29%	46146	63.95%	26945	37.34%
43.00 - 43.99	975	1.35%	47121	65.30%	26016	36.05%
42.00 - 42.99	990	1.37%	48111	66.67%	25041	34.70%
41.00 - 41.99	972	1.35%	49083	68.02%	24051	33.33%
40.00 - 40.99	1000	1.39%	50083	69.40%	23079	31.98%
39.00 - 39.99	1019	1.41%	51102	70.82%	22079	30.60%
38.00 - 38.99	983	1.36%	52085	72.18%	21060	29.18%
37.00 - 37.99	984	1.36%	53069	73.54%	20077	27.82%
36.00 - 36.99	998	1.38%	54067	74.92%	19093	26.46%
35.00 - 35.99	1018	1.41%	55085	76.34%	18095	25.08%
34.00 - 34.99	940	1.30%	56025	77.64%	17077	23.66%
33.00 - 33.99	939	1.30%	56964	78.94%	16137	22.36%
32.00 - 32.99	903	1.25%	57867	80.19%	15198	21.06%
31.00 - 31.99	974	1.35%	58841	81.54%	14295	19.81%
30.00 - 30.99	934	1.29%	59775	82.83%	13321	18.46%
29.00 - 29.99	929	1.29%	60704	84.12%	12387	17.17%
28.00 - 28.99	921	1.28%	61625	85.40%	11458	15.88%
27.00 - 27.99	883	1.22%	62508	86.62%	10537	14.60%
26.00 - 26.99	887	1.23%	63395	87.85%	9654	13.38%
25.00 - 25.99	851	1.18%	64246	89.03%	8767	12.15%
24.00 - 24.99	851	1.18%	65097	90.21%	7916	10.97%
23.00 - 23.99	826	1.14%	65923	91.35%	7065	9.79%
22.00 - 22.99	797	1.10%	66720	92.46%	6239	8.65%
21.00 - 21.99	750	1.04%	67470	93.50%	5442	7.54%
20.00 - 20.99	784	1.09%	68254	94.58%	4692	6.50%
19.00 - 19.99	634	0.88%	68888	95.46%	3908	5.42%
18.00 - 18.99	640	0.89%	69528	96.35%	3274	4.54%
17.00 - 17.99	549	0.76%	70077	97.11%	2634	3.65%
16.00 - 16.99	516	0.72%	70593	97.83%	2085	2.89%
15.00 - 15.99	392	0.54%	70985	98.37%	1569	2.17%
14.00 - 14.99	291	0.40%	71276	98.77%	1177	1.63%
13.00 - 13.99	231	0.32%	71507	99.09%	886	1.23%
12.00 - 12.99	189	0.26%	71696	99.35%	655	0.91%
11.00 - 11.99	148	0.21%	71844	99.56%	466	0.65%
10.00 - 10.99	117	0.16%	71961	99.72%	318	0.44%
9.00 - 9.99	88	0.12%	72049	99.84%	201	0.28%
8.00 - 8.99	48	0.07%	72097	99.91%	113	0.16%
7.00 - 7.99	27	0.04%	72124	99.95%	65	0.09%
6.00 - 6.99	19	0.03%	72143	99.97%	38	0.05%
5.00 - 5.99	9	0.01%	72152	99.99%	19	0.03%
4.00 - 4.99	3	0.00%	72155	99.99%	10	0.01%
3.00 - 3.99	3	0.00%	72158	99.99%	7	0.01%
2.00 - 2.99	1	0.00%	72159	100.00%	4	0.01%
1.00 - 1.99	0	0.00%	72159	100.00%	3	0.00%
0.00 - 0.99	3	0.00%	72162	100.00%	3	0.00%
缺考	3677					

101 年指定科目考試數學科(甲)成績人數累計表

分　　數	人　　數	百 分 比	自高分往低分累計		自低分往高分累計	
			累計人數	累計百分比	累計人數	累計百分比
100.00	49	0.15%	49	0.15%	33575	100.00%
99.00 - 99.99	469	1.40%	518	1.54%	33526	99.85%
98.00 - 98.99	120	0.36%	638	1.90%	33057	98.46%
97.00 - 97.99	37	0.11%	675	2.01%	32937	98.10%
96.00 - 96.99	230	0.69%	905	2.70%	32900	97.99%
95.00 - 95.99	391	1.16%	1296	3.86%	32670	97.30%
94.00 - 94.99	125	0.37%	1421	4.23%	32279	96.14%
93.00 - 93.99	297	0.88%	1718	5.12%	32154	95.77%
92.00 - 92.99	467	1.39%	2185	6.51%	31857	94.88%
91.00 - 91.99	189	0.56%	2374	7.07%	31390	93.49%
90.00 - 90.99	211	0.63%	2585	7.70%	31201	92.93%
89.00 - 89.99	445	1.33%	3030	9.02%	30990	92.30%
88.00 - 88.99	292	0.87%	3322	9.89%	30545	90.98%
87.00 - 87.99	296	0.88%	3618	10.78%	30253	90.11%
86.00 - 86.99	445	1.33%	4063	12.10%	29957	89.22%
85.00 - 85.99	342	1.02%	4405	13.12%	29512	87.90%
84.00 - 84.99	277	0.83%	4682	13.94%	29170	86.88%
83.00 - 83.99	403	1.20%	5085	15.15%	28893	86.06%
82.00 - 82.99	355	1.06%	5440	16.20%	28490	84.85%
81.00 - 81.99	356	1.06%	5796	17.26%	28135	83.80%
80.00 - 80.99	370	1.10%	6166	18.36%	27779	82.74%
79.00 - 79.99	386	1.15%	6552	19.51%	27409	81.64%
78.00 - 78.99	373	1.11%	6925	20.63%	27023	80.49%
77.00 - 77.99	365	1.09%	7290	21.71%	26650	79.37%
76.00 - 76.99	432	1.29%	7722	23.00%	26285	78.29%
75.00 - 75.99	367	1.09%	8089	24.09%	25853	77.00%
74.00 - 74.99	399	1.19%	8488	25.28%	25486	75.91%
73.00 - 73.99	434	1.29%	8922	26.57%	25087	74.72%
72.00 - 72.99	363	1.08%	9285	27.65%	24653	73.43%
71.00 - 71.99	429	1.28%	9714	28.93%	24290	72.35%
70.00 - 70.99	381	1.13%	10095	30.07%	23861	71.07%
69.00 - 69.99	353	1.05%	10448	31.12%	23480	69.93%
68.00 - 68.99	427	1.27%	10875	32.39%	23127	68.88%
67.00 - 67.99	397	1.18%	11272	33.57%	22700	67.61%
66.00 - 66.99	414	1.23%	11686	34.81%	22303	66.43%
65.00 - 65.99	456	1.36%	12142	36.16%	21889	65.19%
64.00 - 64.99	417	1.24%	12559	37.41%	21433	63.84%
63.00 - 63.99	411	1.22%	12970	38.63%	21016	62.59%
62.00 - 62.99	438	1.30%	13408	39.93%	20605	61.37%
61.00 - 61.99	392	1.17%	13800	41.10%	20167	60.07%
60.00 - 60.99	357	1.06%	14157	42.17%	19775	58.90%
59.00 - 59.99	422	1.26%	14579	43.42%	19418	57.83%
58.00 - 58.99	432	1.29%	15011	44.71%	18996	56.58%
57.00 - 57.99	396	1.18%	15407	45.89%	18564	55.29%
56.00 - 56.99	418	1.24%	15825	47.13%	18168	54.11%
55.00 - 55.99	442	1.32%	16267	48.45%	17750	52.87%
54.00 - 54.99	403	1.20%	16670	49.65%	17308	51.55%
53.00 - 53.99	396	1.18%	17066	50.83%	16905	50.35%
52.00 - 52.99	415	1.24%	17481	52.07%	16509	49.17%

51.00 - 51.99	399	1.19%	17880	53.25%	16094	47.93%
50.00 - 50.99	376	1.12%	18256	54.37%	15695	46.75%
49.00 - 49.99	441	1.31%	18697	55.69%	15319	45.63%
48.00 - 48.99	389	1.16%	19086	56.85%	14878	44.31%
47.00 - 47.99	414	1.23%	19500	58.08%	14489	43.15%
46.00 - 46.99	425	1.27%	19925	59.34%	14075	41.92%
45.00 - 45.99	383	1.14%	20308	60.49%	13650	40.66%
44.00 - 44.99	427	1.27%	20735	61.76%	13267	39.51%
43.00 - 43.99	439	1.31%	21174	63.06%	12840	38.24%
42.00 - 42.99	418	1.24%	21592	64.31%	12401	36.94%
41.00 - 41.99	418	1.24%	22010	65.55%	11983	35.69%
40.00 - 40.99	407	1.21%	22417	66.77%	11565	34.45%
39.00 - 39.99	411	1.22%	22828	67.99%	11158	33.23%
38.00 - 38.99	416	1.24%	23244	69.23%	10747	32.01%
37.00 - 37.99	427	1.27%	23671	70.50%	10331	30.77%
36.00 - 36.99	396	1.18%	24067	71.68%	9904	29.50%
35.00 - 35.99	418	1.24%	24485	72.93%	9508	28.32%
34.00 - 34.99	417	1.24%	24902	74.17%	9090	27.07%
33.00 - 33.99	383	1.14%	25285	75.31%	8673	25.83%
32.00 - 32.99	453	1.35%	25738	76.66%	8290	24.69%
31.00 - 31.99	379	1.13%	26117	77.79%	7837	23.34%
30.00 - 30.99	408	1.22%	26525	79.00%	7458	22.21%
29.00 - 29.99	461	1.37%	26986	80.38%	7050	21.00%
28.00 - 28.99	342	1.02%	27328	81.39%	6589	19.62%
27.00 - 27.99	396	1.18%	27724	82.57%	6247	18.61%
26.00 - 26.99	463	1.38%	28187	83.95%	5851	17.43%
25.00 - 25.99	260	0.77%	28447	84.73%	5388	16.05%
24.00 - 24.99	451	1.34%	28898	86.07%	5128	15.27%
23.00 - 23.99	412	1.23%	29310	87.30%	4677	13.93%
22.00 - 22.99	313	0.93%	29623	88.23%	4265	12.70%
21.00 - 21.99	446	1.33%	30069	89.56%	3952	11.77%
20.00 - 20.99	385	1.15%	30454	90.70%	3506	10.44%
19.00 - 19.99	177	0.53%	30631	91.23%	3121	9.30%
18.00 - 18.99	450	1.34%	31081	92.57%	2944	8.77%
17.00 - 17.99	274	0.82%	31355	93.39%	2494	7.43%
16.00 - 16.99	266	0.79%	31621	94.18%	2220	6.61%
15.00 - 15.99	386	1.15%	32007	95.33%	1954	5.82%
14.00 - 14.99	242	0.72%	32249	96.05%	1568	4.67%
13.00 - 13.99	171	0.51%	32420	96.56%	1326	3.95%
12.00 - 12.99	276	0.82%	32696	97.38%	1155	3.44%
11.00 - 11.99	70	0.21%	32766	97.59%	879	2.62%
10.00 - 10.99	203	0.60%	32969	98.20%	809	2.41%
9.00 - 9.99	196	0.58%	33165	98.78%	606	1.80%
8.00 - 8.99	44	0.13%	33209	98.91%	410	1.22%
7.00 - 7.99	108	0.32%	33317	99.23%	366	1.09%
6.00 - 6.99	84	0.25%	33401	99.48%	258	0.77%
5.00 - 5.99	6	0.02%	33407	99.50%	174	0.52%
4.00 - 4.99	51	0.15%	33458	99.65%	168	0.50%
3.00 - 3.99	50	0.15%	33508	99.80%	117	0.35%
2.00 - 2.99	0	0.00%	33508	99.80%	67	0.20%
1.00 - 1.99	55	0.16%	33563	99.96%	67	0.20%
0.00 - 0.99	12	0.04%	33575	100.00%	12	0.04%
缺考	2021					

101 年指定科目考試數學科(乙)成績人數累計表

分　　數	人　數	百分比	自高分往低分累計		自低分往高分累計	
			累計人數	累計百分比	累計人數	累計百分比
100.00	378	0.64%	378	0.64%	59364	100.00%
99.00 - 99.99	0	0.00%	378	0.64%	58986	99.36%
98.00 - 98.99	21	0.04%	399	0.67%	58986	99.36%
97.00 - 97.99	0	0.00%	399	0.67%	58965	99.33%
96.00 - 96.99	1987	3.35%	2386	4.02%	58965	99.33%
95.00 - 95.99	31	0.05%	2417	4.07%	56978	95.98%
94.00 - 94.99	262	0.44%	2679	4.51%	56947	95.93%
93.00 - 93.99	5	0.01%	2684	4.52%	56685	95.49%
92.00 - 92.99	2241	3.78%	4925	8.30%	56680	95.48%
91.00 - 91.99	230	0.39%	5155	8.68%	54439	91.70%
90.00 - 90.99	815	1.37%	5970	10.06%	54209	91.32%
89.00 - 89.99	32	0.05%	6002	10.11%	53394	89.94%
88.00 - 88.99	2253	3.80%	8255	13.91%	53362	89.89%
87.00 - 87.99	470	0.79%	8725	14.70%	51109	86.09%
86.00 - 86.99	983	1.66%	9708	16.35%	50639	85.30%
85.00 - 85.99	128	0.22%	9836	16.57%	49656	83.65%
84.00 - 84.99	1868	3.15%	11704	19.72%	49528	83.43%
83.00 - 83.99	768	1.29%	12472	21.01%	47660	80.28%
82.00 - 82.99	1157	1.95%	13629	22.96%	46892	78.99%
81.00 - 81.99	268	0.45%	13897	23.41%	45735	77.04%
80.00 - 80.99	1595	2.69%	15492	26.10%	45467	76.59%
79.00 - 79.99	1011	1.70%	16503	27.80%	43872	73.90%
78.00 - 78.99	1109	1.87%	17612	29.67%	42861	72.20%
77.00 - 77.99	444	0.75%	18056	30.42%	41752	70.33%
76.00 - 76.99	1207	2.03%	19263	32.45%	41308	69.58%
75.00 - 75.99	1198	2.02%	20461	34.47%	40101	67.55%
74.00 - 74.99	955	1.61%	21416	36.08%	38903	65.53%
73.00 - 73.99	602	1.01%	22018	37.09%	37948	63.92%
72.00 - 72.99	885	1.49%	22903	38.58%	37346	62.91%
71.00 - 71.99	1270	2.14%	24173	40.72%	36461	61.42%
70.00 - 70.99	812	1.37%	24985	42.09%	35191	59.28%
69.00 - 69.99	773	1.30%	25758	43.39%	34379	57.91%
68.00 - 68.99	759	1.28%	26517	44.67%	33606	56.61%
67.00 - 67.99	1335	2.25%	27852	46.92%	32847	55.33%
66.00 - 66.99	614	1.03%	28466	47.95%	31512	53.08%
65.00 - 65.99	899	1.51%	29365	49.47%	30898	52.05%
64.00 - 64.99	554	0.93%	29919	50.40%	29999	50.53%
63.00 - 63.99	1315	2.22%	31234	52.61%	29445	49.60%
62.00 - 62.99	566	0.95%	31800	53.57%	28130	47.39%
61.00 - 61.99	1015	1.71%	32815	55.28%	27564	46.43%
60.00 - 60.99	466	0.78%	33281	56.06%	26549	44.72%
59.00 - 59.99	1246	2.10%	34527	58.16%	26083	43.94%
58.00 - 58.99	408	0.69%	34935	58.85%	24837	41.84%
57.00 - 57.99	1040	1.75%	35975	60.60%	24429	41.15%
56.00 - 56.99	390	0.66%	36365	61.26%	23389	39.40%
55.00 - 55.99	1148	1.93%	37513	63.19%	22999	38.74%
54.00 - 54.99	397	0.67%	37910	63.86%	21851	36.81%
53.00 - 53.99	1050	1.77%	38960	65.63%	21454	36.14%
52.00 - 52.99	367	0.62%	39327	66.25%	20404	34.37%

51.00 - 51.99	1095	1.84%	40422	68.09%	20037	33.75%
50.00 - 50.99	323	0.54%	40745	68.64%	18942	31.91%
49.00 - 49.99	1011	1.70%	41756	70.34%	18619	31.36%
48.00 - 48.99	297	0.50%	42053	70.84%	17608	29.66%
47.00 - 47.99	884	1.49%	42937	72.33%	17311	29.16%
46.00 - 46.99	284	0.48%	43221	72.81%	16427	27.67%
45.00 - 45.99	915	1.54%	44136	74.35%	16143	27.19%
44.00 - 44.99	274	0.46%	44410	74.81%	15228	25.65%
43.00 - 43.99	826	1.39%	45236	76.20%	14954	25.19%
42.00 - 42.99	296	0.50%	45532	76.70%	14128	23.80%
41.00 - 41.99	868	1.46%	46400	78.16%	13832	23.30%
40.00 - 40.99	283	0.48%	46683	78.64%	12964	21.84%
39.00 - 39.99	703	1.18%	47386	79.82%	12681	21.36%
38.00 - 38.99	299	0.50%	47685	80.33%	11978	20.18%
37.00 - 37.99	734	1.24%	48419	81.56%	11679	19.67%
36.00 - 36.99	304	0.51%	48723	82.07%	10945	18.44%
35.00 - 35.99	623	1.05%	49346	83.12%	10641	17.93%
34.00 - 34.99	321	0.54%	49667	83.67%	10018	16.88%
33.00 - 33.99	614	1.03%	50281	84.70%	9697	16.33%
32.00 - 32.99	346	0.58%	50627	85.28%	9083	15.30%
31.00 - 31.99	507	0.85%	51134	86.14%	8737	14.72%
30.00 - 30.99	309	0.52%	51443	86.66%	8230	13.86%
29.00 - 29.99	532	0.90%	51975	87.55%	7921	13.34%
28.00 - 28.99	325	0.55%	52300	88.10%	7389	12.45%
27.00 - 27.99	457	0.77%	52757	88.87%	7064	11.90%
26.00 - 26.99	375	0.63%	53132	89.50%	6607	11.13%
25.00 - 25.99	457	0.77%	53589	90.27%	6232	10.50%
24.00 - 24.99	374	0.63%	53963	90.90%	5775	9.73%
23.00 - 23.99	401	0.68%	54364	91.58%	5401	9.10%
22.00 - 22.99	400	0.67%	54764	92.25%	5000	8.42%
21.00 - 21.99	324	0.55%	55088	92.80%	4600	7.75%
20.00 - 20.99	395	0.67%	55483	93.46%	4276	7.20%
19.00 - 19.99	274	0.46%	55757	93.92%	3881	6.54%
18.00 - 18.99	443	0.75%	56200	94.67%	3607	6.08%
17.00 - 17.99	219	0.37%	56419	95.04%	3164	5.33%
16.00 - 16.99	361	0.61%	56780	95.65%	2945	4.96%
15.00 - 15.99	149	0.25%	56929	95.90%	2584	4.35%
14.00 - 14.99	446	0.75%	57375	96.65%	2435	4.10%
13.00 - 13.99	132	0.22%	57507	96.87%	1989	3.35%
12.00 - 12.99	350	0.59%	57857	97.46%	1857	3.13%
11.00 - 11.99	86	0.14%	57943	97.61%	1507	2.54%
10.00 - 10.99	422	0.71%	58365	98.32%	1421	2.39%
9.00 - 9.99	88	0.15%	58453	98.47%	999	1.68%
8.00 - 8.99	239	0.40%	58692	98.87%	911	1.53%
7.00 - 7.99	31	0.05%	58723	98.92%	672	1.13%
6.00 - 6.99	291	0.49%	59014	99.41%	641	1.08%
5.00 - 5.99	11	0.02%	59025	99.43%	350	0.59%
4.00 - 4.99	185	0.31%	59210	99.74%	339	0.57%
3.00 - 3.99	12	0.02%	59222	99.76%	154	0.26%
2.00 - 2.99	14	0.02%	59236	99.78%	142	0.24%
1.00 - 1.99	2	0.00%	59238	99.79%	128	0.22%
0.00 - 0.99	126	0.21%	59364	100.00%	126	0.21%
缺考	3547					

101 年指定科目考試地理科成績人數累計表

分　　數	人　數	百分比	自高分往低分累計		自低分往高分累計	
			累計人數	累計百分比	累計人數	累計百分比
100.00	1	0.00%	1	0.00%	43591	100.00%
99.00 - 99.99	0	0.00%	1	0.00%	43590	100.00%
98.00 - 98.99	1	0.00%	2	0.00%	43590	100.00%
97.00 - 97.99	0	0.00%	2	0.00%	43589	100.00%
96.00 - 96.99	5	0.01%	7	0.02%	43589	100.00%
95.00 - 95.99	0	0.00%	7	0.02%	43584	99.98%
94.00 - 94.99	20	0.05%	27	0.06%	43584	99.98%
93.00 - 93.99	0	0.00%	27	0.06%	43564	99.94%
92.00 - 92.99	46	0.11%	73	0.17%	43564	99.94%
91.00 - 91.99	0	0.00%	73	0.17%	43518	99.83%
90.00 - 90.99	150	0.34%	223	0.51%	43518	99.83%
89.00 - 89.99	0	0.00%	223	0.51%	43368	99.49%
88.00 - 88.99	272	0.62%	495	1.14%	43368	99.49%
87.00 - 87.99	0	0.00%	495	1.14%	43096	98.86%
86.00 - 86.99	475	1.09%	970	2.23%	43096	98.86%
85.00 - 85.99	0	0.00%	970	2.23%	42621	97.77%
84.00 - 84.99	748	1.72%	1718	3.94%	42621	97.77%
83.00 - 83.99	0	0.00%	1718	3.94%	41873	96.06%
82.00 - 82.99	1087	2.49%	2805	6.43%	41873	96.06%
81.00 - 81.99	0	0.00%	2805	6.43%	40786	93.57%
80.00 - 80.99	1332	3.06%	4137	9.49%	40786	93.57%
79.00 - 79.99	0	0.00%	4137	9.49%	39454	90.51%
78.00 - 78.99	1641	3.76%	5778	13.26%	39454	90.51%
77.00 - 77.99	0	0.00%	5778	13.26%	37813	86.74%
76.00 - 76.99	2009	4.61%	7787	17.86%	37813	86.74%
75.00 - 75.99	0	0.00%	7787	17.86%	35804	82.14%
74.00 - 74.99	2105	4.83%	9892	22.69%	35804	82.14%
73.00 - 73.99	0	0.00%	9892	22.69%	33699	77.31%
72.00 - 72.99	2320	5.32%	12212	28.01%	33699	77.31%
71.00 - 71.99	0	0.00%	12212	28.01%	31379	71.99%
70.00 - 70.99	2430	5.57%	14642	33.59%	31379	71.99%
69.00 - 69.99	0	0.00%	14642	33.59%	28949	66.41%
68.00 - 68.99	2504	5.74%	17146	39.33%	28949	66.41%
67.00 - 67.99	0	0.00%	17146	39.33%	26445	60.67%
66.00 - 66.99	2534	5.81%	19680	45.15%	26445	60.67%
65.00 - 65.99	0	0.00%	19680	45.15%	23911	54.85%
64.00 - 64.99	2447	5.61%	22127	50.76%	23911	54.85%
63.00 - 63.99	0	0.00%	22127	50.76%	21464	49.24%
62.00 - 62.99	2349	5.39%	24476	56.15%	21464	49.24%
61.00 - 61.99	0	0.00%	24476	56.15%	19115	43.85%
60.00 - 60.99	2166	4.97%	26642	61.12%	19115	43.85%
59.00 - 59.99	0	0.00%	26642	61.12%	16949	38.88%
58.00 - 58.99	1986	4.56%	28628	65.67%	16949	38.88%
57.00 - 57.99	0	0.00%	28628	65.67%	14963	34.33%
56.00 - 56.99	1894	4.34%	30522	70.02%	14963	34.33%
55.00 - 55.99	0	0.00%	30522	70.02%	13069	29.98%
54.00 - 54.99	1664	3.82%	32186	73.84%	13069	29.98%
53.00 - 53.99	0	0.00%	32186	73.84%	11405	26.16%
52.00 - 52.99	1547	3.55%	33733	77.39%	11405	26.16%

51.00 - 51.99	0	0.00%	33733	77.39%	9858	22.61%
50.00 - 50.99	1311	3.01%	35044	80.39%	9858	22.61%
49.00 - 49.99	0	0.00%	35044	80.39%	8547	19.61%
48.00 - 48.99	1144	2.62%	36188	83.02%	8547	19.61%
47.00 - 47.99	0	0.00%	36188	83.02%	7403	16.98%
46.00 - 46.99	1069	2.45%	37257	85.47%	7403	16.98%
45.00 - 45.99	0	0.00%	37257	85.47%	6334	14.53%
44.00 - 44.99	961	2.20%	38218	87.67%	6334	14.53%
43.00 - 43.99	0	0.00%	38218	87.67%	5373	12.33%
42.00 - 42.99	821	1.88%	39039	89.56%	5373	12.33%
41.00 - 41.99	0	0.00%	39039	89.56%	4552	10.44%
40.00 - 40.99	785	1.80%	39824	91.36%	4552	10.44%
39.00 - 39.99	0	0.00%	39824	91.36%	3767	8.64%
38.00 - 38.99	667	1.53%	40491	92.89%	3767	8.64%
37.00 - 37.99	0	0.00%	40491	92.89%	3100	7.11%
36.00 - 36.99	605	1.39%	41096	94.28%	3100	7.11%
35.00 - 35.99	0	0.00%	41096	94.28%	2495	5.72%
34.00 - 34.99	462	1.06%	41558	95.34%	2495	5.72%
33.00 - 33.99	0	0.00%	41558	95.34%	2033	4.66%
32.00 - 32.99	474	1.09%	42032	96.42%	2033	4.66%
31.00 - 31.99	0	0.00%	42032	96.42%	1559	3.58%
30.00 - 30.99	349	0.80%	42381	97.22%	1559	3.58%
29.00 - 29.99	0	0.00%	42381	97.22%	1210	2.78%
28.00 - 28.99	307	0.70%	42688	97.93%	1210	2.78%
27.00 - 27.99	0	0.00%	42688	97.93%	903	2.07%
26.00 - 26.99	266	0.61%	42954	98.54%	903	2.07%
25.00 - 25.99	0	0.00%	42954	98.54%	637	1.46%
24.00 - 24.99	220	0.50%	43174	99.04%	637	1.46%
23.00 - 23.99	0	0.00%	43174	99.04%	417	0.96%
22.00 - 22.99	148	0.34%	43322	99.38%	417	0.96%
21.00 - 21.99	0	0.00%	43322	99.38%	269	0.62%
20.00 - 20.99	106	0.24%	43428	99.63%	269	0.62%
19.00 - 19.99	0	0.00%	43428	99.63%	163	0.37%
18.00 - 18.99	68	0.16%	43496	99.78%	163	0.37%
17.00 - 17.99	0	0.00%	43496	99.78%	95	0.22%
16.00 - 16.99	50	0.11%	43546	99.90%	95	0.22%
15.00 - 15.99	0	0.00%	43546	99.90%	45	0.10%
14.00 - 14.99	26	0.06%	43572	99.96%	45	0.10%
13.00 - 13.99	0	0.00%	43572	99.96%	19	0.04%
12.00 - 12.99	10	0.02%	43582	99.98%	19	0.04%
11.00 - 11.99	0	0.00%	43582	99.98%	9	0.02%
10.00 - 10.99	3	0.01%	43585	99.99%	9	0.02%
9.00 - 9.99	0	0.00%	43585	99.99%	6	0.01%
8.00 - 8.99	3	0.01%	43588	99.99%	6	0.01%
7.00 - 7.99	0	0.00%	43588	99.99%	3	0.01%
6.00 - 6.99	2	0.00%	43590	100.00%	3	0.01%
5.00 - 5.99	0	0.00%	43590	100.00%	1	0.00%
4.00 - 4.99	0	0.00%	43590	100.00%	1	0.00%
3.00 - 3.99	0	0.00%	43590	100.00%	1	0.00%
2.00 - 2.99	0	0.00%	43590	100.00%	1	0.00%
1.00 - 1.99	0	0.00%	43590	100.00%	1	0.00%
0.00 - 0.99	1	0.00%	43591	100.00%	1	0.00%
缺考	2663					

101 年指定科目考試歷史科成績人數累計表

分　　　數	人　　數	百 分 比	自高分往低分累計		自低分往高分累計	
			累計人數	累計百分比	累計人數	累計百分比
100.00	0	0.00%	0	0.00%	43809	100.00%
99.00 - 99.99	0	0.00%	0	0.00%	43809	100.00%
98.00 - 98.99	0	0.00%	0	0.00%	43809	100.00%
97.00 - 97.99	0	0.00%	0	0.00%	43809	100.00%
96.00 - 96.99	0	0.00%	0	0.00%	43809	100.00%
95.00 - 95.99	1	0.00%	1	0.00%	43809	100.00%
94.00 - 94.99	1	0.00%	2	0.00%	43808	100.00%
93.00 - 93.99	0	0.00%	2	0.00%	43807	100.00%
92.00 - 92.99	2	0.00%	4	0.01%	43807	100.00%
91.00 - 91.99	9	0.02%	13	0.03%	43805	99.99%
90.00 - 90.99	5	0.01%	18	0.04%	43796	99.97%
89.00 - 89.99	6	0.01%	24	0.05%	43791	99.96%
88.00 - 88.99	19	0.04%	43	0.10%	43785	99.95%
87.00 - 87.99	22	0.05%	65	0.15%	43766	99.90%
86.00 - 86.99	30	0.07%	95	0.22%	43744	99.85%
85.00 - 85.99	39	0.09%	134	0.31%	43714	99.78%
84.00 - 84.99	64	0.15%	198	0.45%	43675	99.69%
83.00 - 83.99	79	0.18%	277	0.63%	43611	99.55%
82.00 - 82.99	114	0.26%	391	0.89%	43532	99.37%
81.00 - 81.99	130	0.30%	521	1.19%	43418	99.11%
80.00 - 80.99	137	0.31%	658	1.50%	43288	98.81%
79.00 - 79.99	174	0.40%	832	1.90%	43151	98.50%
78.00 - 78.99	214	0.49%	1046	2.39%	42977	98.10%
77.00 - 77.99	262	0.60%	1308	2.99%	42763	97.61%
76.00 - 76.99	297	0.68%	1605	3.66%	42501	97.01%
75.00 - 75.99	355	0.81%	1960	4.47%	42204	96.34%
74.00 - 74.99	378	0.86%	2338	5.34%	41849	95.53%
73.00 - 73.99	462	1.05%	2800	6.39%	41471	94.66%
72.00 - 72.99	467	1.07%	3267	7.46%	41009	93.61%
71.00 - 71.99	549	1.25%	3816	8.71%	40542	92.54%
70.00 - 70.99	623	1.42%	4439	10.13%	39993	91.29%
69.00 - 69.99	657	1.50%	5096	11.63%	39370	89.87%
68.00 - 68.99	713	1.63%	5809	13.26%	38713	88.37%
67.00 - 67.99	777	1.77%	6586	15.03%	38000	86.74%
66.00 - 66.99	798	1.82%	7384	16.85%	37223	84.97%
65.00 - 65.99	831	1.90%	8215	18.75%	36425	83.15%
64.00 - 64.99	926	2.11%	9141	20.87%	35594	81.25%
63.00 - 63.99	957	2.18%	10098	23.05%	34668	79.13%
62.00 - 62.99	958	2.19%	11056	25.24%	33711	76.95%
61.00 - 61.99	1049	2.39%	12105	27.63%	32753	74.76%
60.00 - 60.99	1051	2.40%	13156	30.03%	31704	72.37%
59.00 - 59.99	1051	2.40%	14207	32.43%	30653	69.97%
58.00 - 58.99	1132	2.58%	15339	35.01%	29602	67.57%
57.00 - 57.99	1172	2.68%	16511	37.69%	28470	64.99%
56.00 - 56.99	1229	2.81%	17740	40.49%	27298	62.31%
55.00 - 55.99	1192	2.72%	18932	43.21%	26069	59.51%
54.00 - 54.99	1248	2.85%	20180	46.06%	24877	56.79%
53.00 - 53.99	1247	2.85%	21427	48.91%	23629	53.94%
52.00 - 52.99	1254	2.86%	22681	51.77%	22382	51.09%

51.00 - 51.99	1232	2.81%	23913	54.58%	21128	48.23%
50.00 - 50.99	1232	2.81%	25145	57.40%	19896	45.42%
49.00 - 49.99	1253	2.86%	26398	60.26%	18664	42.60%
48.00 - 48.99	1225	2.80%	27623	63.05%	17411	39.74%
47.00 - 47.99	1178	2.69%	28801	65.74%	16186	36.95%
46.00 - 46.99	1145	2.61%	29946	68.36%	15008	34.26%
45.00 - 45.99	1062	2.42%	31008	70.78%	13863	31.64%
44.00 - 44.99	1037	2.37%	32045	73.15%	12801	29.22%
43.00 - 43.99	1010	2.31%	33055	75.45%	11764	26.85%
42.00 - 42.99	1026	2.34%	34081	77.79%	10754	24.55%
41.00 - 41.99	903	2.06%	34984	79.86%	9728	22.21%
40.00 - 40.99	889	2.03%	35873	81.89%	8825	20.14%
39.00 - 39.99	811	1.85%	36684	83.74%	7936	18.11%
38.00 - 38.99	778	1.78%	37462	85.51%	7125	16.26%
37.00 - 37.99	630	1.44%	38092	86.95%	6347	14.49%
36.00 - 36.99	643	1.47%	38735	88.42%	5717	13.05%
35.00 - 35.99	560	1.28%	39295	89.70%	5074	11.58%
34.00 - 34.99	513	1.17%	39808	90.87%	4514	10.30%
33.00 - 33.99	453	1.03%	40261	91.90%	4001	9.13%
32.00 - 32.99	457	1.04%	40718	92.94%	3548	8.10%
31.00 - 31.99	350	0.80%	41068	93.74%	3091	7.06%
30.00 - 30.99	395	0.90%	41463	94.64%	2741	6.26%
29.00 - 29.99	259	0.59%	41722	95.24%	2346	5.36%
28.00 - 28.99	320	0.73%	42042	95.97%	2087	4.76%
27.00 - 27.99	221	0.50%	42263	96.47%	1767	4.03%
26.00 - 26.99	290	0.66%	42553	97.13%	1546	3.53%
25.00 - 25.99	162	0.37%	42715	97.50%	1256	2.87%
24.00 - 24.99	223	0.51%	42938	98.01%	1094	2.50%
23.00 - 23.99	122	0.28%	43060	98.29%	871	1.99%
22.00 - 22.99	168	0.38%	43228	98.67%	749	1.71%
21.00 - 21.99	101	0.23%	43329	98.90%	581	1.33%
20.00 - 20.99	128	0.29%	43457	99.20%	480	1.10%
19.00 - 19.99	68	0.16%	43525	99.35%	352	0.80%
18.00 - 18.99	93	0.21%	43618	99.56%	284	0.65%
17.00 - 17.99	33	0.08%	43651	99.64%	191	0.44%
16.00 - 16.99	64	0.15%	43715	99.79%	158	0.36%
15.00 - 15.99	19	0.04%	43734	99.83%	94	0.21%
14.00 - 14.99	29	0.07%	43763	99.89%	75	0.17%
13.00 - 13.99	12	0.03%	43775	99.92%	46	0.11%
12.00 - 12.99	16	0.04%	43791	99.96%	34	0.08%
11.00 - 11.99	4	0.01%	43795	99.97%	18	0.04%
10.00 - 10.99	9	0.02%	43804	99.99%	14	0.03%
9.00 - 9.99	1	0.00%	43805	99.99%	5	0.01%
8.00 - 8.99	1	0.00%	43806	99.99%	4	0.01%
7.00 - 7.99	0	0.00%	43806	99.99%	3	0.01%
6.00 - 6.99	1	0.00%	43807	100.00%	3	0.01%
5.00 - 5.99	0	0.00%	43807	100.00%	2	0.00%
4.00 - 4.99	1	0.00%	43808	100.00%	2	0.00%
3.00 - 3.99	0	0.00%	43808	100.00%	1	0.00%
2.00 - 2.99	0	0.00%	43808	100.00%	1	0.00%
1.00 - 1.99	0	0.00%	43808	100.00%	1	0.00%
0.00 - 0.99	1	0.00%	43809	100.00%	1	0.00%
缺考	2686					

101 年指定科目考試公民與社會科成績人數累計表

分　　數	人　　數	百分比	自高分往低分累計		自低分往高分累計	
			累計人數	累計百分比	累計人數	累計百分比
100.00	0	0.00%	0	0.00%	38055	100.00%
99.00 - 99.99	1	0.00%	1	0.00%	38055	100.00%
98.00 - 98.99	12	0.03%	13	0.03%	38054	100.00%
97.00 - 97.99	16	0.04%	29	0.08%	38042	99.97%
96.00 - 96.99	52	0.14%	81	0.21%	38026	99.92%
95.00 - 95.99	69	0.18%	150	0.39%	37974	99.79%
94.00 - 94.99	163	0.43%	313	0.82%	37905	99.61%
93.00 - 93.99	143	0.38%	456	1.20%	37742	99.18%
92.00 - 92.99	389	1.02%	845	2.22%	37599	98.80%
91.00 - 91.99	307	0.81%	1152	3.03%	37210	97.78%
90.00 - 90.99	684	1.80%	1836	4.82%	36903	96.97%
89.00 - 89.99	507	1.33%	2343	6.16%	36219	95.18%
88.00 - 88.99	915	2.40%	3258	8.56%	35712	93.84%
87.00 - 87.99	614	1.61%	3872	10.17%	34797	91.44%
86.00 - 86.99	1071	2.81%	4943	12.99%	34183	89.83%
85.00 - 85.99	798	2.10%	5741	15.09%	33112	87.01%
84.00 - 84.99	1317	3.46%	7058	18.55%	32314	84.91%
83.00 - 83.99	823	2.16%	7881	20.71%	30997	81.45%
82.00 - 82.99	1431	3.76%	9312	24.47%	30174	79.29%
81.00 - 81.99	962	2.53%	10274	27.00%	28743	75.53%
80.00 - 80.99	1423	3.74%	11697	30.74%	27781	73.00%
79.00 - 79.99	920	2.42%	12617	33.15%	26358	69.26%
78.00 - 78.99	1390	3.65%	14007	36.81%	25438	66.85%
77.00 - 77.99	960	2.52%	14967	39.33%	24048	63.19%
76.00 - 76.99	1468	3.86%	16435	43.19%	23088	60.67%
75.00 - 75.99	949	2.49%	17384	45.68%	21620	56.81%
74.00 - 74.99	1439	3.78%	18823	49.46%	20671	54.32%
73.00 - 73.99	926	2.43%	19749	51.90%	19232	50.54%
72.00 - 72.99	1378	3.62%	21127	55.52%	18306	48.10%
71.00 - 71.99	920	2.42%	22047	57.93%	16928	44.48%
70.00 - 70.99	1328	3.49%	23375	61.42%	16008	42.07%
69.00 - 69.99	847	2.23%	24222	63.65%	14680	38.58%
68.00 - 68.99	1190	3.13%	25412	66.78%	13833	36.35%
67.00 - 67.99	732	1.92%	26144	68.70%	12643	33.22%
66.00 - 66.99	1092	2.87%	27236	71.57%	11911	31.30%
65.00 - 65.99	681	1.79%	27917	73.36%	10819	28.43%
64.00 - 64.99	1006	2.64%	28923	76.00%	10138	26.64%
63.00 - 63.99	618	1.62%	29541	77.63%	9132	24.00%
62.00 - 62.99	843	2.22%	30384	79.84%	8514	22.37%
61.00 - 61.99	549	1.44%	30933	81.28%	7671	20.16%
60.00 - 60.99	724	1.90%	31657	83.19%	7122	18.72%
59.00 - 59.99	435	1.14%	32092	84.33%	6398	16.81%
58.00 - 58.99	627	1.65%	32719	85.98%	5963	15.67%
57.00 - 57.99	393	1.03%	33112	87.01%	5336	14.02%
56.00 - 56.99	520	1.37%	33632	88.38%	4943	12.99%
55.00 - 55.99	346	0.91%	33978	89.29%	4423	11.62%
54.00 - 54.99	471	1.24%	34449	90.52%	4077	10.71%
53.00 - 53.99	279	0.73%	34728	91.26%	3606	9.48%
52.00 - 52.99	397	1.04%	35125	92.30%	3327	8.74%

51.00 - 51.99	221	0.58%	35346	92.88%	2930	7.70%
50.00 - 50.99	307	0.81%	35653	93.69%	2709	7.12%
49.00 - 49.99	190	0.50%	35843	94.19%	2402	6.31%
48.00 - 48.99	278	0.73%	36121	94.92%	2212	5.81%
47.00 - 47.99	167	0.44%	36288	95.36%	1934	5.08%
46.00 - 46.99	235	0.62%	36523	95.97%	1767	4.64%
45.00 - 45.99	113	0.30%	36636	96.27%	1532	4.03%
44.00 - 44.99	157	0.41%	36793	96.68%	1419	3.73%
43.00 - 43.99	119	0.31%	36912	97.00%	1262	3.32%
42.00 - 42.99	157	0.41%	37069	97.41%	1143	3.00%
41.00 - 41.99	87	0.23%	37156	97.64%	986	2.59%
40.00 - 40.99	136	0.36%	37292	98.00%	899	2.36%
39.00 - 39.99	67	0.18%	37359	98.17%	763	2.00%
38.00 - 38.99	86	0.23%	37445	98.40%	696	1.83%
37.00 - 37.99	68	0.18%	37513	98.58%	610	1.60%
36.00 - 36.99	77	0.20%	37590	98.78%	542	1.42%
35.00 - 35.99	48	0.13%	37638	98.90%	465	1.22%
34.00 - 34.99	59	0.16%	37697	99.06%	417	1.10%
33.00 - 33.99	44	0.12%	37741	99.17%	358	0.94%
32.00 - 32.99	52	0.14%	37793	99.31%	314	0.83%
31.00 - 31.99	25	0.07%	37818	99.38%	262	0.69%
30.00 - 30.99	53	0.14%	37871	99.52%	237	0.62%
29.00 - 29.99	25	0.07%	37896	99.58%	184	0.48%
28.00 - 28.99	32	0.08%	37928	99.67%	159	0.42%
27.00 - 27.99	16	0.04%	37944	99.71%	127	0.33%
26.00 - 26.99	38	0.10%	37982	99.81%	111	0.29%
25.00 - 25.99	10	0.03%	37992	99.83%	73	0.19%
24.00 - 24.99	14	0.04%	38006	99.87%	63	0.17%
23.00 - 23.99	7	0.02%	38013	99.89%	49	0.13%
22.00 - 22.99	15	0.04%	38028	99.93%	42	0.11%
21.00 - 21.99	9	0.02%	38037	99.95%	27	0.07%
20.00 - 20.99	6	0.02%	38043	99.97%	18	0.05%
19.00 - 19.99	3	0.01%	38046	99.98%	12	0.03%
18.00 - 18.99	3	0.01%	38049	99.98%	9	0.02%
17.00 - 17.99	0	0.00%	38049	99.98%	6	0.02%
16.00 - 16.99	1	0.00%	38050	99.99%	6	0.02%
15.00 - 15.99	1	0.00%	38051	99.99%	5	0.01%
14.00 - 14.99	1	0.00%	38052	99.99%	4	0.01%
13.00 - 13.99	0	0.00%	38052	99.99%	3	0.01%
12.00 - 12.99	0	0.00%	38052	99.99%	3	0.01%
11.00 - 11.99	1	0.00%	38053	99.99%	3	0.01%
10.00 - 10.99	1	0.00%	38054	100.00%	2	0.01%
9.00 - 9.99	0	0.00%	38054	100.00%	1	0.00%
8.00 - 8.99	0	0.00%	38054	100.00%	1	0.00%
7.00 - 7.99	0	0.00%	38054	100.00%	1	0.00%
6.00 - 6.99	0	0.00%	38054	100.00%	1	0.00%
5.00 - 5.99	0	0.00%	38054	100.00%	1	0.00%
4.00 - 4.99	0	0.00%	38054	100.00%	1	0.00%
3.00 - 3.99	0	0.00%	38054	100.00%	1	0.00%
2.00 - 2.99	0	0.00%	38054	100.00%	1	0.00%
1.00 - 1.99	0	0.00%	38054	100.00%	1	0.00%
0.00 - 0.99	1	0.00%	38055	100.00%	1	0.00%
缺考	2693					

101 年指定科目考試物理科成績人數累計表

分　　數	人　　數	百 分 比	自高分往低分累計		自低分往高分累計	
			累計人數	累計百分比	累計人數	累計百分比
100.00	15	0.05%	15	0.05%	31299	100.00%
99.00 - 99.99	60	0.19%	75	0.24%	31284	99.95%
98.00 - 98.99	88	0.28%	163	0.52%	31224	99.76%
97.00 - 97.99	142	0.45%	305	0.97%	31136	99.48%
96.00 - 96.99	163	0.52%	468	1.50%	30994	99.03%
95.00 - 95.99	241	0.77%	709	2.27%	30831	98.50%
94.00 - 94.99	250	0.80%	959	3.06%	30590	97.73%
93.00 - 93.99	325	1.04%	1284	4.10%	30340	96.94%
92.00 - 92.99	318	1.02%	1602	5.12%	30015	95.90%
91.00 - 91.99	356	1.14%	1958	6.26%	29697	94.88%
90.00 - 90.99	367	1.17%	2325	7.43%	29341	93.74%
89.00 - 89.99	392	1.25%	2717	8.68%	28974	92.57%
88.00 - 88.99	402	1.28%	3119	9.97%	28582	91.32%
87.00 - 87.99	425	1.36%	3544	11.32%	28180	90.03%
86.00 - 86.99	457	1.46%	4001	12.78%	27755	88.68%
85.00 - 85.99	417	1.33%	4418	14.12%	27298	87.22%
84.00 - 84.99	460	1.47%	4878	15.59%	26881	85.88%
83.00 - 83.99	458	1.46%	5336	17.05%	26421	84.41%
82.00 - 82.99	484	1.55%	5820	18.59%	25963	82.95%
81.00 - 81.99	489	1.56%	6309	20.16%	25479	81.41%
80.00 - 80.99	459	1.47%	6768	21.62%	24990	79.84%
79.00 - 79.99	454	1.45%	7222	23.07%	24531	78.38%
78.00 - 78.99	446	1.42%	7668	24.50%	24077	76.93%
77.00 - 77.99	473	1.51%	8141	26.01%	23631	75.50%
76.00 - 76.99	455	1.45%	8596	27.46%	23158	73.99%
75.00 - 75.99	446	1.42%	9042	28.89%	22703	72.54%
74.00 - 74.99	422	1.35%	9464	30.24%	22257	71.11%
73.00 - 73.99	421	1.35%	9885	31.58%	21835	69.76%
72.00 - 72.99	462	1.48%	10347	33.06%	21414	68.42%
71.00 - 71.99	472	1.51%	10819	34.57%	20952	66.94%
70.00 - 70.99	441	1.41%	11260	35.98%	20480	65.43%
69.00 - 69.99	365	1.17%	11625	37.14%	20039	64.02%
68.00 - 68.99	445	1.42%	12070	38.56%	19674	62.86%
67.00 - 67.99	438	1.40%	12508	39.96%	19229	61.44%
66.00 - 66.99	462	1.48%	12970	41.44%	18791	60.04%
65.00 - 65.99	437	1.40%	13407	42.84%	18329	58.56%
64.00 - 64.99	448	1.43%	13855	44.27%	17892	57.16%
63.00 - 63.99	427	1.36%	14282	45.63%	17444	55.73%
62.00 - 62.99	426	1.36%	14708	46.99%	17017	54.37%
61.00 - 61.99	422	1.35%	15130	48.34%	16591	53.01%
60.00 - 60.99	462	1.48%	15592	49.82%	16169	51.66%
59.00 - 59.99	434	1.39%	16026	51.20%	15707	50.18%
58.00 - 58.99	469	1.50%	16495	52.70%	15273	48.80%
57.00 - 57.99	419	1.34%	16914	54.04%	14804	47.30%
56.00 - 56.99	411	1.31%	17325	55.35%	14385	45.96%
55.00 - 55.99	435	1.39%	17760	56.74%	13974	44.65%
54.00 - 54.99	445	1.42%	18205	58.16%	13539	43.26%
53.00 - 53.99	445	1.42%	18650	59.59%	13094	41.84%
52.00 - 52.99	415	1.33%	19065	60.91%	12649	40.41%

51.00 - 51.99	414	1.32%	19479	62.24%	12234	39.09%
50.00 - 50.99	439	1.40%	19918	63.64%	11820	37.76%
49.00 - 49.99	439	1.40%	20357	65.04%	11381	36.36%
48.00 - 48.99	432	1.38%	20789	66.42%	10942	34.96%
47.00 - 47.99	467	1.49%	21256	67.91%	10510	33.58%
46.00 - 46.99	454	1.45%	21710	69.36%	10043	32.09%
45.00 - 45.99	442	1.41%	22152	70.78%	9589	30.64%
44.00 - 44.99	462	1.48%	22614	72.25%	9147	29.22%
43.00 - 43.99	417	1.33%	23031	73.58%	8685	27.75%
42.00 - 42.99	434	1.39%	23465	74.97%	8268	26.42%
41.00 - 41.99	401	1.28%	23866	76.25%	7834	25.03%
40.00 - 40.99	397	1.27%	24263	77.52%	7433	23.75%
39.00 - 39.99	426	1.36%	24689	78.88%	7036	22.48%
38.00 - 38.99	437	1.40%	25126	80.28%	6610	21.12%
37.00 - 37.99	372	1.19%	25498	81.47%	6173	19.72%
36.00 - 36.99	404	1.29%	25902	82.76%	5801	18.53%
35.00 - 35.99	360	1.15%	26262	83.91%	5397	17.24%
34.00 - 34.99	370	1.18%	26632	85.09%	5037	16.09%
33.00 - 33.99	400	1.28%	27032	86.37%	4667	14.91%
32.00 - 32.99	344	1.10%	27376	87.47%	4267	13.63%
31.00 - 31.99	364	1.16%	27740	88.63%	3923	12.53%
30.00 - 30.99	320	1.02%	28060	89.65%	3559	11.37%
29.00 - 29.99	318	1.02%	28378	90.67%	3239	10.35%
28.00 - 28.99	280	0.89%	28658	91.56%	2921	9.33%
27.00 - 27.99	318	1.02%	28976	92.58%	2641	8.44%
26.00 - 26.99	257	0.82%	29233	93.40%	2323	7.42%
25.00 - 25.99	226	0.72%	29459	94.12%	2066	6.60%
24.00 - 24.99	239	0.76%	29698	94.88%	1840	5.88%
23.00 - 23.99	221	0.71%	29919	95.59%	1601	5.12%
22.00 - 22.99	168	0.54%	30087	96.13%	1380	4.41%
21.00 - 21.99	189	0.60%	30276	96.73%	1212	3.87%
20.00 - 20.99	158	0.50%	30434	97.24%	1023	3.27%
19.00 - 19.99	138	0.44%	30572	97.68%	865	2.76%
18.00 - 18.99	147	0.47%	30719	98.15%	727	2.32%
17.00 - 17.99	102	0.33%	30821	98.47%	580	1.85%
16.00 - 16.99	107	0.34%	30928	98.81%	478	1.53%
15.00 - 15.99	83	0.27%	31011	99.08%	371	1.19%
14.00 - 14.99	74	0.24%	31085	99.32%	288	0.92%
13.00 - 13.99	56	0.18%	31141	99.50%	214	0.68%
12.00 - 12.99	43	0.14%	31184	99.63%	158	0.50%
11.00 - 11.99	28	0.09%	31212	99.72%	115	0.37%
10.00 - 10.99	28	0.09%	31240	99.81%	87	0.28%
9.00 - 9.99	24	0.08%	31264	99.89%	59	0.19%
8.00 - 8.99	12	0.04%	31276	99.93%	35	0.11%
7.00 - 7.99	13	0.04%	31289	99.97%	23	0.07%
6.00 - 6.99	3	0.01%	31292	99.98%	10	0.03%
5.00 - 5.99	3	0.01%	31295	99.99%	7	0.02%
4.00 - 4.99	2	0.01%	31297	99.99%	4	0.01%
3.00 - 3.99	0	0.00%	31297	99.99%	2	0.01%
2.00 - 2.99	0	0.00%	31297	99.99%	2	0.01%
1.00 - 1.99	0	0.00%	31297	99.99%	2	0.01%
0.00 - 0.99	2	0.01%	31299	100.00%	2	0.01%
缺考	1543					

101年指定科目考試化學科成績人數累計表

分　　數	人　　數	百分比	自高分往低分累計		自低分往高分累計	
			累計人數	累計百分比	累計人數	累計百分比
100.00	5	0.02%	5	0.02%	31764	100.00%
99.00 - 99.99	1	0.00%	6	0.02%	31759	99.98%
98.00 - 98.99	3	0.01%	9	0.03%	31758	99.98%
97.00 - 97.99	2	0.01%	11	0.03%	31755	99.97%
96.00 - 96.99	12	0.04%	23	0.07%	31753	99.97%
95.00 - 95.99	8	0.03%	31	0.10%	31741	99.93%
94.00 - 94.99	21	0.07%	52	0.16%	31733	99.90%
93.00 - 93.99	34	0.11%	86	0.27%	31712	99.84%
92.00 - 92.99	53	0.17%	139	0.44%	31678	99.73%
91.00 - 91.99	59	0.19%	198	0.62%	31625	99.56%
90.00 - 90.99	70	0.22%	268	0.84%	31566	99.38%
89.00 - 89.99	103	0.32%	371	1.17%	31496	99.16%
88.00 - 88.99	143	0.45%	514	1.62%	31393	98.83%
87.00 - 87.99	161	0.51%	675	2.13%	31250	98.38%
86.00 - 86.99	239	0.75%	914	2.88%	31089	97.87%
85.00 - 85.99	250	0.79%	1164	3.66%	30850	97.12%
84.00 - 84.99	279	0.88%	1443	4.54%	30600	96.34%
83.00 - 83.99	350	1.10%	1793	5.64%	30321	95.46%
82.00 - 82.99	348	1.10%	2141	6.74%	29971	94.36%
81.00 - 81.99	406	1.28%	2547	8.02%	29623	93.26%
80.00 - 80.99	434	1.37%	2981	9.38%	29217	91.98%
79.00 - 79.99	416	1.31%	3397	10.69%	28783	90.62%
78.00 - 78.99	440	1.39%	3837	12.08%	28367	89.31%
77.00 - 77.99	478	1.50%	4315	13.58%	27927	87.92%
76.00 - 76.99	539	1.70%	4854	15.28%	27449	86.42%
75.00 - 75.99	542	1.71%	5396	16.99%	26910	84.72%
74.00 - 74.99	569	1.79%	5965	18.78%	26368	83.01%
73.00 - 73.99	523	1.65%	6488	20.43%	25799	81.22%
72.00 - 72.99	575	1.81%	7063	22.24%	25276	79.57%
71.00 - 71.99	574	1.81%	7637	24.04%	24701	77.76%
70.00 - 70.99	543	1.71%	8180	25.75%	24127	75.96%
69.00 - 69.99	630	1.98%	8810	27.74%	23584	74.25%
68.00 - 68.99	597	1.88%	9407	29.62%	22954	72.26%
67.00 - 67.99	588	1.85%	9995	31.47%	22357	70.38%
66.00 - 66.99	622	1.96%	10617	33.42%	21769	68.53%
65.00 - 65.99	598	1.88%	11215	35.31%	21147	66.58%
64.00 - 64.99	547	1.72%	11762	37.03%	20549	64.69%
63.00 - 63.99	556	1.75%	12318	38.78%	20002	62.97%
62.00 - 62.99	574	1.81%	12892	40.59%	19446	61.22%
61.00 - 61.99	590	1.86%	13482	42.44%	18872	59.41%
60.00 - 60.99	568	1.79%	14050	44.23%	18282	57.56%
59.00 - 59.99	564	1.78%	14614	46.01%	17714	55.77%
58.00 - 58.99	561	1.77%	15175	47.77%	17150	53.99%
57.00 - 57.99	561	1.77%	15736	49.54%	16589	52.23%
56.00 - 56.99	508	1.60%	16244	51.14%	16028	50.46%
55.00 - 55.99	555	1.75%	16799	52.89%	15520	48.86%
54.00 - 54.99	544	1.71%	17343	54.60%	14965	47.11%
53.00 - 53.99	493	1.55%	17836	56.15%	14421	45.40%
52.00 - 52.99	550	1.73%	18386	57.88%	13928	43.85%

51.00 - 51.99	533	1.68%	18919	59.56%	13378	42.12%
50.00 - 50.99	513	1.62%	19432	61.18%	12845	40.44%
49.00 - 49.99	574	1.81%	20006	62.98%	12332	38.82%
48.00 - 48.99	537	1.69%	20543	64.67%	11758	37.02%
47.00 - 47.99	483	1.52%	21026	66.19%	11221	35.33%
46.00 - 46.99	498	1.57%	21524	67.76%	10738	33.81%
45.00 - 45.99	484	1.52%	22008	69.29%	10240	32.24%
44.00 - 44.99	464	1.46%	22472	70.75%	9756	30.71%
43.00 - 43.99	437	1.38%	22909	72.12%	9292	29.25%
42.00 - 42.99	486	1.53%	23395	73.65%	8855	27.88%
41.00 - 41.99	448	1.41%	23843	75.06%	8369	26.35%
40.00 - 40.99	435	1.37%	24278	76.43%	7921	24.94%
39.00 - 39.99	433	1.36%	24711	77.80%	7486	23.57%
38.00 - 38.99	493	1.55%	25204	79.35%	7053	22.20%
37.00 - 37.99	426	1.34%	25630	80.69%	6560	20.65%
36.00 - 36.99	394	1.24%	26024	81.93%	6134	19.31%
35.00 - 35.99	413	1.30%	26437	83.23%	5740	18.07%
34.00 - 34.99	382	1.20%	26819	84.43%	5327	16.77%
33.00 - 33.99	367	1.16%	27186	85.59%	4945	15.57%
32.00 - 32.99	352	1.11%	27538	86.70%	4578	14.41%
31.00 - 31.99	377	1.19%	27915	87.88%	4226	13.30%
30.00 - 30.99	347	1.09%	28262	88.97%	3849	12.12%
29.00 - 29.99	335	1.05%	28597	90.03%	3502	11.03%
28.00 - 28.99	315	0.99%	28912	91.02%	3167	9.97%
27.00 - 27.99	280	0.88%	29192	91.90%	2852	8.98%
26.00 - 26.99	263	0.83%	29455	92.73%	2572	8.10%
25.00 - 25.99	253	0.80%	29708	93.53%	2309	7.27%
24.00 - 24.99	243	0.77%	29951	94.29%	2056	6.47%
23.00 - 23.99	234	0.74%	30185	95.03%	1813	5.71%
22.00 - 22.99	211	0.66%	30396	95.69%	1579	4.97%
21.00 - 21.99	225	0.71%	30621	96.40%	1368	4.31%
20.00 - 20.99	199	0.63%	30820	97.03%	1143	3.60%
19.00 - 19.99	154	0.48%	30974	97.51%	944	2.97%
18.00 - 18.99	147	0.46%	31121	97.98%	790	2.49%
17.00 - 17.99	137	0.43%	31258	98.41%	643	2.02%
16.00 - 16.99	98	0.31%	31356	98.72%	506	1.59%
15.00 - 15.99	84	0.26%	31440	98.98%	408	1.28%
14.00 - 14.99	83	0.26%	31523	99.24%	324	1.02%
13.00 - 13.99	54	0.17%	31577	99.41%	241	0.76%
12.00 - 12.99	52	0.16%	31629	99.57%	187	0.59%
11.00 - 11.99	35	0.11%	31664	99.69%	135	0.43%
10.00 - 10.99	36	0.11%	31700	99.80%	100	0.31%
9.00 - 9.99	16	0.05%	31716	99.85%	64	0.20%
8.00 - 8.99	20	0.06%	31736	99.91%	48	0.15%
7.00 - 7.99	4	0.01%	31740	99.92%	28	0.09%
6.00 - 6.99	5	0.02%	31745	99.94%	24	0.08%
5.00 - 5.99	6	0.02%	31751	99.96%	19	0.06%
4.00 - 4.99	2	0.01%	31753	99.97%	13	0.04%
3.00 - 3.99	4	0.01%	31757	99.98%	11	0.03%
2.00 - 2.99	0	0.00%	31757	99.98%	7	0.02%
1.00 - 1.99	0	0.00%	31757	99.98%	7	0.02%
0.00 - 0.99	7	0.02%	31764	100.00%	7	0.02%
缺考	1632					

101 年指定科目考試生物科成績人數累計表

分　　數	人　數	百分比	自高分往低分累計		自低分往高分累計	
			累計人數	累計百分比	累計人數	累計百分比
100.00	1	0.00%	1	0.00%	20716	100.00%
99.00 - 99.99	4	0.02%	5	0.02%	20715	100.00%
98.00 - 98.99	21	0.10%	26	0.13%	20711	99.98%
97.00 - 97.99	26	0.13%	52	0.25%	20690	99.87%
96.00 - 96.99	69	0.33%	121	0.58%	20664	99.75%
95.00 - 95.99	78	0.38%	199	0.96%	20595	99.42%
94.00 - 94.99	145	0.70%	344	1.66%	20517	99.04%
93.00 - 93.99	188	0.91%	532	2.57%	20372	98.34%
92.00 - 92.99	191	0.92%	723	3.49%	20184	97.43%
91.00 - 91.99	249	1.20%	972	4.69%	19993	96.51%
90.00 - 90.99	307	1.48%	1279	6.17%	19744	95.31%
89.00 - 89.99	310	1.50%	1589	7.67%	19437	93.83%
88.00 - 88.99	345	1.67%	1934	9.34%	19127	92.33%
87.00 - 87.99	332	1.60%	2266	10.94%	18782	90.66%
86.00 - 86.99	330	1.59%	2596	12.53%	18450	89.06%
85.00 - 85.99	348	1.68%	2944	14.21%	18120	87.47%
84.00 - 84.99	369	1.78%	3313	15.99%	17772	85.79%
83.00 - 83.99	370	1.79%	3683	17.78%	17403	84.01%
82.00 - 82.99	370	1.79%	4053	19.56%	17033	82.22%
81.00 - 81.99	372	1.80%	4425	21.36%	16663	80.44%
80.00 - 80.99	325	1.57%	4750	22.93%	16291	78.64%
79.00 - 79.99	357	1.72%	5107	24.65%	15966	77.07%
78.00 - 78.99	375	1.81%	5482	26.46%	15609	75.35%
77.00 - 77.99	374	1.81%	5856	28.27%	15234	73.54%
76.00 - 76.99	349	1.68%	6205	29.95%	14860	71.73%
75.00 - 75.99	372	1.80%	6577	31.75%	14511	70.05%
74.00 - 74.99	335	1.62%	6912	33.37%	14139	68.25%
73.00 - 73.99	351	1.69%	7263	35.06%	13804	66.63%
72.00 - 72.99	347	1.68%	7610	36.73%	13453	64.94%
71.00 - 71.99	367	1.77%	7977	38.51%	13106	63.27%
70.00 - 70.99	366	1.77%	8343	40.27%	12739	61.49%
69.00 - 69.99	324	1.56%	8667	41.84%	12373	59.73%
68.00 - 68.99	358	1.73%	9025	43.57%	12049	58.16%
67.00 - 67.99	331	1.60%	9356	45.16%	11691	56.43%
66.00 - 66.99	350	1.69%	9706	46.85%	11360	54.84%
65.00 - 65.99	312	1.51%	10018	48.36%	11010	53.15%
64.00 - 64.99	340	1.64%	10358	50.00%	10698	51.64%
63.00 - 63.99	328	1.58%	10686	51.58%	10358	50.00%
62.00 - 62.99	338	1.63%	11024	53.21%	10030	48.42%
61.00 - 61.99	321	1.55%	11345	54.76%	9692	46.79%
60.00 - 60.99	330	1.59%	11675	56.36%	9371	45.24%
59.00 - 59.99	325	1.57%	12000	57.93%	9041	43.64%
58.00 - 58.99	356	1.72%	12356	59.64%	8716	42.07%
57.00 - 57.99	301	1.45%	12657	61.10%	8360	40.36%
56.00 - 56.99	329	1.59%	12986	62.69%	8059	38.90%
55.00 - 55.99	315	1.52%	13301	64.21%	7730	37.31%
54.00 - 54.99	281	1.36%	13582	65.56%	7415	35.79%
53.00 - 53.99	331	1.60%	13913	67.16%	7134	34.44%
52.00 - 52.99	305	1.47%	14218	68.63%	6803	32.84%

51.00 - 51.99	271	1.31%	14489	69.94%	6498	31.37%
50.00 - 50.99	287	1.39%	14776	71.33%	6227	30.06%
49.00 - 49.99	301	1.45%	15077	72.78%	5940	28.67%
48.00 - 48.99	248	1.20%	15325	73.98%	5639	27.22%
47.00 - 47.99	266	1.28%	15591	75.26%	5391	26.02%
46.00 - 46.99	241	1.16%	15832	76.42%	5125	24.74%
45.00 - 45.99	230	1.11%	16062	77.53%	4884	23.58%
44.00 - 44.99	248	1.20%	16310	78.73%	4654	22.47%
43.00 - 43.99	262	1.26%	16572	80.00%	4406	21.27%
42.00 - 42.99	231	1.12%	16803	81.11%	4144	20.00%
41.00 - 41.99	231	1.12%	17034	82.23%	3913	18.89%
40.00 - 40.99	171	0.83%	17205	83.05%	3682	17.77%
39.00 - 39.99	182	0.88%	17387	83.93%	3511	16.95%
38.00 - 38.99	194	0.94%	17581	84.87%	3329	16.07%
37.00 - 37.99	186	0.90%	17767	85.76%	3135	15.13%
36.00 - 36.99	177	0.85%	17944	86.62%	2949	14.24%
35.00 - 35.99	166	0.80%	18110	87.42%	2772	13.38%
34.00 - 34.99	180	0.87%	18290	88.29%	2606	12.58%
33.00 - 33.99	158	0.76%	18448	89.05%	2426	11.71%
32.00 - 32.99	152	0.73%	18600	89.79%	2268	10.95%
31.00 - 31.99	146	0.70%	18746	90.49%	2116	10.21%
30.00 - 30.99	139	0.67%	18885	91.16%	1970	9.51%
29.00 - 29.99	144	0.70%	19029	91.86%	1831	8.84%
28.00 - 28.99	139	0.67%	19168	92.53%	1687	8.14%
27.00 - 27.99	137	0.66%	19305	93.19%	1548	7.47%
26.00 - 26.99	132	0.64%	19437	93.83%	1411	6.81%
25.00 - 25.99	123	0.59%	19560	94.42%	1279	6.17%
24.00 - 24.99	128	0.62%	19688	95.04%	1156	5.58%
23.00 - 23.99	109	0.53%	19797	95.56%	1028	4.96%
22.00 - 22.99	115	0.56%	19912	96.12%	919	4.44%
21.00 - 21.99	109	0.53%	20021	96.65%	804	3.88%
20.00 - 20.99	123	0.59%	20144	97.24%	695	3.35%
19.00 - 19.99	120	0.58%	20264	97.82%	572	2.76%
18.00 - 18.99	86	0.42%	20350	98.23%	452	2.18%
17.00 - 17.99	76	0.37%	20426	98.60%	366	1.77%
16.00 - 16.99	64	0.31%	20490	98.91%	290	1.40%
15.00 - 15.99	54	0.26%	20544	99.17%	226	1.09%
14.00 - 14.99	47	0.23%	20591	99.40%	172	0.83%
13.00 - 13.99	43	0.21%	20634	99.60%	125	0.60%
12.00 - 12.99	31	0.15%	20665	99.75%	82	0.40%
11.00 - 11.99	16	0.08%	20681	99.83%	51	0.25%
10.00 - 10.99	12	0.06%	20693	99.89%	35	0.17%
9.00 - 9.99	10	0.05%	20703	99.94%	23	0.11%
8.00 - 8.99	4	0.02%	20707	99.96%	13	0.06%
7.00 - 7.99	3	0.01%	20710	99.97%	9	0.04%
6.00 - 6.99	0	0.00%	20710	99.97%	6	0.03%
5.00 - 5.99	1	0.00%	20711	99.98%	6	0.03%
4.00 - 4.99	2	0.01%	20713	99.99%	5	0.02%
3.00 - 3.99	0	0.00%	20713	99.99%	3	0.01%
2.00 - 2.99	1	0.00%	20714	99.99%	3	0.01%
1.00 - 1.99	0	0.00%	20714	99.99%	2	0.01%
0.00 - 0.99	2	0.01%	20716	100.00%	2	0.01%
缺考	1654					

101 年指定科目考試國文科成績人數累計表

分　　數	人　數	百 分 比	自高分往低分累計		自低分往高分累計	
			累計人數	累計百分比	累計人數	累計百分比
100.00	0	0.00%	0	0.00%	72243	100.00%
99.00 - 99.99	0	0.00%	0	0.00%	72243	100.00%
98.00 - 98.99	0	0.00%	0	0.00%	72243	100.00%
97.00 - 97.99	0	0.00%	0	0.00%	72243	100.00%
96.00 - 96.99	0	0.00%	0	0.00%	72243	100.00%
95.00 - 95.99	0	0.00%	0	0.00%	72243	100.00%
94.00 - 94.99	1	0.00%	1	0.00%	72243	100.00%
93.00 - 93.99	0	0.00%	1	0.00%	72242	100.00%
92.00 - 92.99	0	0.00%	1	0.00%	72242	100.00%
91.00 - 91.99	2	0.00%	3	0.00%	72242	100.00%
90.00 - 90.99	2	0.00%	5	0.01%	72240	100.00%
89.00 - 89.99	3	0.00%	8	0.01%	72238	99.99%
88.00 - 88.99	3	0.00%	11	0.02%	72235	99.99%
87.00 - 87.99	12	0.02%	23	0.03%	72232	99.98%
86.00 - 86.99	13	0.02%	36	0.05%	72220	99.97%
85.00 - 85.99	27	0.04%	63	0.09%	72207	99.95%
84.00 - 84.99	42	0.06%	105	0.15%	72180	99.91%
83.00 - 83.99	47	0.07%	152	0.21%	72138	99.85%
82.00 - 82.99	79	0.11%	231	0.32%	72091	99.79%
81.00 - 81.99	129	0.18%	360	0.50%	72012	99.68%
80.00 - 80.99	154	0.21%	514	0.71%	71883	99.50%
79.00 - 79.99	239	0.33%	753	1.04%	71729	99.29%
78.00 - 78.99	315	0.44%	1068	1.48%	71490	98.96%
77.00 - 77.99	394	0.55%	1462	2.02%	71175	98.52%
76.00 - 76.99	470	0.65%	1932	2.67%	70781	97.98%
75.00 - 75.99	594	0.82%	2526	3.50%	70311	97.33%
74.00 - 74.99	747	1.03%	3273	4.53%	69717	96.50%
73.00 - 73.99	886	1.23%	4159	5.76%	68970	95.47%
72.00 - 72.99	1014	1.40%	5173	7.16%	68084	94.24%
71.00 - 71.99	1210	1.67%	6383	8.84%	67070	92.84%
70.00 - 70.99	1295	1.79%	7678	10.63%	65860	91.16%
69.00 - 69.99	1391	1.93%	9069	12.55%	64565	89.37%
68.00 - 68.99	1620	2.24%	10689	14.80%	63174	87.45%
67.00 - 67.99	1803	2.50%	12492	17.29%	61554	85.20%
66.00 - 66.99	1793	2.48%	14285	19.77%	59751	82.71%
65.00 - 65.99	1974	2.73%	16259	22.51%	57958	80.23%
64.00 - 64.99	2028	2.81%	18287	25.31%	55984	77.49%
63.00 - 63.99	2188	3.03%	20475	28.34%	53956	74.69%
62.00 - 62.99	2227	3.08%	22702	31.42%	51768	71.66%
61.00 - 61.99	2367	3.28%	25069	34.70%	49541	68.58%
60.00 - 60.99	2304	3.19%	27373	37.89%	47174	65.30%
59.00 - 59.99	2303	3.19%	29676	41.08%	44870	62.11%
58.00 - 58.99	2375	3.29%	32051	44.37%	42567	58.92%
57.00 - 57.99	2401	3.32%	34452	47.69%	40192	55.63%
56.00 - 56.99	2234	3.09%	36686	50.78%	37791	52.31%
55.00 - 55.99	2326	3.22%	39012	54.00%	35557	49.22%
54.00 - 54.99	2269	3.14%	41281	57.14%	33231	46.00%
53.00 - 53.99	2143	2.97%	43424	60.11%	30962	42.86%
52.00 - 52.99	2126	2.94%	45550	63.05%	28819	39.89%

51.00 - 51.99	1968	2.72%	47518	65.78%	26693	36.95%
50.00 - 50.99	1990	2.75%	49508	68.53%	24725	34.22%
49.00 - 49.99	1843	2.55%	51351	71.08%	22735	31.47%
48.00 - 48.99	1714	2.37%	53065	73.45%	20892	28.92%
47.00 - 47.99	1624	2.25%	54689	75.70%	19178	26.55%
46.00 - 46.99	1586	2.20%	56275	77.90%	17554	24.30%
45.00 - 45.99	1489	2.06%	57764	79.96%	15968	22.10%
44.00 - 44.99	1385	1.92%	59149	81.88%	14479	20.04%
43.00 - 43.99	1251	1.73%	60400	83.61%	13094	18.12%
42.00 - 42.99	1184	1.64%	61584	85.25%	11843	16.39%
41.00 - 41.99	1105	1.53%	62689	86.78%	10659	14.75%
40.00 - 40.99	1043	1.44%	63732	88.22%	9554	13.22%
39.00 - 39.99	919	1.27%	64651	89.49%	8511	11.78%
38.00 - 38.99	845	1.17%	65496	90.66%	7592	10.51%
37.00 - 37.99	785	1.09%	66281	91.75%	6747	9.34%
36.00 - 36.99	702	0.97%	66983	92.72%	5962	8.25%
35.00 - 35.99	592	0.82%	67575	93.54%	5260	7.28%
34.00 - 34.99	582	0.81%	68157	94.34%	4668	6.46%
33.00 - 33.99	462	0.64%	68619	94.98%	4086	5.66%
32.00 - 32.99	502	0.69%	69121	95.68%	3624	5.02%
31.00 - 31.99	403	0.56%	69524	96.24%	3122	4.32%
30.00 - 30.99	363	0.50%	69887	96.74%	2719	3.76%
29.00 - 29.99	309	0.43%	70196	97.17%	2356	3.26%
28.00 - 28.99	289	0.40%	70485	97.57%	2047	2.83%
27.00 - 27.99	235	0.33%	70720	97.89%	1758	2.43%
26.00 - 26.99	228	0.32%	70948	98.21%	1523	2.11%
25.00 - 25.99	176	0.24%	71124	98.45%	1295	1.79%
24.00 - 24.99	171	0.24%	71295	98.69%	1119	1.55%
23.00 - 23.99	150	0.21%	71445	98.90%	948	1.31%
22.00 - 22.99	118	0.16%	71563	99.06%	798	1.10%
21.00 - 21.99	121	0.17%	71684	99.23%	680	0.94%
20.00 - 20.99	88	0.12%	71772	99.35%	559	0.77%
19.00 - 19.99	80	0.11%	71852	99.46%	471	0.65%
18.00 - 18.99	90	0.12%	71942	99.58%	391	0.54%
17.00 - 17.99	63	0.09%	72005	99.67%	301	0.42%
16.00 - 16.99	65	0.09%	72070	99.76%	238	0.33%
15.00 - 15.99	38	0.05%	72108	99.81%	173	0.24%
14.00 - 14.99	35	0.05%	72143	99.86%	135	0.19%
13.00 - 13.99	28	0.04%	72171	99.90%	100	0.14%
12.00 - 12.99	19	0.03%	72190	99.93%	72	0.10%
11.00 - 11.99	21	0.03%	72211	99.96%	53	0.07%
10.00 - 10.99	8	0.01%	72219	99.97%	32	0.04%
9.00 - 9.99	8	0.01%	72227	99.98%	24	0.03%
8.00 - 8.99	2	0.00%	72229	99.98%	16	0.02%
7.00 - 7.99	4	0.01%	72233	99.99%	14	0.02%
6.00 - 6.99	4	0.01%	72237	99.99%	10	0.01%
5.00 - 5.99	2	0.00%	72239	99.99%	6	0.01%
4.00 - 4.99	0	0.00%	72239	99.99%	4	0.01%
3.00 - 3.99	1	0.00%	72240	100.00%	4	0.01%
2.00 - 2.99	1	0.00%	72241	100.00%	3	0.00%
1.00 - 1.99	1	0.00%	72242	100.00%	2	0.00%
0.00 - 0.99	1	0.00%	72243	100.00%	1	0.00%
缺考	3581					

101 年指定科目考試各科試題詳解

編　　著 / 劉　毅

發 行 所 / 學習出版有限公司　　　☎ (02) 2704-5525

郵 撥 帳 號 / 0512727-2 學習出版社帳戶

登 記 證 / 局版台業 *2179* 號

印 刷 所 / 裕強彩色印刷有限公司

台 北 門 市 / 台北市許昌街 10 號 2 F　　☎ (02) 2331-4060

台灣總經銷 / 紅螞蟻圖書有限公司　　☎ (02) 2795-3656

美國總經銷 / Evergreen Book Store　☎ (818) 2813622

本公司網址　www.learnbook.com.tw

電 子 郵 件　learnbook@learnbook.com.tw

售價：新台幣二百二十元正

2012 年 11 月 1 日初版

ISBN 978-986-231-176-9